本著作是教育部人文社科项目"中国边疆桥头堡经济研究——基于空间经济学的分析"（项目编号：10YJC790159；结项证书号：2014JXZ2698）最终成果。

本著作系云南省中青年学术与技术带头人后备人才项目（X3113023）阶段性成果

本著作为云南大学"青年英才"计划项目（项目编号：XT412003）成果

本书受到云南省哲学社会科学学术著作出版资助专项经费资助出版

A STUDY OF
THE GATEWAY ECONOMY
ON THE FRONTIER REGION
OF CHINA

# 中国边疆桥头堡经济
## ——基于空间经济学的分析
—Analysis Based on Spatial Economics

梁双陆　著

社会科学文献出版社

SOCIAL SCIENCES ACADEMIC PRESS (CHINA)

# 前　言

中国构建开放型经济新体制和推动新一轮对外开放的时代背景，为陆地边疆经济发展带来了新机遇，尤其是"一带一路"的深入发展，使中国陆地边疆的桥头堡经济功能进一步加强，聚集力不断增强，辐射力不断提升。外部市场空间的大规模扩展，使边疆区位从过去沿边中低度开放时期的"边缘区"向高度开放时期的"中心区"转换正在从理论变为现实。边疆经济理论在空间经济学的理论支撑和开放型经济新体制构建的国家政策实践中得到不断发展。本著作正是基于这种现实所开展的理论探索和实践总结。大通道建设正在为边疆桥头堡经济功能的实现不断降低冰山运输成本，更为迎接路桥经济时代的到来不断夯实交通基础，基于国内区域协调发展的内陆沿边一体化进程和基于产业集群的开放型边疆桥头堡产业合作，为中国陆地边疆在构建开放型经济新体制和新一轮对外开放中发挥更大的对内聚集功能和对外辐射功能，最终成长为边缘增长中心和对外开放新高地创造了可能。

本著作是教育部人文社科基金课题（项目编号：10YJC790159；结项证书号：2014JXZ2698）的研究成果，课题研究过程中，梁巧玲参与了第3、第5章的撰写，张梅参与了第2章的撰写，李娅、赵鑫铖、刘岩、王颖、蒋小玲等参与了第6章的研究。因此，本著作是我们的研究团队共同努力的成果，在此对大家的努力表示感谢。要感谢云南省哲学社会科学学术著作出版资金对本著作出版的资助，更要感谢社会科学文献出版社赵慧英女士的辛勤付出。

梁双陆

2015 年 9 月 20 日于东陆园

# 目　录

# 图表目录

## 图目录

## 表目录

# 附表目录

# 1 导论

　　"桥头堡"一词原本的含义是"为控制重要桥梁、渡口而设立的碉堡、地堡或据点；设在大桥桥头的像碉堡的装饰构筑物；泛指作为进攻的据点"。① 如今，"桥头堡"一词已被广泛用于军事、政治、经济、文化等多个领域。在和平与发展、开放与交流的世界主题下，"桥头堡"一词被更多地用于经济领域，其"控制"含义更多地被"交流"含义所取代。在经济学中，"桥头堡"被用于区域与城市经济、交通运输经济等领域中，成为路桥经济研究的重要概念。港口和交通枢纽的特征、运输线路的密集程度和运输的便捷性，以及政府部门的定位，是界定"桥头堡"经济功能的主要依据。自学界早期在我国沿海开放过程中对连云港等陆水联运港口城市的研究，到21世纪初时任总书记对云南、新疆、黑龙江等在沿边开放中具有重要区位的边疆省份的"桥头堡和枢纽站"的定位，以及国家明确将云南省确定为中国面向西南开放重要桥头堡并给予国家区域开发战略上的支持，再到21世纪10年代现任总书记提出"丝绸之路经济带"和"21世纪海上丝绸之路"建设，桥头堡经济成为中国对外开放的重要研究领域。在中国的沿边开放中，边疆

---

① 中国社会科学院语言研究所词典编辑室编《现代汉语词典》(第6版)，商务印书馆，2012。

省份具有桥头堡经济的作用和潜力，但不同边疆地区的地理区位决定了其桥头堡经济地位的重要性有差异。当前的世界经济与政治格局和云南省的区位决定了云南省的桥头堡经济作用更强。

## 1.1　研究背景

随着我国沿边开放的深入推进，云南、新疆、黑龙江、广西、内蒙古等与周边国家接壤、地理位置重要的边疆省份在中国对外开放中的桥头堡作用越来越强。2006 年 9 月，胡锦涛总书记视察新疆时指出，"要统筹对内开放和对外开放，努力把新疆打造成我国向西开放的桥头堡和枢纽"；2009 年 6 月胡锦涛总书记视察黑龙江时提出，"要充分发挥地处东北亚腹地中心的区位优势，推动对俄经贸合作，使黑龙江真正成为我国沿边开放的重要桥头堡和枢纽站"。2009 年 7 月，胡锦涛总书记视察云南时指出，"要充分发挥云南作为我国通往东南亚、南亚重要陆上通道的优势，深化同东南亚、南亚和大湄公河次区域的交流合作，不断提升沿边开放质量和水平，使云南成为我国向西南开放的重要桥头堡"。国家"十二五"规划中提出要进一步"加强基础设施与周边国家互联互通"，"把黑龙江、吉林、辽宁、内蒙古建成向东北亚开放的重要枢纽，把新疆建成向西开放的重要基地，把广西建成与东盟合作的新高地，把云南建成向西南开放的重要桥头堡，不断提升沿边地区对外开放水平"。①

虽然胡锦涛对云南、新疆和黑龙江的桥头堡定位的表述各不相同，但总书记在新时期对边疆省份在我国对外开放中的桥头堡、枢纽站的战略定位，以及我国外交方针的调整，都反映出边疆在中国

---

① 参见《中华人民共和国国民经济和社会发展第十二个五年规划纲要》第五十章第三节。

构建开放型经济新体制中正在发挥越来越重要的作用。

2013 年 9 月 7 日，中共中央总书记习近平在哈萨克斯坦访问期间，倡议用创新的合作模式共同建设"丝绸之路经济带"；2013 年 10 月 3 日，习近平总书记在印度尼西亚演讲时提出与东盟共同建设 21 世纪"海上丝绸之路"。使云南、新疆等边疆省份在中国对外开放中的地位进一步提升。

党的十八届三中全会通过的《中共中央关于全面深化改革若干重大问题的决定》中强调要"扩大内陆沿边开放"，"抓住全球产业重新布局机遇，推动内陆贸易、投资、技术创新协调发展"，"支持内陆城市增开国际客货运航线，发展多式联运，形成横贯东中西、联结南北方对外经济走廊"，"加快沿边开放步伐，允许沿边重点口岸、边境城市、经济合作区在人员往来、加工物流、旅游等方面实行特殊方式和政策"，"建立开发性金融机构，加快同周边国家和区域基础设施互联互通建设，推进丝绸之路经济带、海上丝绸之路建设，形成全方位开放新格局"。国家相关部门和云南、新疆、黑龙江加快了开展"丝绸之路经济带、海上丝绸之路建设"研究、规划和实践探索工作的步伐。为此，中国积极倡导和推进亚洲基础设施投资银行筹建工作。2014 年 10 月 24 日，包括中国、印度、新加坡等在内的 21 个首批意向创始成员国的财政部长和授权代表在北京人民大会堂签约，共同决定成立亚洲基础设施投资银行，宗旨是通过发展援助帮助亚太地区发展中成员消除贫困，促进亚太地区的经济和社会发展。亚洲基础设施投资银行的建立，将为中国加强与亚洲内陆国家尤其是周边国家的基础设施互联互通创造良好的融资条件。

2011 年 5 月，国务院发布实施《关于支持云南省加快建设面向西南开放重要桥头堡的意见》，明确将云南省建设面向西南开放重要桥头堡的目标定位为："我国向西南开放的重要门户，我国沿边开放的试验区和西部地区'走出去'的先行区，西部地区重要的外向型特色优势产业基地，我国重要的生物多样性宝库和西南生态安全屏障，我国民族团结进步、边疆繁荣稳定的示范区。"可以看出，中国沿边开放中的边疆桥头堡经济是一种发挥内引外联功能的开放型经济。这种内涵在随后的一系列国家战略中体现得越来越明显：2012 年 7 月国务院批准《云南瑞丽重点开发开放试验区建设实施方案》；2012 年 10 月，国家发展和改革委员会发布了《云南省加快建设面向西南开放重要桥头堡总体规划（2012～2020）》；2013 年 11 月中国人民银行联合多部委印发《云南省广西壮族自治区建设沿边金融综合改革试验区总体方案》，昆明—瑞丽对外开放经济带、中老磨憨—磨丁跨境经济合作区等还将通过国家发布而上升到国家战略。

桥头堡具有经济、政治和文化等多方面对外交流的功能。在和平与发展的主题下，桥头堡的经济功能更显重要。周边国家的复杂性、多样性以及周边国家与中国经济发展的落差，决定了桥头堡在未来沿边开放中不仅要发挥对内的聚集功能，加快边疆地区经济发展，而且要发挥对外辐射功能，带动周边国家经济发展，为我国"睦邻、安邻、富邻"的周边外交方针做出贡献。[①]

虽然国家确立了云南省在面向西南开放中的重要桥头堡地位，总书记也指出了新疆、黑龙江在沿边开放中的桥头堡和枢纽站地位，但桥头堡经济理论尚未建立，研究文献还比较少，桥头堡经济建设尚缺乏理论支撑。本研究旨在引起学界的关注和探讨，加强边疆桥头堡经济研究，为边疆经济发展和沿边开放提供理论支持。

## 1.2　相关文献评述

直接研究边疆桥头堡经济的文献很少，但研究中国与周边国家

---

① 梁双陆：《中国边疆桥头堡经济研究》，《云南财经大学学报》2013 年第 10 期。

经贸关系和沿边开放的文献则很多,间接反映出边疆桥头堡经济的研究基础。

## 1.2.1 中国与周边国家经贸关系研究

由于周边国家复杂而多样,对中国与周边国家经贸关系的研究基本上分东南亚、南亚、中亚和东北亚等区域展开。

### 一 中国与东南亚国家经贸关系研究

近年来对中国与东南亚经贸关系的研究以中国—东盟自由贸易区(CAFTA)为主。徐圆(2005)分析认为中国与东盟的双边贸易主要根据资源禀赋和比较优势,以垂直型产业内贸易为主,水平型产业内贸易发展缓慢。邵兵家(2006)利用GTAP模型对中国—东盟自由贸易区进行研究,发现CAFTA各成员国产业竞争力的差异和在贸易安排中地位的不同,会使各国损益出现不均衡,中国对东盟的贸易逆差持续扩大,会对相关产业形成冲击。蓝庆新和郑云溪(2011)运用G-L指数及产业内贸易结构指数,分析2001~2009年中国与东盟的贸易结构,认为双边贸易竞争与互补共存,互补大于竞争;双方仍以产业间贸易为主,产业内贸易水平较低,但垂直异质产业内贸易发展较快且呈上升趋势。陈雯(2009)利用"引力模型"中的"单国模型"分析中国—东盟自由贸易区的贸易效应,结果显示CAFTA建立对中国与东盟的进出口有贸易创造效应,但对中国从东盟进口的推动作用大于对中国向东盟出口的推动作用。张琳(2010)对中国—东盟自由贸易区框架下中国出口至主要东盟国家的贸易增长的实证分析显示,在2003~2008年,中国对东盟出口中,新种类的产品贸易和新企业加入出口的行为并未起到主导地位,对贸易的贡献度很低,出口对外来冲击抵御能力不足,不利于改善贸易条件。张彬、汪占熬(2011)利用内生化处理方法及倍差法分行业对中国—东盟自由贸易区的贸易结构效应进行分析,发现各国倾向于同要素禀赋类似且支出结构互补的国家签订自贸区协定，进而促进成员国产业间贸易的发展。胡超和王新哲（2012）从一个国家的制度和国家间的制度距离会对贸易成本产生影响的观点出发，对 2002～2009 年中国与东盟双边贸易的面板数据进行分析，认为制度环境和双边国家间的制度距离对此地区贸易有显著影响，特别是法制环境的影响最为显著。从 2002 年中国—东盟自由贸易协议生效至 2009 年，双边贸易额增加了四倍，中国与东盟的双向投资也在增长，中国主要集中投资在基础设施、能源、电力等领域，而东盟对华投资主要在农业、加工制造和服务等行业。中国也是东盟地区旅游最大的游客来源地。解春艳和朱红根（2012）基于 2000～2009 年中国与东盟双边贸易流量的面板数据，分析中国—东盟自由贸易区进程对双边贸易的影响，结果显示此过程对贸易有显著促进作用，且经济规模、人口数量、技术水平、文化距离等对贸易有正的显著影响，但地理距离和共同边界则会产生负面影响。周曙东和崔奇峰（2010）利用全球贸易模型分析中国—东盟自由贸易区对中国进出口的影响，结果表明 CAFTA 建立改善了中国与东盟的贸易格局，在农产品和工业制成品上中国出口有所增加。张桅（2011）认为中国与东盟之间的贸易既存在互补性又存在竞争性，在短期内互补性程度是决定此区域内贸易创造效应空间的主要因素，而在长期其竞争性会产生贸易创造效应。以上研究均表明，中国与东盟的经贸关系有长期效应和加强的趋势。

中国与东南亚国家贸易的快速增长，是中国面向西南开放不断扩大、中国毗邻东南亚的边疆省份发挥桥头堡经济功能的基本前提条件。

## 二　中国与南亚国家经贸关系研究

南亚区域人口众多，但当前的实际市场规模并不大，Mathur（2007）认为与东盟、北美和其他一些区域合作组织相比，南盟的市场潜力非常小。陈继东（2003）将西藏开拓南亚市场及其特殊性问题纳入世界经济一体化进程从国际关系格局变化的视角进行分析，认为西藏与南亚地区贸易往来虽然历史悠久，但仍然面临诸多障碍。有研究认为，从经贸关系看，建立中印自由贸易区具有可行性（文富德，2006；李伟等，2004）。从中印产业与贸易结构看，两国将会在贸易和产业合作方面有更深入的合作（叶德利，2005）。万广华等（2008）探讨中印之间以及中印与其他国家之间的贸易竞争性和互补性，认为中印在服装、纺织品和皮革制品等方面，在第三方市场存在激烈竞争，印度在中等技术行业对南亚周边国家构成威胁，中印间贸易增长具有一定潜力。另有研究认为，中印建立自由贸易区将使双方的产业间和产业内贸易显著增强，产业梯度转移加快（李丽等，2008）。中国服务业由于是薄弱产业，将受到较大冲击，印度农产品不会受太大影响，并且制造业受益显著，产业结构趋于相对平衡，中国的贸易条件和国民福利会有所改善，而印度则相对恶化（李丽等，2008）。Wu Yanrui 等（2006）分析了中印两国双边贸易的主要趋势和变化，特别是两个国家贸易量、产业内贸易和比较优势的相关问题，对未来两个国家的合作与发展提供了政策支持。胡仕胜（2010）认为中国与南盟的经济一体化进程之所以进展缓慢，是因为中国与南盟国家在政治、经济、安全等领域存在的结构性矛盾成为主要阻碍。

以上研究基本反映出中国与南亚经贸关系虽然还面临诸多矛盾，但总体上经贸关系不断加强是显而易见的。说明云南建设中国面向西南开放重要桥头堡，针对南亚发挥桥头堡经济的扩散功能还有待于进一步深化区域合作。

### 三 中国与中亚国家经贸关系研究

中国与中亚国家的区域经济合作是在上海合作组织框架下进行的。中国向中亚国家的出口以轻工产品为主，而中国从中亚国家进口初级原材料（石油、棉花、金属矿品等），这体现出在国际分工中我国与中亚国家相比处于较高的产业梯度。我国与中亚国家的贸易主要通过新疆完成，国内学者对中国与中亚关系的研究多基于地缘政治的角度，分析和探讨中国新疆与中亚国家和区域的合作关系。何伦志（2000）认为，建立中亚自由贸易区应根据其经济基础在不同阶段采取不同的发展模式。秦放鸣（2004；2006；2009）经过论证认为中国新疆建设对西部的国际商贸中心是可行的。李豫新（2008）认为中国与中亚的产业合作在信息通信方面具有很大的潜力和优势。毕燕茹（2010）基于产业结构的角度，详细分析了中国与中亚国家的产业合作，发现中国与中亚国家贸易产品结构失衡，即中国长期向中亚国家出口工业制成品，从中亚国家进口原材料等初级产品；新疆是中国与中亚国家合作的桥梁，但是新疆地区的产业竞争力还有待提高。Grafe 等（2008）认为中亚国家的贸易制度障碍影响大于实际国界的影响。

以上研究表明，中国与中亚国家的贸易结构所反映出来的产业梯度，是新疆发挥面向中亚开放桥头堡经济的扩散功能的良好基础。

**四　中国与东北亚经贸关系研究**

对中国与东北亚经贸关系的研究集中在以下两个方面：区域经济一体化和区域内政治环境。史智宇（2003）、Ng 和 Yeats（2003）均分析了东北亚地区的贸易结构，认为东北亚地区的产业内贸易以垂直产业内贸易为主，且比例在上升。薛敬孝、张伯伟（2004）采用 CGE 方法对贸易安排效果进行模拟分析后认为，建立"10＋3"贸易安排是最佳选择。何帆和覃东海（2005）从货币联盟的成本收益视角对最优货币区理论进行研究，分析东亚地区是否满足最优货币区理论要求的经济标准，认为东亚地区建立货币联盟还存在诸多障碍。曹宏成（2008）分析认为此区域的产业内贸易出现了贸易流量的非线性增长，且与 Athukorala（2006）的研究结果一致，认为此地区零部件贸易增长较快。赵传君（2006）提出东北亚国家陆路相连、海陆相接，具有明显的地缘优势，自然资源丰富，经济互补性强，为东北亚合作提供了有利的条件和基础。陈志恒（2006）研究认为，区域内国家对区域经济一体化潜在利益的预期和追求，以及降低、分散国别市场产生的交易费用的可能性，是推动东北亚区域经济合作实施的根本动力。Fukao 等（2003）、全毅和高军行（2009）均分析认为外国投资对此地区的经济发展有促进作用。

Ando（2005）分析东亚地区垂直型产业内贸易与生产分工情况，结果表明发达国家间的贸易形态以产业内贸易为主，但生产分工在发达国家与发展中国家之间广泛存在且具有要素禀赋分工的特征。Haddad（2007）、刘重力等（2009）分别对此地区经济体从其梯度产业分工模型和技术差异方面进行分析，均将此地区分为四个层次，得到大致相同的结论。认为影响区域合作的另外一个重要方面是此地区的地缘政治关系，各国出于自身利益考虑认为双边自由贸易协定（FTA）对国内政治冲击最小，但多边贸易协定对国内政治影响较大。虽然最近几年，中国与此地区国家签订了双边和多边的贸易协定，但是中国与日本的关系一直游离在贸易合作之外。于潇（2006）、杨光（2012）均认为日本很难加入东亚区域合作之中，因为日本从政治的外交逻辑以及其安全战略考虑，对中国提出的多边区域合作不会积极配合。但也有学者对此表示乐观，余诚、秦向东（2011）分析此地区的贸易结构，认为此地区具有较高的贸易依存度，经济体之间的贸易互补关系会促进此地区的经济一体化进程。赵金龙等（2013）分析了中日韩 3 国的贸易结构、特征与趋势，结合 FTA 资本聚集效应，按时间序列构建动态递归式一般均衡模型，分析了中日韩 FTA 对 3 国国内生产总值、福利（EV）、外贸进出口、贸易条件等产生的各种潜在经济影响。

以上研究反映出中国与东北亚的经贸关系受地缘政治的影响很强，经济效应弱于预期。因此，在未来一个时期内，黑龙江在中国面向东北亚的桥头堡经济功能发挥方面还将以聚集功能为主，扩散功能发挥空间有限。

国内外对中国与东南亚、南亚、中亚和东北亚经贸关系的研究文献表明，中国与周边国家的经贸关系虽然还面临许多贸易和投资障碍，但总体上经贸关系在不断加强，使中国边疆桥头堡经济功能实现的基础越来越强。

## 1.2.2  沿边开放相关研究

对沿边开放的研究早期集中在边境贸易问题、沿边开放的阶段与特点等方面，后期集中在沿边开放对边疆地区经济发展的作用等方面。与国家战略高度关注沿边开放相比，学界对沿边开放的关注和研究程度却很低，理论亟待完善和创新。

### 一  沿边开放与边境贸易

中国的沿边开放从边境贸易起步，所以对边境贸易的研究相对较多。李光辉（2010）、侯景新（1994）认为，我国西北、西南、东北三大边疆地区在沿边开放中在人缘因素、开放层次和模式上存在较大的差异性。西北地区与周边国家有同一民族宗教和传统的经贸联系，如新疆在沿边开放中表现为：贸易量激增，外贸依存度较大，属于低级依存型；西南地区与邻国很多民族属同一民族，有的跨境而居，语言文化相通、风俗习惯相似，在沿边开放中属原始边贸型，地区分工属于主要建立在自然经济基础上的跨境初级分工，主要采用边民互市的贸易形式；东北沿边地区的人缘优势突出表现在丰裕的劳动力优势上，比如黑龙江、吉林、内蒙古，并且这一地区的沿边贸易正向高级依存型转变。杜发春（2000）研究认为，边境贸易是毗邻国家间地缘经济联系的必然产物，是沿边开放的一种特殊形式，也是我国传统的贸易方式和对外经济交流途径。李光辉（2010）认为，20世纪80年代以来我国的边境贸易成为边疆地区经济发展和对外开放的动力之一。约翰·穆勒（1991）认为，边境贸易在发展外向型经济过程中有直接和间接两种利益。直接利益包括：使生产资源向效率较高的部门转移，从而提高产量和实际收入；通过贸易可以获得本地不能生产的原料和机器设备等物质资料。间接利益表现在通过贸易分工推动国内生产过程的创新和改进，提高劳动生产率。杜发春（2000）认为，边境贸易能带动沿边地区与周边国家的经济技术交流与合作，改善经济结构，使广大少数民族地区由对外开放末端一跃成为开放的前沿。

宾建成（2004）认为，边境贸易长期以来一直是民族自治地方经济发展的主要推动力之一。但我国民族自治地方边境贸易总量规模小、出口商品档次低、与周边国家的边贸不平衡、贸易政策不对等。民族自治地方边境贸易发展还存在深层次的制约因素。宾建成（2004）、纪庆福（2003）研究认为，我国边境贸易政策与WTO有关协议存在一些不一致的地方，今后应按照WTO规则和鼓励我国民族自治地方经济发展的要求，调整和完善现行民族自治地方边境贸易的政策与管理，进一步提高边贸档次，规范贸易行为，以促进边贸健康发展。

王铁（2008）从必要性、可能性、操作性三个方面提出，为了使沿海沿边地区经济对接，可在沿边四周地域打造环状经济带。刘建立（2011）研究认为，20世纪90年代以后，我国沿边口岸经济快速发展，存在地理区位引发的特殊性和在经济发展中表现出的特殊性，前者包括受地缘的影响显著、处于经济势能凹陷区、与对应口岸荣衰与共、效率取决于双边的协调等；后者包括第三产业占比过高但现代服务业匮乏、边境贸易"两头在外"、交通等基础设施落后等。我国的沿边开放城市（镇），面临加入WTO、区域经济一体化、西部大开发和东北老工业基地振兴的新形势，表现出以增长极职能和跨国影响职能为主要内容的区域职能缺失。为此，朱显平和邹向阳（2006）认为，必须进行策略性调整，要完成从沿边开放城市到中心城市的转变，需要实现边境城市的规模扩张、功能发展和城市体系布局合理化。孙圆圆和李光辉（2013）认为当前沿边开放过程中存在内外经济环境复杂多变、国内政策尚未形成体系、行业规范有待加强、产业结构单一、基础设施及配套服务落后等问题。刘稚和刘思遥（2012）建议创新陆路口岸通关监管模式，扩大边境经济贸易，加快形成"口岸—通道—联动城市—沿腹地轴线"纵深型沿边开放经济带，促进我国同周边国家的区域合作在更高层次上向纵深发展。孙圆圆和李光辉（2013）认为，对沿边地区应赋予更优惠政策并完善配套服务与基础设施建设，加快边贸转型步伐，创新利用外资模式，积极参与区域经济合作，完善发展模式。

**二　中国西南边疆的沿边开放**

在云南省的沿边开放方面，杨强和张焰（2009）研究认为，云南省已经成为全国口岸大省和对东南亚开放的前沿，从 2000 年开始，云南省边境贸易进出口总额再度持续增加，但金融危机对本省边贸产生了极大的负面影响，应抓住中国—东盟自贸区建设等机遇，提高云南的对外开放度，拓宽边境贸易。程云川（2009）的研究认为，云南与越老缅三国接壤，口岸有 20 个，是通向东南亚、南亚国际大通道的主要省份，中越、中老、中缅跨境经济合作区，中泰境外合作区建设正在推进，云南边境贸易总量大，境外流动人口主要集中在对外开放口岸，他们结构复杂，流动性强，从业动机复杂，给边疆安全环境带来诸多潜在威胁。何跃（2008）在研究扩大边境贸易开放宽度和深度的同时，分析了如何对境外流动人口实施有效的区域管理，这是在非传统安全背景下中国西南边疆学的新课题。同时研究云南边境贸易的学者还有李建华（2005）、邓超（2001）、夏吉昆和杨筠（2003）、陈青（2003）、肖杨（2011）等人。袁晓慧和徐紫光（2009）对中国红河—越南老街跨境经济合作区的构建进行研究，认为建立跨境经济合作区是加快地方经济发展的路径，应依托边境口岸，实现双边国家的政策对接，在谈判和签署协议基础上，划定边境两边一定区域共建跨境经济合作区。李玉虹和马勇（2000）及罗圣荣（2012）的研究认为，跨境经济合作区是区域经济合作的一种新兴发展模式，也是云南省与大湄公河次区域缅甸、老挝、越南三国开展跨境经济合作的试验田。近年来，云南省积极推进建设中越河口—老街、中缅瑞丽—木姐和中老磨憨—磨丁三大跨境经济合作区。罗圣荣（2012）通过分析三个跨境经济合作区建设中的障碍，提出了有针对性的政策建议。张必清和杨荣海（2012）认为，云南边境贸易具有得天独厚的地缘优势与发展契机，对云南红河州1992～2011年的GDP与边贸总额研究表明，云南红河州经济增长与对越边境贸易存在长期稳定的协整关系，边境贸易变化是经济增长的Granger原因。

在广西壮族自治区的沿边开放方面，程云川（2009）的研究认为，广西与越南接壤，口岸有25个，可利用东部沿海开放、西部大开发、中部崛起等政策推动与越南的经济通道建设。胡超（2009）认为，在新的历史条件下，广西应牢牢抓住北部湾开放战略这个机遇，以中国—东盟自由贸易区为依托做好沿边开放工作，促进经济的又好又快发展。广西边境贸易规模逐年上升，但增速有所下降；同时贸易结构多样化、贸易主体多元化；产品结构既有互补性又有竞争性，边境贸易形式单一、产业结构层次低，边境贸易在发展的同时也面临许多困难。朱宇兵（2009）基于广西边境贸易发展的现状和特点，分析中国—东盟自由贸易区的建立对广西边境贸易的影响，并在此基础上进一步探讨了发展广西与越南边境贸易的对策，即在宏观上加强政府的宏观调控作用，在微观上提高边境贸易出口产品质量。周英虎（2006）认为，区域经济一体化、中国—东盟自由贸易区与广西边境贸易是三个具有密切关系的问题，广西边境贸易经过起步、快速增长等阶段，既有自己独特的优势，也面临资金匮乏、政策影响、投资环境不佳等新问题，必须通过政策改进、环境改善、加强合作等措施来增加边境贸易的竞争力。林丽萍和周毅（2008）通过构建博弈论模型解释广西与越南发展边贸中的双赢，并探讨了如何再上一个台阶。

在西藏自治区的沿边开放方面，程云川（2009）认为，西藏与南亚等国接壤，有一类口岸 4 个，边贸市场 28 个，应在不断加大对外开放步伐的同时，积极拓展与南亚国家的合作。朱瑞雪、刘秀玲和谭会萍（2006）认为，西藏边境贸易在沿边开放中贸易量增加迅速，商品结构进一步优化，边境贸易持续顺差。西藏在发展边境贸易中存在优势与制约因素，边境贸易出、进口与西藏从业总人数之间存在长期稳定的均衡关系。黄菊和蒙西燕（2011）研究发现，从长期来看，西藏边境贸易出口对从业有积极的影响，进口对从业的影响则相反；从短期来看，西藏边境贸易出口对从业具有抑制作用，但不显著，进口的拉动作用也不明显。何威（2005）研究认为，在生产力水平低下、商品经济不发达的民族地区，可依托"边缘优势"，发展边境贸易，扩大对外开放，以促进经济发展和社会全面进步，实现开放与变革，从而走出民族边缘化封闭状态，实现现代化。

### 三　中国西北边疆的沿边开放

西北边疆的沿边开放集中在新疆维吾尔自治区的开放及新疆边境地区的发展方面。程云川（2009）认为，新疆自古以来就是北方丝绸之路的要地，如今又在利用"上海合作组织"扩大与中亚和俄罗斯的合作，并通过中巴友谊公路拓展与南亚的合作。李胜兰和冯锐（2013）认为，随着我国经济体制改革的推进，从发展条件、政策优惠、发展道路三方面与沿海经济特区的比较看，新疆喀什作为经济特区，它的发展道路与战略定位必须贯彻环保、民生、创新、和谐、法治的原则，才可能找到自己的发展模式。盛晓阔和司正家（2009）认为，近年喀什地区利用其区位优势，国家政策优势及农业、矿产和旅游等自然资源优势发展外向型经济，实现了跨越式发展。新疆发挥地缘优势和资源优势，把乌鲁木齐建成了我国西部地区的国际化大城市。刘甲金（1996）认为，亚欧第二大陆桥带来了"一线三环"和"三洋三圈"的对外开放态势；乌鲁木齐当前已具备较为良好的基础设施，拥有钢铁、有色冶金、石油化工、机械制造、煤炭、电力、纺织等工业部门。李芳和吴桂华（2009）认为，新疆霍城县地处新疆北部沿边地区交通枢纽，独特的地缘区位优势为提升沿边开放、进出口加工和进出口贸易提供了极为优越和便利的平台。依托边境贸易，可大力发展新疆等边疆地区外向型经济。

李胜兰和冯锐（2013）还认为，喀什的经济发展模式以对外贸易为主，加快建设区域商贸物流中心；以高起点承接产业转移为先导，不断提升自主创新能力；打造"绿色农业、集约工业、特色旅游"的产业格局。刘甲金（1996）认为，在构建中亚国际城中，应大力发展商贸、信息产业；加快金融业的发展速度；突出新兴产业；积极组织转口贸易；加强城市基础设施建设，进一步完善和提高城市服务功能。

**四 中国东北边疆的沿边开放**

在东北边疆的沿边开放方面，王莲琴和刘力（1999）从东北地区沿边开放基本格局入手，简述我国边境口岸形成的历史条件及口岸经济的基本特点，以及东北发展口岸经济存在的问题，提出了建议思路。冷战结束后东北地区形成了对俄罗斯、朝鲜、蒙古国全方位窗口式开放的格局。依托口岸经济，边境贸易成为东北沿边开放重要的外向型经济特色，支撑边境经济的发展。李秀敏和孟昭荣（2006）通过分析满洲里、珲春、绥芬河、黑河四个沿边开放城市，发现对外开放是促进沿边开放城市经济增长的最重要因素，但开放因素对沿边开放城市经济增长的贡献小于对沿海开放城市经济增长的贡献。

在辽宁和吉林省的沿边开放方面，程云川（2009）认为，辽宁依托丹东探索建设"边境经济合作区、互市贸易区、出口加工区"，利用朝鲜资源优势，大力发展合资合作企业，发展加工贸易中的服装出料加工工业。丹东已成为中国最大的对朝贸易商品集散地和对朝贸易物流中心。吉林与朝鲜、俄罗斯接壤，有 30 个口岸通道和临时过货点，依托口岸建立了经济开发区。珲春已发展成为全国唯一的边境经济合作区、出口加工区、中俄互市贸易区"三区"一体的开放型窗口和具有多项功能的综合性经济特区。吴昊和闫涛（2010）认为，国务院批准长吉图开发开放先导区，是我国创新沿边地区开发开放模式的新探索。从开发模式方面看，是将以往以边境城市为核心的据点式开发转变为沿边地区与内陆腹地联动式开发的新探索；从开发内容方面看，是将以往以发展口岸经济为主转变为以产业综合开发和优化空间布局为主的新探索；从区域合作方面看，是将以往重点参与和推动国际合作转变为统筹国内与国际合作的新探索；从国际协调机制方面看，是将以往以地方合作为主转变为构建多层次合作平台的新探索。

在内蒙古自治区的沿边开放方面，程云川（2009）认为，内蒙古与蒙古国、俄罗斯接壤，有 18 个对外开放口岸，形成了陆水空全方位开放、口岸基础设施日益完善、边贸快速增长、境外投资合作不断增加等特色。张庆辉（2008）认为，内蒙古自治区形成了以口岸为依托的沿边开放带，成为我国向北开放的主要口岸经济带。张庆辉通过分析内蒙古现有的口岸经济地理布局特征以及各口岸所对应的口岸腹地经济资源优势，认为这些经济资源优势是形成内蒙古经济带的基础。

在黑龙江省的沿边开放方面，苏怡滨（2004）认为，黑龙江省沿边市县对外开放 30 年，从总体看给边境地区的经济、社会发展注入了活力，使边境地区发生了巨变。黑龙江是对东北地区开放的桥梁、通道和窗口，有着很重要的区位优势。与东北亚各国毗邻，有相近的风土人情，经济各有优势，互补性强，可促进与东北亚的区域经济合作。程云川（2009）认为，黑龙江有国家一类口岸 25 个，哈尔滨、黑河、绥芬河是 3 个重要的边境开放城市。主要发展对俄贸易，形成了以边境小额贸易为主的格局，当前一般贸易、加工贸易正在兴起。赵传君（2010）认为，对俄经贸合作是黑龙江省沿边开放的主要方向和核心内容，要提升沿边开放的水平和效益，就需要有战略视野和创新思路，把贸易通道发展成对俄经贸合作的加工基地、产业基地和大项目合作基地并全力推动中俄贸易自由化和投资便利化。

### 1.2.3　关于桥头堡经济的研究

在国务院出台支持云南建设面向西南开放重要桥头堡实施意见之前，在经济理论中对桥头堡经济进行研究的成果并不多。学术界对桥头堡经济的研究与实践总结，主要是沿海地区的学者在关注相关地区的对内辐射和带动时探讨了新欧亚大陆桥的东桥头堡建设，如对连云港、日照、秦皇岛、天津等港口城市在新欧亚大陆桥中的战略定位和产业布局进行了分析。沿海开放使连接内陆交通干线的出海口具有桥头堡地位。20世纪90年代的经济区划就把沿新亚欧大陆桥地带作为重点发展区域，陆桥经济理论的研究工作者开始探讨桥头堡经济。罗栋生（1990）、孙宝存（1998）等最早提出了陆桥经济时代即将到来的观点。他们认为，农业社会时代可称为江河经济时代，人类的经济活动和城市主要在大江、大河流域形成；工业社会时代可称为海岸经济时代，人类的工业活动和现代化城市主要在海岸和大型湖泊沿岸形成；当人类进入后工业时代和信息社会后，就将进入陆桥经济时代。李纪恒（1999）将"陆桥经济"这一概念拓展到"路桥经济"。山东省社科院课题组（1996）提出山东省应以日照市为龙头建设新亚欧大陆桥山东段桥头堡和经济带，发展外向型沿海产业群、鲁南经济带和城市带。天津、连云港、秦皇岛等港口城市也提出了建设东方桥头堡的构想。2009年国家实施江苏沿海开发战略后，江苏省提出在连云港建设保税区，认为这是完善东方桥头堡的重要举措。

拉脱维亚的文茨皮尔斯自由港、德国的汉堡港等港口城市也提出，要依托便利的集装箱海陆运输着力打造西桥头堡。古龙高（2005）认为，港口的性质、运输线路的便捷和政府部门的定位是确定桥头堡的主要依据；融国际运输中心、金融中心、信息中心为一体的国际商贸中心，是桥头堡的主要功能定位。Fujita 和 Mori（1995）的研究认为，港口城市和交通运输节点城市即使在它们最初具有的运输优势变得不重要的情况下仍然能够保持持续的繁荣，是由于港口城市和节点城市具有空间经济发展的不可逆转性，具有自我聚集锁定效应和中心效应。①

　　国内外对内陆边疆桥头堡的研究还主要集中在分析和评价一些边境口岸、边疆城市、边疆地区的开发区和产业园区作为桥头堡所具有的地缘优势和战略定位方面，研究范式还没有体现主流经济学的特点。寿思华（1992）认为，西部开发要建设好作为西部地区与全国各地区以及与国际交往的"桥头堡"。"桥头堡"是指整个地区的前沿基地，它拥有雄厚的综合经济能力，可以是一个对外、对内的贸易中心和海陆转运的交通枢纽，又可以是工业加工中心、科技中心、金融中心和信息中心，不仅应具有强大的吸引力和辐射力，还要具有按国际惯例与世界各地交往和走上国际舞台参与竞争的雄厚实力。袁建民（2004）认为阿拉山口是我国西部地区唯一的铁路、公路并举的国家一类口岸，已从通道经济跨进了区域经济的行列。提出应以开发促进产业结构与空间结构协调，形成外引内联、双向循环、东西互补、南北联动的区域格局，应利用阿拉山口作为西桥头堡，扩大区域合作。张丽君（2004）认为，西北地区要以新欧亚大陆桥沿线地带为发展轴心区，以沿桥的大、中城市为增长核心，充分利用陆桥的整体优势，搞好东西的双向开放，扩大区域合作与国际合作，尽快在乌鲁木齐等几个大城市建立国际商贸和金融中心。黄木生（2009）认为，新疆的伊犁地区是新疆战略地位体现的主要载体，构筑一条新发展时期的"新丝绸之路"，能有效地实现以中亚为市场辐射目标的经济圈，还可以直接承接沿海地区的产业转移，将沿海地区对中亚地区贸易产品的生产基地设在伊犁，直接出口中亚，重新筑起我国改革开放的"新丝绸之路"。重点是形成以伊宁为中心的中亚物流中心，扩大对中亚国家的出口，振兴制造业、旅游业，加强民间文化交流，将伊犁打造成为"中亚经济圈"的桥头堡。越南社会科学院中国研究所所长杜进森（2006）认为，广西与越南在中国大陆及东南亚两大块市场中扮演了桥梁的角色。越南学者张美玉（2005）认为，应确保广西作为中国进入东盟国家的桥头堡，越南作为东盟进入中国内地的桥头堡。雪克莱提·扎克尔（2003）认为，把乌鲁木齐建设成为西部和中亚地区具有辐射功能的国际化城市，使之成为"东联西出"和向西开放的桥头堡应是乌鲁木齐市的发展目标。陈柳钦（2004）认为广西已处于中国与东盟经贸合作的前沿，应从经济版图的边缘走向区域中心，成为中国和东盟国家双向进入的"桥头堡"。[1]

从以上研究可以看出，经济意义上的桥头堡，是指该地区要具有连接两个或两个以上区域的重要空间区位，具有比一般地区更能吸纳要素聚集与进行产业扩散的能力。桥头堡经济是一个空间经济范畴，是指一个地区由于发挥桥头堡功能而形成的要素聚集和产业扩散。桥头堡经济是聚集经济、开放经济，同时也是扩散经济和服务经济，是在内引外联中发挥聚集与辐射作用的经济模式。具有桥头堡地位地区的经济发展程度取决于其所连接的大陆桥、大通道的通畅便捷程度，更取决于大陆桥和大通道沿线国家和地区的开放程度和经济发展水平。

---

① 梁双陆：《中国边疆桥头堡经济研究》，《云南财经大学学报》2013年第10期。

## 1.3 桥头堡经济的形成条件

我国早在 20 世纪 90 年代初期就开始实施沿边开放战略，逐步开放了黑河、绥芬河、珲春、满洲里、二连浩特、伊宁、博乐、塔城、普兰、樟木、瑞丽、畹町、河口、凭祥、东兴等内陆边疆城市和南宁、昆明、乌鲁木齐、呼和浩特、哈尔滨等边疆省份的省会城市。但边疆省份的外向型经济发展成效并不显著，边疆桥头堡经济并没有形成。就聚集功能而言，出口导向型的发展模式使沿海地区经济快速发展，形成了对全国各地要素的强势聚集，而周边国家发展滞后，市场狭小，出境通道不畅，对国内厂商没有吸引力，也使他们缺乏市场开拓动力，使云南、新疆、黑龙江等边疆省份对内地没有聚集力，边疆桥头堡的经济聚集功能没有得到体现；就辐射功能而言，边疆省份经济发展相对滞后，对发展更为滞后的周边国家辐射带动能力不强。[1]

随着我国经济发展从外需导向向内需导向的转变，沿边开放不断扩大，边疆大通道、大陆桥建设使陆路运输成本不断降低，边疆桥头堡经济形成的条件日趋成熟。中国经济的快速发展使沿边开放进入了新阶段，出口导向的对外经济关系向进口导向、对外投资和次区域合作等多领域多层次对外开放转变，过去周边国家市场狭小的劣势向资源优势转变。中国通过持续实施西部大开发、兴边富民等战略举措着力推进交通基础设施建设，出境通道建设取得显著成效，边疆省份连接内地和周边国家的出境通道日益高速化、通畅化、便捷化。周边国家为便于进入中国市场，也加强了毗邻中国的边境地区的交通基础设施建设，对接中国的出境通道，虽然受本国

---

[1] 本节内容已发表在《云南财经大学学报》2013 年第 10 期以梁双陆署名的《中国边疆桥头堡经济研究》一文中。

经济发展水平影响而进程快慢不等，但中国和世界组织的援助正在整体上改善这些地区的交通条件。

面对我国对外开放的新形势，国家确定了加快沿边开放的新方向，在"十二五"规划纲要中指出，要制定和实行特殊开放政策，加快重点口岸、边境城市、边境（跨境）经济合作区和重点开发开放试验区建设，加强基础设施与周边国家互联互通，发展面向周边的特色外向型产业群和产业基地，把黑龙江、吉林、辽宁、内蒙古建成向东北亚开放的主要枢纽，把新疆建成向西开放的重要基地，把广西建成与东盟合作的新高地，把云南建成向西南开放的重要桥头堡，不断提升沿边地区对外开放水平。

因此，在大通道、大陆桥建设不断推进的情况下，运输成本不断下降，路桥经济功能不断提升，开放政策不断优化，同时具有聚集功能和辐射功能的中国边疆桥头堡经济正在形成。

在出口导向型对外开放时期，沿海地区凭借海上运输成本优势，面向发达国家市场发展外向型经济，形成了经济发达区域，强化了内地与边疆之间本身就存在的"中心—外围"结构。空间经济理论认为，两个地区始终存在着两种力：向心力和离心力，"中心—外围"结构得以维持的条件是：只要中心地区的实际工资总是高于外围地区的实际工资水平，中心地区对外围地区的聚集就始终成立，这时候向心力（聚集力）始终强于离心力（扩散力）。改革开放以来，沿海地区不断吸引中部地区劳动力转移，而且也吸引了大批边疆地区的劳动力到沿海地区就业，"中心—外围"结构始终得以维持。

面对东部—西部、内地—边疆之间所形成的"中心—外围"结构，国家实施了区域协调发展战略，加快了西部地区、边疆地区的经济开发，尤其是加快了交通基础设施建设，内地到边疆的交通条件日趋改善，不断降低着内地与边疆的"冰山"运输成本，边疆对内地的聚集力逐步增强，内地对边疆的聚集力逐步减弱。空间经济理论认为，区域空间结构与冰山运输成本的关系是：区域之间冰山运输成本很高时，区域空间结构表现为对称均衡模式，一个地区对另一个地区的聚集力与扩散力势均力敌；随着冰山运输成本的降低，区域空间结构演变为"中心—外围"结构，聚集力大于扩散力；冰山运输成本进一步降低到很低的水平，外围地区的聚集力逐步增强，中心地区的聚集力逐步减弱，区域空间结构又演变为对称均衡模式。2005年以来，边疆省份的聚集力不断增强，经济增长速度远高于沿海地区，转移到沿海地区的劳动力又回到边疆地区，正处于边疆赶超内地的进程中，边疆桥头堡的聚集功能不断增强。

"中心—外围"结构难以维持的内在机制来自离心力，即中心地区聚集所产生的成本。虽然中心地区实际高工资会带来劳动力要素的聚集，但同时也增大了厂商的生产成本，随着劳动力成本的进一步上升，厂商形成了到边缘区设厂的动机，而边缘区收入水平的不断提高所形成的关联效应和本地市场规模的扩大也加大了"中心—外围"结构的离心力。近年来，沿海地区的产业向中西部地区乃至边疆地区转移的步伐正在加快，从环渤海向东北边疆（含内蒙古）转移、从珠三角向西南边疆转移的态势已经形成，边疆桥头堡的聚集功能不断增强。

美国金融危机以来，西方发达国家市场需求增长缓慢甚至萎缩，使我国出口导向型经济发展模式难以为继，外需拉动型增长正在向内需推动型增长转变，国内居民收入水平不断提高也使国内市场规模不断扩大，边疆地区在外需拉动型经济发展模式时期远离发达国家市场的劣势，正在向内需拉动型增长时期连接周边国家与国内市场的区位优势转变，而流动要素（劳动力）成本相对较低的优势对厂商的吸引力（即向心力）也不断增强。

随着全球资源需求不断扩大，资源产品的价格不断上升，依靠进口资源发展出口加工制造业的沿海地区除面临流动要素成本上升外，还面临特定要素（资源产品）高成本的压力。边疆地区是资源开发相对滞后的地区，也是毗邻资源禀赋相对较优的周边国家的地区，特定要素成本相对较低也形成了对厂商的吸引力不断增强的重要条件。

中国边疆省份经济发展水平相对高于周边国家，在地域上类似于"中心—外围"结构，但国界的作用使这种"中心—外围"结构难以维持。在空间经济理论中，国界被认为是与劳动力流动壁垒联系在一起的国家特征。国界所形成的边界效应体现为关税和非关税壁垒、贸易和投资便利化障碍等诸多方面。中国边疆与周边国家的次区域国际经济一体化进程只体现为降低边界效应而不体现为劳动力流动障碍的消解。随着资源稀缺性的增强，周边国家也增强了特定要素的出口限制，吸引外国直接投资成为周边国家的对外开放取向。

优先发展产业关联度低的基础产业是工业化初期或经济起飞前一个国家和地区的基本特征。中国边疆省份的资源型产业发展已经进入了产业升级阶段，在基础产业发展方面具有技术优势和对外投资能力，大批资源开发型企业正在"走出去"到周边国家投资办厂，形成了中国边疆向周边国家扩散产业的态势。我国沿边开放的扩大和对外大通道、大陆桥建设的深入正在降低周边国家资源粗加工产业与边疆省份资源深加工产业的交易成本，提高产业间联系，加快这种产业扩散进程。在中国陆地边境口岸及其腹地设立的工业园区、边境（或跨境）经济合作区正在带动境外地区的工业化起步。

因此，桥头堡经济的聚集力是流动要素聚集力，是对国内的要素聚集，由于国界的作用这些地区无法形成对周边国家的流动要素聚集；桥头堡经济的扩散力，是对周边国家的产业扩散，通过产业扩散利用周边国家相对较低的流动要素和特定要素成本，进口资源初加工产品，形式为对外直接投资。

　　综上，沿边开放是我国继沿海开放后对外开放战略的一个重要步骤，云南等具有特定区位优势的边疆地区，在新时期的沿边开放中具有桥头堡战略地位，内引外联的经济功能是边疆桥头堡的主要功能定位。桥头堡经济是一种对国内聚集生产要素、对境外辐射带动产业发展的开放型区域经济发展模式。在我国对外开放进程中，在以西方发达国家为目标市场、出口导向型经济发展模式为主的时期，周边国家市场相对狭小、陆路运输成本相对较高和边疆省份发展相对滞后，使早期的沿边开放成效不大，中国沿海对边疆、东部对西部的聚集力大于扩散力，边疆桥头堡经济发展的条件不成熟。随着中国市场的扩大、中国出境大通道和大陆桥建设的深入，边疆桥头堡经济发展的条件日趋成熟。大通道和大陆桥在边缘区的运输节点（城市）通过发挥开放效应正在形成对外辐射和对内聚集的边缘经济增长中心。具有桥头堡地位地区的经济发展程度取决于其所连接的大陆桥、大通道的通畅便捷程度，更取决于大陆桥和大通道沿线国家和地区的开放程度和经济发展水平。边疆桥头堡经济具有特殊性和脆弱性，边疆城市能够在边疆参与的、合作程度高的次区域国际经济一体化中，获得超过内地城市的要素聚集力，但国家关系紧张或周边不稳定等外生影响，很容易导致厂商和要素因避险需求而撤出边疆城市，造成边疆城市的萧条。因此，营造良好的环境、体制、政策和周边国家关系，是推进边疆桥头堡经济成长的重要保障。

## 1.4　沿边开放的新阶段与新特点

　　进入 21 世纪，中国对外开放进入新阶段，为沿边开放的扩大带来了新机遇。进入 2013 年，中国致力于推进开放型世界经济，沿边开放进入了真正超越边境贸易和边境地区一体化的全新发展阶段。

### 1.4.1　中国对外开放进入新阶段

中国的对外开放进程大致可分为五个阶段：一是探索阶段，从设立深圳、珠海等经济特区到开放沿海 14 个主要城市，主要是为探索对外开放的体制、机制、模式、路径而积累经验；二是区域推进阶段，以浦东开发开放为龙头的长江流域和内地省市开放，各地以引进外资和竞相扩大对外贸易来探索和实践对外开放；三是体制接轨阶段，以加入 WTO 为标志，推进国内经济与国外市场、资源的结合；四是完全开放阶段，在完成 WTO 过渡后，是以人民币的资本项目可兑换为标志的金融开放过程；五是新形势下的开放深化阶段，以十八大和十八届三中全会提出构建开放型经济新体制为标志，创新了对外开放的内涵，拓展了对外开放的外延，尤其是将沿边开放从次区域合作扩大到"一带一路"的内陆边疆一体化开放格局。随着中国改革开放不断深化、国内产业竞争力提升和国际资本流动的变化，中国进入了一个新的开放阶段：资金等要素从单向流入为主向双向流动并重的格局开始形成，企业全球配置资源的能力增强，国内经济与外部经济的互动关系更加复杂。

中国对外开放进入新阶段的主要特征，一是出口导向逐步向进出口平衡导向转变。在前两个阶段，外汇短缺，中国的开放基本上以"商品出口、资金引进"为主，重点从沿海地区的加工贸易，逐步发展到内地的"三来一补"，都是发展出口导向型的外向型经济，使中国外贸出口增长速度快于进口增长。随着出口导向型贸易发展战略的深入，中国的外贸顺差不断扩大。因此，中国采取了一系列调控措施，如调高资源型产品的出口税率、减少出口退税商品种类、降低部分进口商品税率、推动人民币升值、在中国进出口商品交易会设立进口展区等，中国的外贸发展战略已经从出口导向型向实现进出口基本平衡转变。二是引进外资发生新变化。外商直接投资占中国固定资产投资总额的比重持续下降。FDI 作为资金来源的重要性在下降，实际利用 FDI 占中国固定资产投资总额的比重在 1994 年达到 17.1% 的峰值，此后持续下降。随着大量 FDI 的进入和国内企业竞争力的提升，一些行业中外商投资企业的收益发生了变化，特别是在汽车、电子和通信设备、洗涤用品、家用电器、食品饮料等外资较为密集的行业中，由于市场竞争激烈，企业利润开始下降，使新投资者持更加谨慎的态度。[①] 三是对外直接投资快速增长。国内市场饱和、竞争加剧以及很多产业产能过剩，推动了企业向国外投资；贸易摩擦和人民币升值使企业出口成本上升，而对外投资成本下降，导致企业选择从出口转向对外投资；巨额的外汇储备也为对外投资提供了充足的外汇资金；国内企业已有实力通过收购兼并国外企业或者在海外建立研发中心，获得先进技术。据商务部提供的数据，跨国购并已经成为中国企业对外投资的主要方式。技术寻求型对外投资往往是针对经营困难但有良好核心资产特别是技术、品牌和客户资源的国外企业，不少国内企业通过上述方式形成了自身的核心技术能力和全球品牌影响力。在未来较长一段时间内，中国对外投资仍会持续较快增长，这是中国对外开放进入一个新的阶段后的必然趋势。

### 1.4.2　中国沿边开放的阶段

沿边开放自 20 世纪 80 年代开始，逐渐恢复并蓬勃发展，大致可以划分为 4 个阶段。第一阶段（1984 ~ 1992 年）：20 世纪 80 年代，随着我国改革开放的深入和国际局势的变化，在新疆、云南、内蒙古等陆地边境地区，传统的边境小额贸易和边民互市开始逐渐恢复。1984 年 12 月，经国务院批准经贸部发布了《边境小额贸易

---

① 江小涓：《中国对外开放进入新阶段：更均衡合理地融入全球经济》，《经济研究》2006 年第 3 期。

暂行管理条例》，标志着我国开始将沿边开放纳入对外开放范畴，从此边境贸易蓬勃发展。第二阶段（1992~2001年）：1992年1月召开的中央民族工作会议确定并实施了我国沿边开放的战略。1992年春，进一步开放13个沿边城镇，同时对内陆地区的省会首府城市昆明、贵阳、银川、南宁、乌鲁木齐、呼和浩特等实行沿海开放城市的优惠政策。这标志着我国沿边开放进入一个崭新的发展阶段。这一时期沿边开放的重点从早期单纯跨境贸易转变为全面经济合作。第三阶段（2001~2012年）：2001年3月，"十五"计划纲要提出"扩大对外开放，发展开放型经济"，积极实施"走出去"战略。这一时期沿边开放的思想不断丰富，双边和多边贸易进一步发展，各类形式的次区域合作蓬勃发展，我国制造产业出口优势进一步增强，对资源和原材料的进口也大幅提高，中国企业对周边国家的投资不断增加。第四阶段（2013年以后），党的十八大提出"促进沿海内陆沿边开放优势互补，形成引领国际经济合作和竞争的开放区域，……统筹双边、多边、区域次区域开放合作，加快实施自由贸易区战略，推动同周边国家互联互通"，十八届三中全会提出"扩大内陆沿边开放。……加快沿边开放步伐，允许沿边重点口岸、边境城市、经济合作区在人员往来、加工物流、旅游等方面实行特殊方式和政策。建立开发性金融机构，加快同周边国家和区域基础设施互联互通建设，推进丝绸之路经济带、海上丝绸之路建设，形成全方位开放新格局"，将我国沿边开放推进到一个新的高度。关于新时期沿边开放的内涵、路径和政策等方面，相关部门和专家学者尚在研究过程中。

### 1.4.3 中国沿边开放的新特点

在中国整体上进入小康社会和周边国家整体上进入工业化时代的背景下，中国对沿边开放的重大战略部署，使中国沿边开放的新特征正在显现端倪。

一是沿边开放、内陆开放和沿海开放的紧密结合。这既是中国消除国内区域分割，缓解国内区域发展失衡问题的重要举措，也是中国推进开放型经济体制的重要引擎。有学者将这种开放模式称为"二重开放"。① 党的十八大报告指出，要"创新开放模式，促进沿海内陆沿边开放优势互补，形成引领国际经济合作和竞争的开放区域，培育带动区域发展的开放高地"。十八届三中全会指出，要"抓住全球产业重新布局机遇，推动内陆贸易、投资、技术创新协调发展。创新加工贸易模式，形成有利于推动内陆产业集群发展的体制机制。支持内陆城市增开国际客货运航线，发展多式联运，形成横贯东中西、联结南北方对外经济走廊。推动内陆同沿海沿边通关协作，实现口岸管理相关部门信息互换、监管互认、执法互助"。未来沿边、内陆、沿海开放有机结合的具体组织形式是丝绸之路经济带和海上丝绸之路建设。虽然丝绸之路经济带和海上丝绸之路建设的规划尚在编制过程中，但沿边、内陆和沿海联合走向世界的格局必将形成，沿边开放不再只是沿边省份的机遇，更是内陆地区和沿海地区的新机遇，沿边省份实施沿边开放离不开内陆省份和沿海省份的支撑。

二是对外投资成为沿边开放的主体。随着周边各国陆续进入工业化进程，吸引外国直接投资成为这些国家经济发展的基本特征，农业、采掘业、矿业、农副产品加工业成为这些国家吸引外国直接投资的重要领域。我国已经从吸引外资为主的阶段转变为对外投资为主的阶段，当前和未来一个时期，周边国家都是我国对外投资的重点区位。我国对外投资的经验和产业集聚、产业集群化的国际产业特征，使我国沿边开放中对周边国家投资的具体组织形式将以产业园区和基础设施建设为主。

---

① 赵伟等：《中国区域经济开放：制度转型与经济增长效应》，经济科学出版社，2011。

三是以周边为基础的自由贸易区战略。国际经济格局的变化导致新的贸易保护主义以新的形式抬头，我国确立了"以周边为基础加快推进自由贸易区战略"的思想。中国—东盟自由贸易区的建立为我国与周边国家继续加快推进自由贸易区战略奠定了基础，积累了经验。与单个或多个周边国家、根据各自的发展阶段差异和产业梯度，建立垂直型、水平型等各种类型的自由贸易区，将成为未来较长时期我国沿边开放的重要特征。

四是对外贸易将形成进口为主出口为辅的格局。内需导向将使我国对周边国家的投资集中在农业、采掘业、矿业、农副产品加工业等领域，所形成的原材料、初级产品和上游产品以开拓我国市场为主，而互联互通的基础设施建设亦将更加便利周边国家产品进入中国市场，今后我国的沿边开放将形成进口为主出口为辅的贸易格局。

五是服务业将成为重要合作领域。周边国家虽然大部分还处于工业化初期甚至工业化起步阶段，但经济全球化和信息化对工业化的渗透已经改变了西方传统的工业化路径和产业次序，形成了服务业与工业同步发展的格局。不过，周边国家资本短缺的现实很难支撑其工业化的服务业需求，金融、科技、商贸、旅游、物流等服务业的对外合作是这些国家工业化进程的显著特征，也将是我国沿边开放的重要对外合作领域。

## 1.5　路桥经济时代正在到来

从更远的历史长河看，人类经历的江河经济时代到沿海经济时代，都伴随着交通基础设施和交通工具的变革，交通基础设施的变革与交通技术的进步，尤其是高铁的快速发展，使处于经济发展边缘区的大陆内部形成了沿交通聚集生产要素的格局，路桥经济时代正在悄然到来。

## 1.5.1 交通基础设施变革与"技术—经济"范式

演化经济理论认为，在每一次技术革命即新产品、新行业和新基础设施的爆炸性发展中，都会逐渐产生出一种"技术—经济"范式，在这一套技术扩散期，这种范式会对企业家、创新者、投资者和消费者加以引导。从18世纪末开始的经济增长经历了五个不同的阶段，并伴随着五次相继出现的技术革命；每次技术革命均产生于一组协同作用、相互依赖的产业，以及一个或更多的基础设施网络（卡洛塔·佩雷斯，2007）。可见，一种新的"技术—经济"范式的形成并非开始于技术革命，而是源于"新产业和新基础设施的爆炸性发展"。人为地去预判新科技革命的领域，为抢占新一轮科技革命制高点而努力，不如更多地为新产业发展营造环境和加快新基础设施的建设，因为人们需求变化所带来的对新产业和新基础设施的需求往往面临着传统产业和旧基础设施的约束和桎梏。

始于1771年英国产业变革的第一次技术革命，很大程度上源于运河、水道运输的改善，尤其是经过重大改良的水力涡轮机改变了贸易的空间。始于1829年英国的第二次技术革命更是明确来源于蒸汽动力机车的使用，从而使世界进入了铁路时代，使技术革命扩散到欧洲大陆和美国，同时水道运输仍然具有重要作用。始于1875年美国和德国的第三次技术革命，源于蒸汽动力的改善、铁路的改进以及电力网络的建立，蒸汽动力的改进主要表现为钢制高速蒸汽轮船在世界范围内航运，铁路的改进则主要是使用标准尺寸的廉价钢轨和枕木，以及大型桥梁和隧道的建设。始于1908年美国的第四次技术革命，源于各类基础设施的爆炸性发展，尤其是高速公路、石油管道和普通的电力供应使经济社会进入石油时代、汽车时代和大规模生产时代。始于1971年美国的第五次技术革命，源于电缆、光纤、无线电和卫星等带来的世界数字远程通信、信息高速公路等新型交通基础设施，使经济社会进入信息和远程通信时代。人类历史上历次技术革命都有重大的基础设施变革，这种变革体现为新基础设施的出现和原有基础设施的更新（见表1.5-1），而不是新基础设施对原基础设施的替代。

表1.5-1 基础设施更新与技术革命

| 技术革命 | 新基础设施或得到更新的基础设施 |
|---|---|
| 第一次：<br>始于1771年<br>产业革命<br>英国 | 运河和水道<br>收费公路<br>水力（经过重大改良的水力涡轮） |
| 第二次：<br>始于1829年<br>蒸汽和铁路时代<br>英国，扩散到欧洲大陆和美国 | 铁路（使用蒸汽动力）<br>普遍的邮政服务<br>电报（主要在一国铁路沿线传输）<br>大型港口、仓库和航行世界的轮船<br>城市煤气 |
| 第三次：<br>始于1875年<br>钢铁、电力、重工业时代<br>美国和德国超过英国 | 钢制高速蒸汽轮船在世界范围内航运（通过苏伊士运河）<br>世界范围的铁路（使用标准尺寸的廉价钢轨和枕木）<br>大型桥梁和隧道<br>世界范围的电报<br>电话（限于一国范围内）<br>电力网络（用于照明和工业） |
| 第四次：<br>始于1908年<br>石油、汽车和大规模生产的时代<br>美国，后扩散到欧洲 | 公路、高速公路、港口和机场组织的交通网络<br>石油管道网络<br>普遍的电力供应（工用和家用）<br>世界范围内的有线或无线模拟远程通信（电话、电报和海底电报） |
| 第五次：<br>始于1971年<br>信息和远程通信时代<br>美国，扩散到欧洲和亚洲 | 世界数字远程通信（电缆、光纤、无线电和卫星）<br>因特网／电子邮件和其他E化服务<br>多种能源、灵活用途、电力网络<br>（水陆空）高速物流运输系统 |

资料来源：摘引自卡洛塔·佩雷斯《技术革命与金融资本——泡沫与黄金时代的动力学》，田方萌等译，中国人民大学出版社，2007。

审视当今世界，新基础设施的革命性发展也在很多领域展开着，高铁是其中的重要领域，信息化的渗透和铁路建设技术的变革，使跨大区域的铁路运输能力越来越强，在一定距离内（如北京—上海），高铁的运输效率已远远超越了航空运输和公路运输，随着铁路运输技术的改进和新思维（如管道真空运输等）的引入，陆地运输格局将彻底改变，形成新的"技术—经济"范式。路桥经济时代正在到来。

### 1.5.2　江河经济到沿海经济

人类文明起源于江河流域。古人类从逐水草而居演化为在江河湖畔聚居发展传统农业，通过江河运输和用畜力运货物到江河埠头进行交易。随着生产力的继续发展，手工业从农业中分离出来，促进了商业和交通的发展，水运因其具有的天然、省力、运量大的优点，逐渐成为古代交通运输的主要方式，并随着商业和手工业开始向沿江河地区聚集，带动了沿江河城市的兴起和江河沿岸经济的繁荣，使江河流域逐渐发展成为经济文化的中心。① 我国古代造船业的进步和运河的开凿，沟通了水系，使河运成网，促进了交通运输的发展和不同流域的经济文化联系，黄河流域和长江流域的经济得以日益发展。古代城市大多数都建在大江边、大河边或大湖边，江河经济是农业革命的产物。唐朝由于大运河的作用，扬州成为仅次于长安的繁华都会，明朝以后有"九省通衢"之称的武汉因长江航运的作用，更有千里汉江与万里长江在此交汇，发展成为长江中游最大的经济中心（李纪恒，2003）。

海洋运输工具的进步与早期人类的航海实践催生了沿海经济。铁路和公路的快速发展，使沿海地区特别是港口和港口城市的经济腹地向周边地区延伸扩大，促进了沿海经济的形成和发展。蒸汽机用到轮船和柴油机用于船舶后，引起了船舶制造业的技术革命，船

---

① 李纪恒：《路桥经济研究——兼论城乡发展的重要推动力》，中国社会科学院研究生院博士学位论文，2003 年 6 月。

舶进入蒸汽机船时代。国际贸易大发展推动的世界海运业大发展和船舶工业的重大技术进步，促进了沿海经济进一步发展，海运成本又较低，海港便发展成为沿海城市的门户和咽喉，成为沿海地区重要的交通运输枢纽和转运中心。

沿海经济时代的显著特征，就是世界主要工业化国家几乎都以沿海经济为主，而各国沿海经济以港口产业经济为主，形成了普遍存在的沿海工业发展模式。在国际贸易带动下，全球空间经济格局呈现为各具特色的沿海工业经济，鹿特丹、新加坡、马赛等沿海城市形成以石油进出口为重点的炼油工业，汉堡、釜山、大连、上海形成了沿海城市的造船工业，日本在港口城市形成了以造船业为主的沿海工业区，同时带动了其他地区的经济发展。17世纪时，荷兰是航运和贸易大国，号称"海上马车夫"。随着国际直接投资成为全球经济的重要推动力，很多新兴经济体实施对外开放后，把沿海城市作为对外经济技术合作、吸引外国直接投资的出口加工基地，以加快工业化和现代化进程。

### 1.5.3　高铁、大陆桥与路桥经济

江河经济与沿海经济的充分发展，为路桥经济奠定了物质和技术基础。路桥经济的产生与发展依赖于机电一体化技术、电子计算机技术、通信网络技术等技术的广泛应用。内陆地区物资运输的急剧增多和冶金技术、机械技术、动力技术的不断改进，使以铁路和公路为主的陆上运输实现了快速发展。交通工具的规模生产和交通设施建设对相关工业的拉动，使交通与经济发展进一步实现了紧密的结合，为路桥经济发展阶段的到来奠定了坚实的基础。在沿海港口不断聚集经济要素的同时，陆地运输的交通节点也逐步演化出一些新兴的城市。

方便快捷的交通运输网络，是形成路桥经济的基础。美国在实施西部开发过程中修筑了30多万英里的铁路。东西铁路的贯通，

使美国中西部形成了以钢铁、重型机械、石油化工为主的重工业中心地带，形成了盐湖城、丹佛等重工业中心，兴起了旧金山、洛杉矶、西雅图等一批大城市和美国高技术工业的中心地带。① 发达的陆路交通尤其是铁路交通基础设施的变革，对路桥经济的兴起有巨大的促进作用，而人类生活质量的提高加速了对快速、安全、舒适客运的需求，对快捷、高效、全球范围内的多样化产品的需求，以及现代电子和信息革命的加速是产生路桥经济的重要推动力。高速公路、铁路、航空港改变了经济空间布局。

1964 年日本的新干线运行，标志着世界上第一条高速铁路投入运营。高速铁路具有占地少、消耗低、速度快、安全性高等优势，成为可靠、舒适、安全的现代化交通工具。我国在铁路发展上选择了新起点、高质量、快速度、大规模的发展模式，使铁路技术装备现代化实现重大跨越，目前我国高速铁路建设正在进入全面收获期。到 2020 年，我国新建高速铁路将达 1.6 万千米以上，快速客运网将达到 5 万千米以上，连接所有省会城市和 50 万人口以上城市，覆盖全国 90% 以上人口。高铁让中国铁路建设站在了世界铁路发展的前列。中国的高铁技术相对于德国、日本等有三个优势：一是从工务工程、通信信号、牵引供电到客车制造，中国可以整体出口，这是别国难以做到的；二是中国高铁技术层次丰富，既可进行 250 千米时速的既有线路改造，也可以新建 350 千米时速的新线路；三是中国高铁的建造成本较低，比其他国家低 20% 左右。高铁建设及其相关产业成为中国在世界上最具竞争力的领域之一。②

高铁技术的进步也为横跨欧亚大陆，沟通太平洋与印度洋、大西洋沿海经济体发挥了重要作用。欧亚大陆桥从第一座到第三座的

---

① 李纪恒：《路桥经济研究——兼论城乡发展的重要推动力》，中国社会科学院研究生院博士学位论文，2003 年 6 月。

② 《中国用 6 年形成高铁技术体系，处世界发展前列》，http://finance.huanq.com。

提出，都源于铁路建设技术的巨大进步，欧亚大陆桥的建设也为欧亚大陆内部没有出海口，在沿海经济时代处于边缘地位的内陆国家发展经济带来了前所未有的机遇。以大型交通枢纽城市为核心，运输节点城市为重点，交通经济带为骨架的路桥经济时代正在悄然到来。我国沿边开放进入新阶段及路桥经济时代的到来，为我国边疆经济的发展带来了良好机遇。

# 2  中国边疆大通道与
大陆桥发展态势

自 1992 年实施沿边开放战略以来，中国通往周边国家的陆路通道不断改善，横跨亚欧大陆的国际大通道和大陆桥不断完善，随着我国倡导的"一带一路"得到越来越多国家的积极响应，中国边疆大通道与大陆桥建设进入快车道。

## 2.1  中国西南边疆大通道与大陆桥发展态势

我国从西南进入南亚、东南亚国家的通道建设，主要是通过云南省、广西壮族自治区和西藏自治区进入相邻国家。中国、南亚及东南亚作为世界经济发展较快的地区，人口众多，需求旺盛，市场拓展迅速，正在成为充满活力的新兴市场。而建设中国通往东南亚、南亚的国际大通道，沟通两个大洋、三大市场，可突破帕米尔山系对我国西部内陆形成的对外交通阻隔，使占世界人口一半的中国、东南亚、南亚三大市场连为一体，将亚洲的总体经济增长水平和经济实力提高到一个新的水平，有力地推动世界经济的发展。中国西南边疆与东南亚、南亚毗邻，山水相连。随着经贸合作的加深，中国、南亚、东南亚国家在通道建设上给予高度支持，中国西南边疆与东南亚、南亚的国际大通道、大陆桥正在形成，中国西南边疆桥头堡的经济功能有望得到较大发挥。

### 2.1.1　第三亚欧大陆桥

第三亚欧大陆桥总体上还处于构想和论证阶段，具体构想是：以东南沿海港口群为起点，深圳港为重点，枢纽在昆明，途经缅甸、孟加拉国、印度、巴基斯坦等国，从土耳其进入欧洲，最终抵达荷兰鹿特丹港。第三亚欧大陆桥横贯亚欧 21 个国家，最初构想由云南的专家提出。战略构想中的第三亚欧大陆桥全长约 15000 千米，比目前经东南沿海通过马六甲海峡进入印度洋行程要短 3000千米左右（见图 2.1 – 1）。①

**图 2.1 – 1　三座亚欧大陆桥对比示意图**

#### 一　建设意义与优势

第三亚欧大陆桥对加强中欧、亚欧的交流具有重要意义。中国与南亚、欧洲国家的产业互补性强，欧洲的技术和制造业正在向中国等新兴经济体转移，中国的产业也需要向南亚等国家转移，构建第三亚欧大陆桥有利于促进中国与东南亚、南亚、中东地区的区域合作。此外，第三亚欧大陆桥的建立为云南提供了前所未有的机遇，可通过向西开放促使云南成为中国对外开放的前沿门户。建立

① 段钢：《第三亚欧大陆桥战略构想》，《经济问题探索》2007 年第 12 期。

第三亚欧大陆桥，有助于加深中国与南亚各国的经贸关系，为双边的战略关系奠定坚实的物质基础，同时第三亚欧大陆桥的建立将为中国西出印度洋提供新通道。

第三亚欧大陆桥的建立发挥了重要的交通枢纽作用，它将成为连接"三亚"（东亚、东南亚、南亚）的中枢、沟通"三洋"（太平洋、印度洋、大西洋）的纽带、横贯"三洲"（亚洲、欧洲、非洲）的桥梁。并且构想中的第三亚欧大陆桥具有明显的优势，一是所处地域的地理位置与气候条件较好，避开了高寒、沙漠地区，相邻港口无封冻期，沿线铁路网络密集、四通八达并连接到世界上许多重要海港和航空港，满足便捷、安全、高效率、低运输成本的国际综合交通运输基本要求；① 二是将连接海运地位重要、航空线密集、陆路交通运输便利的港口，如深圳、香港、吉大港、加尔各答等重要港口，这些港口城市可以有效地将海、陆、空三种运输方式结合在一起，综合利用各种运输方式的长处，实行多式联运，充分发挥综合交通运输体系的效用；三是将连通"三洲"（亚洲、欧洲及非洲），覆盖面积广，人口众多，大陆桥的建设将为带动沿线国家与地区的经济社会发展创造更加良好的条件，加深沿线各国的经贸合作。

第三亚欧大陆桥的构建顺应了国际区域经济一体化的发展趋势。随着经济全球化的驱动力从多边贸易体制向区域经济合作转换，"东南亚国家联盟"、"孟中印缅经济合作论坛"、"南亚自由贸易区"、"海湾合作委员会"、石油输出国组织、欧盟、非盟等多个相互联系、相互覆盖的区域、次区域经济合作组织已经在快速发展，第三亚欧大陆桥经过这些区域，在各种单、双边合作机制基础上推进"一带一路"建设，加快区域间交通线的连接，实现互联互通，使资源和要素在区域内优化配置，必将推动大陆桥沿线发达

---

① 段钢：《第三亚欧大陆桥战略构想》，《经济问题探索》2007 年第 12 期。

地区和欠发达地区的区域经济发展向更宽领域、更深层面拓展，为区域间的开放与合作创造更加有利的条件。

## 二　存在问题

目前，建设第三亚欧大陆桥主要存在以下几方面的问题。

（1）沿线涉及国家多、区域广，国际协调难度大。第三亚欧大陆桥在战略构想中横贯亚欧 17 个（若含非洲支线 4 个国家叙利亚、黎巴嫩、以色列及埃及则为 21 个）国家，连接东亚、东南亚、南亚，沟通三大洋（太平洋、印度洋、大西洋），横贯三洲（亚洲、欧洲、非洲），全长约 15000 千米，将中国—东盟自由贸易区、南亚区域合作联盟、OPEC、非盟、欧盟等区域合作组织串联在一起，其路线之长、涉及国家与地区之多，都是前所未有的，因而国际协调难度之大也是空前的。目前，还缺乏一个能够有效协调沿线国家的合作机制，[①]使各国在基础设施建设、相关政策和服务协调上存在很大的难度。

（2）陆桥的运营经济效益将面临海运和已有大陆桥等其他运输通道的挑战。第三亚欧大陆桥是在第一亚欧大陆桥、第二亚欧大陆桥形成和亚欧国际交通网络日趋完善的背景下产生的，因此必定与其存在竞争。海洋运输由于运量大、运费低、航道四通八达等优势，目前仍然是国际贸易中最主要的运输方式。国际贸易总运量中的 2/3 以上，以及中国绝大部分进出口货物，都是通过海洋进行运输的。马六甲海峡作为东亚与中东、南亚、非洲和欧洲的重要海运通道，已经形成规模和体系。修建第三亚欧大陆桥，势必与其他运输通道存在激烈竞争。

（3）缅孟等国尚未签订《泛亚铁路网政府间协议》，一定程度上会影响亚欧大陆桥建设。第三亚欧大陆桥从瑞丽出境后，要经缅

---

① 刘稚：《建设第三欧亚大陆桥面临的困难和问题初析》，《东南亚南亚研究》2009 年第 1 期。

北的腊戍—木姐段至曼德勒，并向西修筑 500 多千米连通吉大港，该路段的建设需要缅甸政府与孟、印协商，并约定今后铁路运营的管理方案。印度东北部几个邦与其他地区之间隔着孟加拉国，只有孟加拉国以北的一条狭窄走廊连接两头，而走廊北面是尼泊尔。孟加拉国政府一直要求借道印度与尼泊尔连通，作为铁路经过孟加拉国的条件，但印度不同意。此外，铁路另一端的巴基斯坦也没有签署《泛亚铁路网政府间协议》。印巴两国虽然已有铁路相连，但目前所有列车都要在边境换车。

（4）浩大工程所需资金的筹措和技术标准的统一都存在困难。构建第三亚欧大陆桥的重点在亚洲，关键是昆明至吉大港的铁路建设，线路全长约 2000 千米，云贵高原地质情况复杂，为该段公路的修建增加了难度和资金投入。铁路基础设施建设投资大、建设周期长，缅甸、孟加拉国的经济发展相对落后，而中国根据自己的经济实力也并不能给予两国过多的经济支持和帮助，境内铁路的修建与维护，以及大陆桥的集疏运系统建设资金的筹备将存在一定的困难。

（5）沿边国家的政治纠纷给国家层面的合作带来了困难和运输安全隐患。王伟光和秦光荣（2009）认为，沿桥经过 21 个国家，各国政治环境近年来处于一个相对稳定的时期。但是由于涉及国家较多，民族、语言、宗教及领土、边界等问题都相当复杂，影响沿桥区域内各方政局稳定的历史、宗教、民族、领土等热点问题尚未得到完全解决，中印边界问题、印巴关系、阿富汗恐怖主义、中东政治局势及美国与伊朗关系问题等，给沿桥各国国家层面的经济合作带来困难和运输安全隐患。沿桥区域目前还缺乏强有力的区域合作机制和区域铁路网政府间协议，以上政治因素也为沿桥区域合作机制的建立和区域铁路网政府间协议的签订增添了困难。[①]

---

① 王伟光、秦光荣：《第三亚欧大陆桥西南通道建设构想》，社会科学文献出版社，2009，第 232 ~ 235 页。

### 2.1.2 西南出境公路通道

目前，我国西南出境公路通道的建设主要集中在与印度、尼泊尔、越南、孟加拉国、老挝、缅甸等国公路的互联互通方面，为加强各国的双边合作，在现有公路通道建设的基础上，各国都积极推进公路通道的修建与完善。

**一 中越公路通道**

中越公路通道主要有昆明—河内和南宁—河内两条主干道。

（一）昆明—河内

随着中越两国经贸合作的加深，双方的通道建设也日益完善。自云南昆明到越南河内的高速公路将进一步激发中越昆河经济走廊的活力。昆明至越南河内的高速公路从河口口岸出境，由越南老街进入越南，越南境内路段约250千米。建成后，从昆明出发7个小时内可达河内，从昆明至河内可极大地缩短地区物流成本，提升区域经济活力。此外，越南河内延伸至海防的高速公路也在建设之中，建成后，昆明至越南海防可实现朝发夕至。中越公路建设中的主要障碍是越南资金短缺，融资渠道单一，公路通道建设进展较为缓慢。

云南蒙自—河口新街高速公路于2009年通车，标志着昆明到河口连接东盟公路实现了全程高等级化。蒙新高速公路是国道主干线二连浩特—成都—昆明—河口公路云南境内的重要一段，是中国外接越南及东南亚的重要国际大通道，也是云南南部的主要经济干线。蒙新高速公路全长85千米，设计车速为每小时80千米，路基宽度为24.5米，建设投资为人民币52亿元。该路通车后可节约通行时间3~4小时，将为当地经济发展起到巨大的推动作用。

（二）南宁—河内

中国广西壮族自治区将加快建设连接越南的数条公路。2010年，南宁至河内的高速公路最终建成通车。此外，与越南相邻的各个县的公路通道建设相对较好，其中相邻的每个县至少有 1 条二级公路通往越南；所有具备条件的 1 类和 2 类口岸均建有 1 条二级以上公路与越南相连。可见从我国广西通往越南的公路通道建设已经具有较好的基础，这为南宁—河内经济走廊交通干线的建设提供了条件。

从中国广西到越南的公路中，经过的主要城市就是南宁和河内。南宁，简称邕，古称邕州，是广西壮族自治区首府，广西第一大城市，北部湾经济区核心城市，华南地区特大城市，中国—东盟博览会永久举办地，是广西的政治、经济、文化、科教、金融和贸易中心。而河内市是越南的首都，位于越南境内红河三角洲西北部，无论是从越南的南方到北方，还是从越南北方内地到沿海，均是必经之地，地理位置十分重要，河内拥有北方最大的河港，多条铁路在这里连接，是北方交通总枢纽，水、陆、空交通便利。

**二　中泰公路通道**

中泰公路又称昆曼公路，是中国陆路连接东南亚国家的一条重要交通大动脉，是亚洲公路网的重要组成部分，是中国—东盟自由贸易区与 GMS 合作中的重点项目之一，也是桥头堡战略框架下我国云南连接境外的 4 条重点公路之一，2008 年 3 月 31 日正式通车。随着连接泰国和老挝的会晒大桥的完工，连接中国、老挝、泰国三国的国际大通道——昆曼公路于 2013 年 6 月全线贯通。会晒大桥是连接泰北和老北地区的第一座跨湄公河大桥，也是昆曼公路摆脱汽车轮渡掣肘的关键性工程。昆曼公路的贯通有利于促进中国与东盟国家的人员往来、经贸合作和旅游业的发展。

昆曼公路以昆明市为起点，途经玉溪、思茅、西双版纳进入老挝境内的南塔、波乔省，经会晒后进入泰国清孔，在泰国境内经清莱、清迈最后抵达泰国首都曼谷。全程 1800 多千米，全部路段均设计为高等级公路，并连接马来西亚、新加坡公路网，被亚洲开发银行称为"亚洲公路网中最激动人心的一个路段"。昆曼公路在中国境内由昆明起至磨憨口岸止，有827千米；出中国境后由老挝磨丁至会晒止，全长247千米，由老挝会晒跨过湄公河进入泰国边境城市清孔后，由清孔至曼谷全长813千米。目前，中、泰两国境内共1640千米的路段，已经实现了公路等级化。中国云南段已建成高速公路。老挝境内段由中、老、泰三方各承建一段，中国援建段已建成通车，相当于中国公路准三级水平。

目前昆曼公路存在的主要问题是物流运输成本缺乏比较优势，使其尚未发挥出"黄金通道"的作用，因此昆曼公路的运输货物报关费用高、运输成本高等问题还亟须解决。

### 三　中缅公路通道

中缅两国在合作中都高度重视公路通道建设。云南保山至龙陵高速公路作为中缅公路国际大通道改造重点路段，计划2014年9月全线通车，届时云南通往南亚、东南亚的公路中国境内段将全程实现高等级化。横跨怒江大峡谷的保山至龙陵山区的道路一直是中缅公路国际大通道的瓶颈，这120多千米的山路从山头盘旋到怒江大桥，再盘旋而上到对岸的高黎贡山，道路曲折、路况复杂。建成通车后，从保山至龙陵及从保山到腾冲的通行时间将会大大缩短。

从保山至龙陵的高速公路是国道320线上海至瑞丽公路与杭州至瑞丽国家高速公路的一段，也是云南省通往缅甸曼德勒、仰光及南亚印孟地区国际大通道的重要组成部分。此前，云南省已经把中印公路（史迪威公路）的腾冲至缅甸密支那段180千米改造为二级路。保龙高速公路建成通车后，从昆明经大理、保山、腾冲前往缅甸密支那的公路将全程高等级化，实现12小时到达。

腾（冲）—密（支那）公路缅甸境内段、章（凤）—八（莫）公路缅甸境内段两条公路都按弹石路面建设，改建完成后，将对发挥口岸辐射功能，带动和促进毗邻地区经济的发展，推进孟中印缅经济走廊建设发挥重要作用。

### 四 中印公路通道

中印公路是第二次世界大战期间中美两国合作修建，自印度雷多至中国昆明的国际军用战略公路，曾被命名为"史迪威公路"。其中从印度雷多经缅甸密支那到中国云南边境畹町的路段又被称为"雷多公路"。

历史上的中印公路西起印度东北铁路终点站雷多镇，途经缅北和滇西，东至云南省会昆明，1945年建成通车，是第二次世界大战中举世闻名的军事运输线。中印公路曾经是中国走向南亚国家最便捷的陆路大通道，从云南保山的边境出发，到达印度东北部连接铁路网的雷多，仅有500多千米，雷多—密支那—保山—昆明全长2125千米（中国境内为850千米，境外为1275千米）。

中印公路在中国境内为320国道，起点在云南昆明，分为旧中印公路和新中印公路（腾密公路），旧中印公路前段昆明到缅甸木姐段跟滇缅公路共线，而后转往密支那前往印度雷多，新中印公路1946年完工，昆明至保山段跟滇缅公路同线，而后由保山转往腾冲直线开往密支那再往印度雷多，又称腾密公路，全长约295千米（中国境内约180千米，境外约115千米）。由于沿途自然环境恶劣，战后发挥的作用很有限。

反过来看，中印公路由印度东北部边境小镇雷多出发至缅甸密支那后分成南北两线，南线途经缅甸八莫、南坎至中国畹町；北线经过缅甸甘拜地，通过中国猴桥口岸，经腾冲至龙陵，两线最终都与滇缅公路相接。其中，八莫位于伊洛瓦底江上游东岸及其支流太平江汇口附近，在中缅公路通车以前，八莫一直是中缅两国陆路交通与贸易的重镇，向东可抵达云南的腾冲，南通我国的畹町，自古为滇缅间的主通道，也是伊洛瓦底江向北航运的终点，水路南通曼德勒，北达密支那、孟拱、边迈；公路北经密支那可达片马及孙布拉蚌。南坎位于瑞丽江南岸，与中国瑞丽市弄岛乡隔江相望，是缅甸北部的重镇和门户。畹町位于云南省西部，德宏傣族景颇族自治州南部，南与缅甸为邻，西、北隔瑞丽江与瑞丽市相望，东北与潞西市接壤，是一个具有热带、亚热带风貌和民族特色的边境口岸城市。

### 五 中巴公路通道

中巴友谊公路又称喀喇昆仑公路，是一条连接中国西部与巴基斯坦的公路，全线地质情况极为复杂，被称为公路建设史上的奇迹。这条公路北起我国新疆喀什，穿越喀喇昆仑山脉、兴都库什山脉、帕米尔高原、喜马拉雅山脉西端，途经中巴边境红其拉甫山口，南到巴基斯坦北部城市塔科特，是中国通往巴基斯坦地区及南亚次大陆的交通要道。

中巴友谊公路在中国境内长415千米，在巴基斯坦境内长809千米。公路全线海拔差异大，最低点为海拔600米，最高点为海拔4694米，雪崩、山体滑坡、落石、塌方、积雪、积冰等地质灾害经常发生，沿途路面与桥梁设施经常遭到破坏，许多路段难以通车。公路标准为常年候的双车道黑色路面（主要技术标准相当于中国三级公路标准），是世界闻名的高原公路。该公路具有重要的战略意义，是巴基斯坦北部通往首都伊斯兰堡及南部沿海地区的交通要道，也是中国通往巴基斯坦及巴南部港口卡拉奇、南亚次大陆、中东地区的唯一陆路通道。

中巴友谊公路沿线经过的主要城市是喀什、红其拉甫口岸、塔科特等。其中喀什市与周边八国接壤或毗邻，是我国向西开放的重要门户；红其拉甫口岸俗称红其拉甫"山口"，在中国新疆喀什地区西南部，帕米尔高原塔什库尔干塔吉克自治县境内，同巴基斯坦北部地区毗邻，口岸海拔约5000米，是世界上海拔最高的口岸。

喀喇昆仑公路全线地形复杂，通过几百万年前印度板块与欧亚板块碰撞所产生的破碎地带，除喀喇昆仑山脉外，还穿过兴都库什山脉、帕米尔高原、喜马拉雅山脉西端，即印度地质学上所谓的"弓形波"系的四大山脉。该公路通道容易受到气候的影响，雨季大面积的山体滑坡影响着公路的畅通，变化多端的冰川常导致洪水冲垮桥梁。公路建成后，修理和改善工作一直没有间断，巴基斯坦军队也因此有了专司公路维修抢险的机构——军队工程师。中国到巴基斯坦的铁路修建虽然受到两国的重视，已提出部分修建计划，但还未实施。

## 六　中尼公路通道

中尼公路（Sino - Nepalese Highway）是从中国西藏自治区的拉萨市至尼泊尔王国首都加德满都的公路。20 世纪 60 年代，在中国援建下，中尼公路修通运行，成为连接中国与南亚次大陆的主要通道。目前通过这条公路运送的货物量差不多占中尼陆路贸易的80%，占西藏自治区对尼泊尔贸易总量的 90%。中尼公路在中国境内经过堆龙德庆、日喀则等城镇，在尼泊尔境内经过科达里、巴拉比斯、巴斯卡尔等城镇，1967 年建成通车。路线翻越喜马拉雅山，是西藏目前唯一的一条国际直通公路。

该条公路沿线经过的主要城市为拉萨、堆龙德庆、日喀则、萨迦、拉孜、聂拉木等，一直到尼泊尔首都加德满都。拉萨历来是西藏全区政治、经济及文化的中心，也是藏传佛教圣地。日喀则市地处西藏西南部、雅鲁藏布江及其主要支流年楚河的汇流处，总面积3875 平方千米，地形主要是平川，市区平均海拔为 3836 米。日喀什地区药材资源丰富，常用药材品种有虫草、贝母、天麻、雪莲花、红景天、大黄等 300 多种，矿产资源开发前景较为乐观，太阳能资源丰富，旅游产业潜力巨大，珠穆朗玛峰、扎什伦布寺、萨迦寺等驰名中外。拉孜地处西藏日喀则地区中部、念青唐古拉山最西部。拉孜县拥有悠久的历史，地域开阔，交通便利，是日喀则地区西部七县必经之要塞。国道 318 线即中尼（中国—尼泊尔）公路贯穿拉孜南部，拉叶（拉孜—新疆叶城）公路即 219 国道由县辖查务乡驻地起始并与 318 国道相连，向西北可经阿里至新疆叶城，两条国道在该县境内总长 122 千米。

中尼公路通道顺利运行中的主要障碍是地形因素引起的。因公路全线地处喜马拉雅山系的坡积层与高原地带，沿线地形、地质、水文、气候复杂多变。山高谷深，地形险峻，山体破碎严重，地震频繁，降水量集中，雨水造成的山体滑坡、山崩、泥石流等自然灾害时有发生。以上这些自然地理气候对中尼公路危害极大。

### 2.1.3 西南出境铁路通道

我国进入南亚、东南亚国家的铁路通道建设严重滞后于公路建设，现仅有从昆明经河口口岸进入越南和经凭祥口岸进入越南两条铁路线进入东南亚铁路网，与南亚则没有铁路相连通，还有很大的合作空间。随着各国经济的发展，中国与该地区间的铁路通道建设正在提上议事日程。

**一 泛亚铁路**

泛亚铁路（Trans – Asian Railway，TAR）是一个统一并贯通欧亚大陆的货运铁路网络。亚洲 18 个国家的代表于 2006 年 11 月 10 日在韩国釜山正式签署《泛亚铁路网政府间协定》，筹划了近 50 年的泛亚铁路网计划最终得以落实。协定规划中，4 条"钢铁丝绸之路"构成的黄金走廊把欧亚两大洲连为一体，纵横交错的干线与支线将编织起一个巨大的经贸合作网络。泛亚铁路云南段将会取代滇越铁路昆河段的地位。其中经过中国昆明的有三个方案：一是东线方案，由新加坡经吉隆坡、曼谷、金边、胡志明市、河内到昆明；二是中线方案，由新加坡经吉隆坡、曼谷、万象、磨憨到昆明；三是西线方案，由新加坡经吉隆坡、曼谷、仰光、瑞丽到昆明。① 按照《中长期铁路网规划》，2020 年前中国将有三条连接中国与东南亚的高铁线路建成通车，这表明到那时我国将拥有直达印度洋出海口的高速通道。

---

① 《泛亚铁路》，维基百科，http：//wiki.21cbh.com。

（一）建设进展

泛亚铁路东线中国境内段由玉蒙铁路和蒙河铁路共同组成。2013 年 2 月中国境内玉溪至蒙自铁路已建成通车，而蒙自至河口铁路正在全力推进中。玉蒙铁路是国家实施西部大开发战略和云南桥头堡建设重点工程，已开通客货运列车，使红河州变为云南最先建成国际铁路大通道的地区。通过玉蒙铁路，滇南地区与全国准轨铁路网相连，铁路货运不需再经过米轨、准轨换装，就可以直达全国。建设玉蒙铁路对改善滇南交通条件，打通中国—东盟陆地国际大通道具有重要意义。

2013 年 5 月，泛亚铁路东线的重要组成部分、蒙自至河口铁路控制性工程——全长 10381 米的屏边隧道——顺利贯通。以"地质条件复杂、岩石之地多变、洞内高湿高温、掘进极其困难"而著称的屏边隧道，由中铁一局施工、云铁监理公司监理，工程于2009 年 4 月开工，历时 4 年零 1 个月的紧张施工，比计划工期提前 180 天贯通，实现了屏边隧道安全掘进无事故的目标。

蒙河铁路是国家实施西部大开发战略与云南省桥头堡建设的重点工程，对促进云南经济社会发展、拓展东南亚市场、打通中国—东盟陆地国际大通道、加快云南桥头堡建设具有十分重要的意义。屏边隧道的提前贯通，为蒙河铁路 2014 年全面竣工奠定了坚实的基础。

2013 年 6 月，泛亚铁路东线中国境内重要路段云南省蒙自至河口铁路段重点控制性工程——平寨隧道——顺利贯通。至此，包括屏边隧道、马英河大桥在内的该线"两隧一桥"主要控制性工程主体工程已完工，为蒙河铁路全线加速推进建设打下了基础。

中线经磨憨穿过老挝，老挝地处中南半岛内陆，农业产值占国民生产总值的 95% 以上，如今仍是世界上最贫穷的 25 个国家之一。中老铁路老挝段北起中老边境口岸磨憨，向南依次经过孟赛、琅勃拉邦、万荣，至老挝首都万象，需要新建铁路 421 千米。

西线经瑞丽穿过缅甸，最终到达新加坡，昆明—大理铁路已经建成，大瑞铁路全长 350 千米，大理—保山铁路正在建设，预计 2016 年建成通车。

（二）存在的问题

虽然西南边疆的铁路不发达，但就整个泛亚铁路而言，大部分路段的铁路基础设施已经存在。从技术上看，最大的障碍是亚洲铁路轨距的差异。东南亚国家绝大多数使用轨距为 1000 毫米的窄轨；中国、伊朗、土耳其的铁路是轨距 1435 毫米的标准轨；印度、巴基斯坦的铁路与孟加拉国的部分铁路，轨距为 1676 毫米；俄罗斯及中亚的独联体国家的铁路也是宽轨，但轨距是 1520 毫米。4 种不同的轨道，连接起来困难较大，客货运需换装，增加运输成本和时间。通关、边检等也需要各国协商，目前中国与东南亚邻国已经落实了铁路交通通过边界的各种协定。当前的首要障碍是投资不足，其次是国家间的协调问题。泛亚铁路是多边协调，国家越多，协调的难度就越大，另外还有政治、安全、民族等多重因素影响。亚洲现有的铁路多数年代久远，总体上需要更新换代，而不仅仅是更换类似铁轨、信号灯等部分硬件。亚洲各国铁路运输的合作仍然较为薄弱，不利于提高亚洲各国铁路运输中的互联互通水平。

**二  中尼铁路**

中国准备将青藏铁路延长到尼泊尔的边界，这条铁路是世界上海拔最高的铁路。中国已开始修建连接拉萨和中尼边境集镇樟木的铁路，这条铁路是中国改善喜马拉雅地区交通基础设施的最新举措，将加强尼泊尔与中国的经济联系，并降低其对印度的依赖。作为内陆国家，尼泊尔的进口迄今在很大程度上依赖印度。随着中国即将把铁路铺设至其边境，中国与尼泊尔的贸易会实现快速增长。

青藏铁路延长到尼泊尔边界，主要的障碍来自自然地理方面的条件限制。该铁路的修建会受到地势高、气候严寒、气候恶劣、低压、缺氧、地质条件复杂、冻土、坡度大、温差大、风沙多、雷电多等地理因素的影响。

### 三　湘桂铁路

湘桂线从京广线上的衡阳，经东安、桂林、柳州、南宁到达中越边境城市凭祥，通过友谊关与越南谅山地区的铁路接轨，是我国通往越南最大、最便捷的陆路通道。凭祥市是新崛起的对外开放口岸城市，也是我国与越南铁路相接的节点城市。

该铁路线沿线经过的主要城市为衡阳市、永州市、桂林市、柳州市、来宾市、南宁市、崇左市等。其中衡阳市是湖南省域副中心城市，是中南地区重要的工业城市，是国家承接产业转移示范区以及全国加工贸易重点承接地，交通便利，濒临湘江，多条公路、铁路干线在此交会，是湖南省以及中南地区重要的交通枢纽之一；永州，故称零陵，是湖南省地级市，位于湖南省南部潇、湘二水汇合处，雅称"潇湘"；桂林是广西壮族自治区第三大城市，世界著名的风景旅游城市和历史文化名城，是桂东北地区的政治、经济、文化、科技中心；柳州是广西第二大城市与广西的工业中心，工业占广西工业的1/3。

湘桂铁路衡阳至柳州段建于 20 世纪 30 年代，其线路标准低、设备简陋，虽然新中国成立后做了大量修复和改建工作，但仅仅是为了满足运输需要而进行的最低限度的改建，没有从根本上改变其标准低和装备落后的状况。

## 2.2　中国西北边疆大通道与大陆桥发展态势

西北边疆包括新疆维吾尔自治区和甘肃省。中国与中亚各国的经贸往来主要通过新疆的铁路、公路通道，新疆具有核心地位。1993 年 9 月，中国西北五省区在乌鲁木齐召开的首届协作会议上提出"共建大通道、联合走西口"的对中亚五国的开放构想，使中国与中亚五国的贸易从主要由新疆开展逐步扩展到西北其他省区，提高了整个西北地区的对外开放水平。[①] 我国与中亚各国的通道建设目前主要是新通道的规划建设以及延长我国原有的边境铁路直达中亚国家。目前，从我国西北边疆进入中亚的大通道建设已有一定基础。

## 2.2.1  第二亚欧大陆桥

### 一  概况

新亚欧大陆桥即第二亚欧大陆桥，是由我国的江苏连云港市、山东省日照市到荷兰鹿特丹港的国际化铁路交通干线，国内由陇海铁路与兰新铁路组成（见图2.2-1），全长4213千米。大陆桥途经我国7个省、区，65个地、市、州的430多个县、市，到中俄边界的阿拉山口出国境，出国境后可经3条线路抵达荷兰的鹿特丹港。其中中线与俄罗斯铁路友谊站接轨，进入俄罗斯铁路网，途经阿克斗亚、切利诺格勒、古比雪夫、斯摩棱斯克、布列斯特、华沙、柏林达荷兰的鹿特丹港，全长10900千米，辐射世界30多个国家及地区。亚欧大陆桥陇海—兰新城市带主要城市有连云港、日照、徐州、商丘、开封、郑州、洛阳、西安、兰州、乌鲁木齐等。[②] 1992年第二亚欧大陆桥开始国际陆桥营运。

第二亚欧大陆桥比第一亚欧大陆桥减少行程3000千米，比走海路费用节约20%，时间减少一半。北线途经阿克斗亚、切利诺格勒，到彼罗巴普洛夫斯克纳，再经莫斯科、布列斯特、华沙、柏林到达鹿特丹港。南线经过阿雷西、伊列次克、布良斯克，再经过布列斯特、华沙、柏林到达鹿特丹港，也可从阿雷西分路，通过伊朗的马什哈德到德黑兰，还可从布良斯克分岔至乔普到达匈牙利的

① 马勇、赵起峰、苏海红、吴江：《浅析中国西北地区与中亚国家经贸关系的发展态势》，《俄罗斯中亚东欧市场》2005年第12期。
② 王学锋：《"大陆桥"的发展及其BDA功能的开发》，《大陆桥视野》2008年第12期。

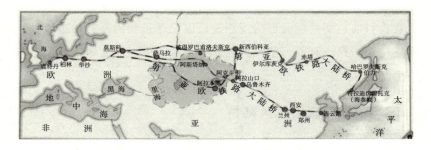

**图 2.2 - 1　第一和第二亚欧大陆桥示意图**

注：伯力（伯力城、哈巴罗夫斯克）位于黑龙江、乌苏里江汇合口东岸的中等城市。

布达佩斯。亚欧大陆桥将中国与中亚、欧洲国家紧密相连，对环太平洋经济圈的协调发展起到了重要作用，也使中国与欧亚市场的距离更近了。它将亚欧两个大陆原有的陆上运输通道缩短了 2000 千米，比绕道印度洋和苏伊士运河的水运距离缩短了 1 万千米。[①]

与第一亚欧大陆桥相比，第二亚欧大陆桥具有明显的优势：一是具有良好的地理位置与优越的气候条件。整个陆桥沿线无高寒地区、港口无封冻期、自然条件好、吞吐能力大，可以常年作业。二是缩短了运输距离。它比第一亚欧大陆桥缩短陆上运距 2000 ~ 2500 千米，到中亚、西亚各国的优势更为突出。其中陆桥运输比海上运输运费节省 20% ~ 25%，而时间缩短一个月左右。三是辐射范围更广。新亚欧大陆桥辐射亚欧大陆 30 多个国家和地区。四是对亚太地区具有较大的吸引力。除我国（大陆）外，日本、韩国、东南亚各国、一些大洋洲国家及我国的台湾、港澳地区，均可利用此线开展集装箱运输。从发展形势看，大陆桥运输前景广阔，开发潜力巨大。伴随现代科学技术的迅速发展，包括火车、轮船等

---

① 罗开富：《新亚欧大陆桥的历史作用与发展前景》，《大陆桥视野》2008 年第 1 期。

在内的交通工具的现代化、高速化，特别是时速超过 500 千米的磁悬浮列车的试运成功，对以铁路运输为主的大陆桥运输，必将产生不可估量的推动作用。

依托第二亚欧大陆桥建设丝绸之路经济带，已经成为我国新时期的重要对外开放战略，对推动沿桥国家和亚欧两大洲经济贸易交流、促进陆桥经济走廊的形成、扩大亚太地区与欧洲的经贸合作，促进亚欧经济的发展与繁荣，都具有重大而深远的意义。

## 二　存在问题

由于第二亚欧大陆桥途经的 7 个国家铁路轨距不同，列车需要经过两次换装、6 次代理才能到达目的地，导致运输成本高、时间长，在与海运及第一亚欧大陆桥的竞争中处于劣势。具体地说，火车从东段（即中国段，长约 4120 千米，采用的是准轨）进入中段（即哈萨克斯坦、俄罗斯和白俄罗斯段，长约 5350 千米，采用的是宽轨），必须进行第一次换装，即将准轨换成宽轨；从中段驶入西段（即波兰、德国及荷兰段，长约 1500 千米，采用的是准轨），又必须进行第二次换装，即将宽轨换成准轨。两次换装不仅耽误了大量的时间（约 10 个小时），且必须支付一笔巨额的换装费用。6 次代理也必须支付相当高额的代理费。据测算，从太平洋西岸港口到大西洋东岸的港口，一个标准集装箱的运费大致是：海运为 1500 美元（运期 30 天），第一亚欧大陆桥为 2000 美元（运期 20 天），第二亚欧大陆桥为 3000 美元（运期 30 天）。通过比较可以明显地看出，在运时完全相同的情况下，第二亚欧大陆桥的运费比海运高出一倍；在运时多 10 天的情况下，第二亚欧大陆桥的运费高出第一亚欧大陆桥 50%。在这种高价位下，客户大都愿意选择海运或第一亚欧大陆桥，而不愿意选择第二亚欧大陆桥。[①]

---

① 蒲开夫：《第二亚欧大陆桥的发展与创新》，《俄罗斯中亚东欧市场》2011 年第 10 期。

阿拉山口口岸过货国家的状况大致是：韩国、日本、美国及印度等国流向中亚五国的货物约占总重量的4%，中亚五国流向中国新疆的货物约占总重量的92%，中国新疆流向中亚五国（以哈萨克斯坦为主）的货物约占总重量的4%，再往西去的货物就很少。严格地说，真正意义上横跨亚欧两大洲的大陆桥运输优势尚未形成。①

### 2.2.2　西北出境公路通道

目前我国通往中亚各国的公路通道虽不完善，但在公路建设上已有一定的成效，主要公路通道有塔什干—希姆肯特—塔拉兹—阿拉木图—霍尔果斯公路、双西公路、中—吉—乌公路和中塔公路。

**一　中哈公路**

（一）塔什干—希姆肯特—塔拉兹—阿拉木图—霍尔果斯公路

塔什干—希姆肯特—塔拉兹—阿拉木图—霍尔果斯公路是哈萨克斯坦2008年着手建设的新工程中最大的一个工程。该公路是哈萨克斯坦的主要国际干线公路之一，承担着欧亚大陆之间过境货物运输的重要任务。该公路经过的主要城市有塔什干、希姆肯特、阿拉木图、霍尔果斯等。其中塔什干市（Tashkent）是塔什干州首府，乌兹别克斯坦首都，是中亚第二大城市，独联体中仅次于莫斯科、圣彼得堡、阿拉木图及基辅的第五大城市，是乌兹别克斯坦的政治、经济、文化、交通中心。塔什干市的工业以农业机械、纺织机械制造为主，食品和纺织也很重要，为中亚最大交通枢纽，有铁路通莫斯科、新西伯利亚等地，有通往南亚各国的国际航空港，市内有地铁。希姆肯特市是哈萨克斯坦较大的工业中心，轻工业中心，棉纺工业发展较好，机械制造业和化学工业比较发达，希姆肯特铅厂、压力机厂、石油加工厂、磷肥厂都是重要企业。阿拉木图

---

① 蒲开夫：《第二亚欧大陆桥的发展与创新》，《俄罗斯中亚东欧市场》2011年第10期。

是哈萨克斯坦乃至整个中亚的金融、科技等中心，在诸多领域属于中亚第一大城市，亦是独联体重要城市之一。霍尔果斯是中国最早向西开放的口岸，曾是丝绸之路新北道上的重要驿站。1881 年正式通关，通关历史长，是目前西北五省区综合运量最大的国家一类公路口岸，也是中国向西面对中亚、西亚乃至欧洲距离最近、最便捷的口岸，目前已成为中国政府实施"东联西出，西来东去"战略的重要支点。

（二）双西公路

"欧洲西部—中国西部"公路（即"双西公路"）总长 8445 千米，其中在哈萨克斯坦境内段有 2787 千米，该项目已被列入哈"加速工业创新发展国家规划"，是哈国内的一项"世纪工程"。"双西公路"建成后，可将从中国到欧洲的货运时间从海运的 40 天缩减到陆运的 10 天。该项目在哈境内横跨阿拉木图州、江布尔州、南哈州、克孜洛尔达州和阿克纠宾州等五个州。项目投资总金额达 8250 亿坚戈（约合 55.4 亿美元）。哈境内有 5 万人在从事该项目建设，在 2009 ~ 2011 年建成 2700 千米路段，2012 年建成约 700 千米。

2013 年西部欧洲—西部中国国际交通走廊全部修缮长度 1721 千米，其中包括在哈萨克斯坦境内建设里程 806 千米。2013 年在克孜勒奥尔达州修建 254 千米，在南哈州修建 224 千米，在江布尔州修建 188 千米，在阿克纠宾州修建 140 千米。2014 年，除阿克纠宾州建设工作已完成外，另修建并通车 179 千米。此外，奇姆肯特至俄罗斯边境和塔拉兹至阿拉木图路段也已建成通车。2014 年，主要建设工作集中在阿拉木图至霍尔果斯和奇姆肯特至江布尔州边境路段，其建设工作已于 2013 年开始。修缮路段为塔什干至奇姆肯特路段，全程 99 千米。2014 年底建设工作主要集中在通往邻国的出境公路上，即阿拉木图市至中国边境和江布尔州边境至乌兹别克斯坦边境。哈萨克斯坦拟将双西公路建成一级收费公路。

"双西公路"途经圣彼得堡、莫斯科、下诺夫哥罗德、喀山、奥伦堡、阿克托别、克孜勒奥尔达、奇姆肯特、塔拉兹、科尔泰、阿拉木图、霍尔果斯、乌鲁木齐、兰州、郑州、连云港，全长8445千米，其中2233千米途经俄罗斯，2787千米途经哈萨克斯坦，3425千米途经中国。①哈萨克斯坦段投资额为8251亿坚戈，四车道一级公路为1390千米，其余路段为二级公路，长度为1062千米。哈境内路段将于2015年完工。

在"双西公路"（中国西部—欧洲西部）公路干道建设中，哈首次采用了国际公路建设质量监管标准，即除了公路委员会、国家实验室外，还由外国工程师负责公路建设的质量，这些外国工程师隶属发放贷款建设公路的银行。

在"双西公路"经过的城市中，圣彼得堡是俄罗斯第二大政治、经济中心，也是俄西北地区中心城市，全俄重要的水陆交通枢纽；莫斯科是俄罗斯联邦首都，莫斯科州首府，全俄最大的城市和经济、文化、金融、交通中心以及最大的综合性城市，莫斯科也是独联体最大的商业中心，俄罗斯最大的商业和金融业办事机构都设在这里，是世界著名古城，国际化大都市；哈萨克斯坦阿克托别市（原名为阿克纠宾斯克市）是阿克纠宾斯克州的首府，阿克纠宾斯克州除了是闻名遐迩的石油产区以外，还有储量位于世界前列的铬矿，以及丰富的镍、钛、磷和铜矿等矿藏；乌鲁木齐是新疆维吾尔自治区的首府，是自治区的政治、经济、文化、科技、金融中心，是沟通新疆南北疆和连接中国内地与中西亚及欧洲的交通通信总枢纽，西北地区第二大城市（仅次于西安），是丝绸之路的重要节点，中国向西对外开放的重要门户，地处亚洲大陆地理中心，是欧亚大陆中部重要的都市，同时也是经济仅次于阿拉木图的中亚第二

---

① 李宁：《"丝绸之路经济带"的物流业基础与建设》，《理论月刊》2014年第5期。

大城市；兰州是甘肃省省会，甘肃省的政治、文化、经济及科教中心，中国 18 个铁路局之一的兰州铁路局本部所在地；郑州地处中国地理中心，自古至今均为交通要塞，是中国重要的铁路、航空、高铁、高速公路、电力、邮政电信主枢纽，素有"中国铁路心脏"和"中国交通十字路口"之称，坐拥亚洲最大的列车编组站及亚洲首座、中国唯一的时速 350 千米高铁客运十字枢纽站，为中原经济区及中原城市群的中心城市；连云港是全国首批 14 个沿海开放城市之一，江苏沿海大开发的中心城市、国家创新型试点城市、国家东中西区域合作示范区、国际性港口城市、新亚欧大陆桥东方桥头堡。

从中国到哈萨克斯坦的公路主要是"双西公路"，目前该公路正在完工中。目前哈萨克斯坦公路领域存在的问题主要是：路况差的里程占哈公路总里程的 33%、公路维修质量不高、公路改造和养护财政拨款不足、载重量大的汽车损坏公路严重、法律和管理结构不完善等。在 2001 年前，哈财政对公路建设领域几乎没有拨款；2001 年，哈财政拨款仅够维修 2500 千米里程的公路，且主要是中度维修和平整道路上的坑洼，以尽可能延长公路使用寿命；从 2009 年开始，哈对公路建设领域的财政拨款大幅增长。2013 年，哈财政拨款可维修 5898 千米里程的公路（其中 3485 千米里程的公路为国家级公路），对 2315 千米里程的公路进行了改造。

目前，哈交通和通信部正在制定《国家交通基础设施发展纲要》。根据该纲要规定，到 2020 年前，哈将使良好等级和较好等级的公路在哈公路中的占比提高至 78%，并维修 2.9 万千米里程的公路。

哈萨克斯坦大部分地区为草原、戈壁和缓慢起伏的丘陵，筑路条件较好。但当地长期以来对此没有足够的重视，加上苏联时期铺路的标准低，造成哈现有的大部分公路均为仅覆盖了一层沥青的"硬面公路"，相当于中国的三级公路或者乡村的简易公路，平整度低、路况差、易造成交通事故。

## 二　中塔公路

中塔公路是指连接塔吉克斯坦南部哈特隆州及东部巴达赫尚自治州并与我国喀喇昆仑公路相连接的公路主干线。因该公路对塔吉克斯坦的经济及社会发展意义重大，塔吉克斯坦政府正不惜国力，并借助外国投资对该公路进行大规模修复与建设。

中塔公路西起杜尚别，途经哈特隆州首府库尔干秋别、南部重镇库利亚布、巴达赫尚州首府霍罗格到达中塔边境阔勒买口岸，全长约 1100 千米。其中，杜尚别是塔吉克斯坦的首都，是塔吉克斯坦的经济、文化中心，在塔吉克斯坦西部吉萨尔盆地中；交通方面有窄轨铁路通铁尔梅兹等地，并有公路干线北通苦盏，东至霍罗格；工业以棉纺织、缫丝、食品加工和机械制造（纺织机、农机、电缆、家用电冰箱等）为主。库尔干秋别市是塔吉克斯坦哈特隆州首府，位于该州西北部，瓦赫什河平原上，设有火车站、航空港，有电源变压器厂、轧棉厂、丝织厂、食品厂、服装厂等。由于受战争破坏、年久失修以及自然条件恶化等因素的影响，该公路路况条件及环境非常差。近年来塔吉克斯坦政府非常重视该条公路的修复工作。我国卡拉苏口岸的开通更增强了塔政府修建中塔公路的决心。

中塔公路为古丝绸之路的一条支线。从塔吉克斯坦政府对中塔公路的建设及规划看，中塔公路通车顺畅后，将不仅能促进塔吉克斯坦的经济发展，而且有利于中塔贸易的发展。2004 年 5 月中塔陆路口岸阔勒买—卡拉苏口岸开通后，霍罗格与喀什之间已经开通了客货运输业务，已有中国公民在霍罗格开设市场及宾馆，体现出中塔之间口岸及公路建设带来的产业聚集的初步成果。随着中塔公路的全线改善，中塔经贸合作正在深入塔吉克斯坦内地，贸易及合作形式也向多样化发展，昔日的丝绸之路正在重现。

中塔公路建设存在的主要问题是塔吉克斯坦经济落后，资金短缺严重，修建与改造该公路主要依靠国际组织及有关国家提供贷款和无偿援助，一定程度上影响了中塔公路的修建进度。

此外，中国西北边疆出境公路通道还有中—吉—乌公路，该公路是连通中国、吉尔吉斯斯坦和乌兹别克斯坦三国的中亚交通走廊，起点为中国的喀什，终点为乌兹别克斯坦的首都塔什干，总长937千米。

### 2.2.3　西北出境铁路通道

随着我国与中亚国家经贸往来不断加深，双方对铁路通道的建设都高度重视，主要有北疆铁路、中哈阿拉山口—多斯特克铁路、霍尔果斯—阿腾科里铁路、中吉乌铁路。

**一　中哈铁路**

（一）北疆铁路

北疆铁路自乌鲁木齐市至中哈交界的阿拉山口，全长460千米，是兰新铁路的西延线，是欧亚大陆桥的一部分，是中国第一条由国家和地方合资修建的路网性干线铁路，1985年5月动工修建，于1990年9月通车，共有车站36个。北疆铁路与陇海、兰新两大铁路干线，构成了"欧亚大陆桥"在中国境内的全部路段，被誉为20世纪的新"丝绸之路"，是中国出口的又一条重要通道。为进一步提高北疆铁路列车的通过能力，促进陆桥经济的发展，北疆铁路扩能改造工程于2002年动工，兴建了榆树湖站、苏湾站、甘河子站、高泉站、古尔图站、沙泉子站等6个车站。

北疆铁路沿线的主要城市为乌鲁木齐、石河子、奎屯、乌苏、博乐等。其中乌鲁木齐是沟通新疆南北疆和连接中国内地与中西亚及欧洲的交通通信总枢纽。奎屯市是伊犁哈萨克自治州直辖的一个县级市，位于新疆西北部，地处天山北麓和准噶尔盆地西南缘，是以轻工业为主的新兴工业城市，有酿酒、卷烟、针织、毛纺、棉纺、化工、印刷、造纸、塑料、食品等工业。

（二）阿拉山口—多斯特克铁路

中哈阿拉山口—多斯特克铁路自 1990 年 9 月 12 日接轨后，于 1991 年开始试运营，当年口岸过货 18.32 万吨，其中哈方铁路出口 17.6 万吨，中方铁路出口 7200 吨。多斯特克车站是渝新欧线路上一个非常重要的铁路站，并有公路与铁路连接新疆阿拉山口。它是从中国新疆前往哈萨克斯坦的第一站，也是从哈萨克斯坦抵达中国境内的最后一站，同时多斯特克口岸位于哈萨克斯坦东哈州哈中边境，对面是我国的阿拉山口口岸，是跨亚洲地区过境运输走廊的交通枢纽。该条铁路线上的重要节点城市为阿拉山口口岸及多斯特克口岸。其中阿拉山口口岸位于博州东北角，是我国西北地区最宽、最平坦的口岸，已发展成为我国唯一的拥有铁路、公路、管道、航空四种运输方式的国家一类陆路口岸。

（三）霍尔果斯—阿腾科里铁路

霍尔果斯—阿腾科里铁路是我国至哈萨克斯坦的第二条铁路通道，2011 年 12 月实现霍尔果斯（中方）与阿腾科里（哈方）的铁路对接。该条铁路是继新亚欧大陆桥中哈阿拉山口铁路线后，中国第二条向西开放的国际铁路通道。实现对接的中国境内铁路线为新疆精伊霍铁路（精河—伊宁—霍尔果斯）。这条铁路于 2004 年 11 月 22 日开工修建，是新疆第一条电气化铁路，东起兰新铁路西段的精河站，西至中哈边境口岸霍尔果斯站，全长 286 千米，总投资 60 亿元人民币。

2012 年霍尔果斯至哈萨克斯坦阿腾科里铁路正式开通，霍尔果斯铁路口岸正式启用。以上铁路通道上的主要节点城市是伊宁、霍尔果斯、阿腾科里、阿拉木图等。其中伊宁市是伊犁哈萨克自治州的首府，同时是伊犁河谷的政治、经济、文化、交通中心；霍尔果斯是位于中国新疆伊犁哈萨克自治州霍城县的一个陆路口岸，与哈萨克斯坦隔霍尔果斯河相望。精伊霍铁路、连霍高速公路、312 国道与中国—中亚天然气管道在这里结束。阿拉木图是哈萨克斯坦乃至整个中亚的金融、科技等中心，在经济及科技等诸多领域属于中亚第一大城市，亦是独联体重要城市之一，早年因盛产苹果被称为苹果城，它位于哈萨克东南部，东邻中国，是一座风景独特的旅游城市与中亚最大的贸易中心。阿拉木图各方面的影响力、竞争力在世界上举足轻重，与圣彼得堡并列全球第 100 位。

精伊霍铁路的建成，将新疆北部地区市场与国内、国际市场连接起来，当地丰富的农产品、矿产、旅游资源有了外销渠道。中哈铁路对接后，大幅增加了精伊霍铁路的运量，使精伊霍铁路的效益大为改善。同时，中哈霍尔果斯口岸铁路线运营后，中国边境口岸距哈萨克斯坦阿拉木图市、吉尔吉斯斯坦比什凯克市、乌兹别克斯坦塔什干市以及中亚、西亚和南欧其他地区的铁路距离大大缩短。精伊霍铁路与哈国接轨后，第二亚欧大陆桥在我国西端的桥头堡将变为两个——阿拉山口口岸与霍尔果斯口岸，这将对促进霍尔果斯特殊经济开发区发展，拉动我国面向中亚、西亚、俄罗斯乃至欧洲的进出口贸易产生更为深远的影响，对促进伊犁州乃至新疆区域经济社会又快又好发展具有极大的推动作用。

目前中哈两国的铁路通道建设已有一定成效，但在两国铁路通道建设中还存在一些问题。目前哈萨克斯坦国内铁路、车辆陈旧老化，技术及工艺落后，面临更新与技术改造，其中运行年限超过 28 年的占 21%、超过 20 年的占 35%、运行年限在 19 年以内的车辆占 42%，存在严重的安全隐患，也是哈萨克斯坦铁路提速的最大障碍；哈萨克斯坦国家财政入不敷出，客运收入低于正常运营的支出费用；国家客运补贴经常不能及时足额到位，客运供需矛盾加剧；当前哈萨克斯坦铁路公司不仅面临人才短缺的问题，也面临着技术标准上与国际接轨的难题。

### 三　中吉乌铁路

2008 年中吉乌铁路建设已开展前期工作。该铁路以喀什站为起点，经中国与吉尔吉斯斯坦边境的吐尔尕特山口，再经吉尔吉斯斯坦至乌兹别克斯坦。中国—吉尔吉斯斯坦—乌兹别克斯坦铁路是亚洲通往欧洲的新丝绸之路，中国路桥工程有限责任公司于 2013 年 4 月中旬对该项目进行了技术和经济论证，项目总造价预计为 65 亿美元。

由于该铁路的修建要经过吉尔吉斯斯坦，目前该铁路修建中遇到的障碍是吉尔吉斯斯坦拒绝中国修建中国—吉尔吉斯斯坦—乌兹别克斯坦铁路的计划，导致该项目陷入僵局。建设横跨中国与中亚的大铁路构想提出已有十多年，至今仍未能实现。中吉乌铁路项目的实施能否为相关国家都带来繁荣，也依赖于所有国家的政治稳定。

## 2.3　中国东北边疆大通道与大陆桥发展态势

我国东北边疆主要包括黑龙江、辽宁、吉林三省与内蒙古自治区东部的赤峰市、通辽市、呼伦贝尔市、兴安盟、锡林郭勒盟，合称为五盟市，其中黑龙江具有核心地位。东北边疆与俄罗斯、朝鲜、蒙古国接壤，与韩国、日本隔海相望。东北边疆被定位为面向东北亚开放的重要交通枢纽，睦邻友好、兴边富民的沿边发展示范区，并且东北地区是我国重要的老工业基地，也是我国对俄、朝、蒙贸易的主要地区，外贸运输在东北地区货物运输量中比重较高。东北边疆公路、铁路建设时间早，交通体系相对完善。目前，我国从东北进入东北亚的大通道已经形成，正在向高速、便捷、通畅方向提升，为东北边疆桥头堡经济功能释放发挥着重要作用。

### 2.3.1　第一亚欧大陆桥

第一亚欧大陆桥串通亚洲北部，以俄罗斯东部的哈巴罗夫斯克（伯力）及符拉迪沃斯托克（海参崴）为起点，通过世界上最长铁路——西伯利亚大铁路（全长 9332 千米），通向欧洲各国最后到达荷兰鹿特丹港，也称西伯利亚大陆桥。整个大陆桥共经过 7 个国家，包括俄罗斯、中国、哈萨克斯坦、白俄罗斯、波兰、德国、荷兰，全长约 13000 千米，是沟通太平洋和大西洋的陆路大通道。

西伯利亚大陆桥运输作为世界上最著名的国际集装箱多式联运线之一，通过原苏联西伯利亚铁路，把远东、中亚地区及欧洲、中东地区连接起来，因此又称亚欧大陆桥。西伯利亚大陆桥于 1971年由全苏对外贸易运输公司正式确立。该陆桥全年货运量高达 10万标准箱，最多时达 15 万标准箱。使用这条陆桥运输线的经营者主要是日本、中国及欧洲各国的货运代理公司。其中，日本出口欧洲杂货的 1/3，欧洲出口亚洲杂货的 1/5 经这条陆桥运输。[1] 它在沟通亚欧大陆、促进国际贸易中发挥着重要作用。日本、东南亚、中国香港等地运往欧洲、中东地区的货物由海运运至俄罗斯的东方港或纳霍德卡后，经西伯利亚大陆桥有 3 种联运方式：1）铁路—铁路联运：经西伯利亚大铁路运至俄罗斯西部国境站，经伊朗、东欧或西欧铁路再运至欧洲各地，或按相反的方向运输。2）铁路—海路联运：经西伯利亚大铁路运至莫斯科，经铁路运至波罗的海的圣彼得堡、里加或塔林港，再经船舶运至西欧、北欧和巴尔干地区，或按相反的方向运输。3）铁路—公路联运：经西伯利亚大铁路运至俄罗斯西部，再经公路运至欧洲各地，或按相反的方向运输。[2]

## 2.3.2  东北出境公路通道

我国东北边境的公路通道建设日趋完善，这为我国与周边国家的经贸合作提供了便利。

**一  中俄公路**

（一）黑河—嘉荫

为促进中俄两国之间的边贸往来，中国加强了中俄边境地区的

---

[1]  http://blog.sina.com.
[2]  http://blog.sina.com.

公路建设，在与俄罗斯比罗比詹隔江相望的黑龙江省嘉荫县，2009纳入规划的两段边境公路正在黑龙江边建设。

这条公路是黑龙江省与俄罗斯边境上的一条国防边境道路，道路路况随边境地理条件的不同而不同。这条公路通过的两个主要节点是黑河市和嘉荫县，其中黑河市是中国首批沿边开放城市，黑龙江省边贸城市，是中国北方重要的边境贸易中心，是一个幅员辽阔、区位优越、资源富集、美丽神奇的边境滨江城市；嘉荫县地处小兴安岭的东北麓，地势西南高、东北低，沟壑纵横，丘陵广布。这条公路建成后将使黑河市的聚集与扩散作用进一步增强。

（二）绥滨—嘉荫

该公路是绥（滨）嘉（荫）公路嘉荫河至嘉荫段，全长103千米，2010年10月全线竣工通车。绥滨—嘉荫公路是黑龙江省北部地区重要的骨架公路，也是其沿边公路的重要组成部分。该公路起自兴东村，经金满屯、太平沟、新河口、嘉荫河口、连江林场、马莲林场、保兴乡、全丰一队、共荣村、常兴村、东兴村、大同村、新桥村，终点在嘉荫县。公路经过的主要节点地区绥滨县位于黑龙江省鹤岗市东部，黑龙江和松花江汇流夹角地带，地处黑龙江省东北部的三江平原。

以上两条公路是中国与俄罗斯互联互通的重要公路通道，目前中俄两国对边境地区公路建设都给予了高度重视，但双方在巩固通道建设上还存在一些阻碍因素。最主要的就是政府对边境区口岸方面建设的投资少，中俄双方还存在一定的文化差异，加上边境地区地理因素的影响，使中俄两国的公路通道建设进展较慢。

二　中朝公路

为促进中朝两国的经贸往来，连接中国与朝鲜的鸭绿江公路大桥于2010年8月开工建设，鸭绿江公路大桥项目全长近17千米，中方一侧长10.9千米。项目投资估算约为18亿元人民币，其中中国境内投资估算金额为 12 亿元人民币。[①] 鸭绿江公路大桥的修建，将使中朝两国的经贸往来及其他交流得到增强。

在中朝两国的公路通道合作建设上，主要的障碍就是朝鲜的地形多为山地、高原，给公路通道建设带来诸多不便。

### 2.3.3 东北出境铁路通道

我国东北地区的铁路基础设施较为完善，这些铁路线与俄罗斯、朝鲜、蒙古国的铁路相通，是我国从东北边疆进入东北亚国家的通道。

**一 中俄边境铁路线**

（一）滨洲线

滨洲铁路线以京哈线上的哈尔滨为起点，途经大庆、富拉尔基、海拉尔，到达边境城市满洲里市，与俄罗斯外贝加尔—西伯利亚铁路连接，全长 935 千米，是东北三省到达俄罗斯西伯利亚的一条铁路交通干线。满洲里处于"第一亚欧大陆桥"的交通要道上，是首批国家沿边开放城市及内蒙古对俄贸易的主要通商口岸，现已发展成为我国最大陆路口岸。该通道是中国通往俄罗斯的主要出口，而满洲里站则是中俄边境的重要口岸，中俄、中欧的大批进出口货物都由此换装。[②] 我国铁路相关部门已计划对其进行扩能改造，使其在国际运输中发挥更大的作用。

滨洲铁路是我国东北地区的交通大动脉。滨洲铁路沿线按地形、气候、物产资源等可划分为三个自然地理区域：哈尔滨至碾子山为大庆油田和农业区，地处松嫩平原中部，除林田草甸外，多沼泽、苇塘、水泡，土质肥沃，农业发达；碾子山至牙克石为大兴安

---

① 张东明：《关于中朝产业开发与合作问题的几点思考》，《东北亚论坛》2011 年第 9 期。

② 吴昊、司翠：《中俄边境地区铁路合作与东北亚区域经济发展》，《西伯利亚研究》2012 年第 2 期。

岭森林区，沿线除丰富的林木资源外，在大雁站一带有丰富的褐煤资源；牙克石至满洲里为呼伦贝尔草原，牧业发达，是我国畜牧业生产基地之一。滨洲线是东北地区东西向铁路主干线的组成部分，也是中国通往俄罗斯的国际铁路线之一。

滨洲铁路线经过的主要节点是哈尔滨、大庆、满洲里等。其中哈尔滨地处东北亚中心，被誉为亚欧大陆桥的明珠，是第一条亚欧大陆桥与空中走廊的重要交通枢纽，也是中国著名的历史文化名城、热点旅游城市、国际冰雪文化名城和东北亚区域中心城市。大庆是中国第一大油田、世界第十大油田大庆油田所在地，是一座以石油、石化为支柱的著名工业城市。满洲里是我国最大的陆路口岸，背靠我国东北和华北经济区，北邻俄罗斯，西连蒙古国。满洲里口岸地处第一亚欧大陆桥的交通要道上，是我国环渤海港口通往俄罗斯等独联体国家及欧洲的最便捷、最经济、最重要的陆海联运大通道，承担着中俄贸易60%以上的陆路运输任务。[1]

（二）滨绥线

滨绥铁路线起点为京哈线上的哈尔滨，途经尚志、牡丹江到达中俄边境的绥芬河市，与俄罗斯远东铁路接轨，可达俄罗斯远东最大城市符拉迪沃斯托克（海参崴），全长548千米，是中国连接俄罗斯西伯利亚铁路的另一条铁路交通干线。绥芬河市被国务院批准为开放城市，现成为亚欧大陆桥上一座新兴的国际商贸城市，是中国通往日本海的最大陆路贸易口岸，同时，又是多国商品转运中心。[2]

滨绥铁路线经过的主要城市是尚志、阿城、横道河子、牡丹江和绥芬河。尚志市位于黑龙江省中南部，哈尔滨东南部，地处张广才岭西麓，地势东高西低，年均气温2.3℃，年均降水量666毫

① 郭明社：《推进内蒙古城镇化建设》，《北方经济》2005年第8期。
② 卢庆洪：《漫谈我国的国际铁路通道》，《中学地理教学参考》2002年第4期。

米。森林、冰雪资源丰富，大理石、白黏土、石墨储量大。阿城区是黑龙江省哈尔滨市下辖的一个市辖区，是一座以工业为主的卫星城。横道河子镇隶属黑龙江省海林市管辖，位于市境西部，西与尚志市毗邻，是牡丹江通往哈尔滨的咽喉要道。牡丹江市位于黑龙江省东南部，为黑龙江省第三大城市，也是黑龙江省东部和吉林省东部最大的中心城市，因黑龙江省松花江最大支流牡丹江横跨市区而得名。牡丹江市已开发利用的主要风景名胜古迹及人文景点有火山口国家森林公园、牡丹峰国家森林公园和国家自然保护区、雪乡滑雪场、牡丹峰滑雪场、八女投江纪念群雕、横道河子东北虎林园及冬季在牡丹江江面上建设的雪堡等。

（三）北黑线

北黑铁路线起于北安，途经孙吴到达中俄界河黑龙江边的黑河市，与俄罗斯远东第三大城市阿穆尔州首府布拉戈维申斯克市隔江相望，全长 302 千米。① 即将开工建设的黑龙江铁路桥，与俄罗斯西伯利亚铁路接轨指日可待，这样北黑铁路也将成为通往俄罗斯的主要铁路交通干线。黑河市是国务院首批公布的 4 个沿边开放城市之一，现已成为中俄边境线上边贸与旅游并重的最大边贸口岸城市。

1935 年 12 月北黑铁路全线正式投入运营。全线当时共设有车站 20 座，桥梁 29 座，隧道 1 座。北黑铁路线的路段地形状况不好，容易受到暴雨和泥石流等险情的影响。

北黑铁路经过的主要节点是北安、孙吴、黑河。北安是黑龙江北部的经济、教育、医疗、政治和交通中心，是黑龙江省北部中心城市，"十二五"重点发展城市；孙吴县地处黑龙江省北部、小兴安岭北麓、黑河市中部，北邻黑河市区，南接五大连池市，西连嫩江县，东与逊克县毗邻，是黑河市的重要交通枢纽，边境线长 35

---

① 卢庆洪：《漫谈我国的国际铁路通道》，《中学地理教学参考》2002 年第 4 期。

千米，与俄罗斯阿穆尔州的康斯坦丁诺夫卡区隔黑龙江相望；黑河市是黑龙江省 13 个地级市之一，素有 "北国明珠" "欧亚之窗" 之称，位于黑龙江省西北部、小兴安岭北麓，以黑龙江主航道中心为界，与俄罗斯远东地区第三大城市阿穆尔州州府、布拉戈维申斯克市隔江相望，最近距离 750 米，是东西方文化的融汇点。黑河市是中国首批沿边开放城市之一，黑龙江省的边贸城市，是中国北方重要的边境贸易中心，是一个幅员辽阔、区位优越、资源富集的边境滨江城市。

（四）图珲线

图珲铁路线由吉林省图们市至珲春市，在俄罗斯马哈林诺与西伯利亚铁路接轨，是吉林省通往俄罗斯的主要铁路干线，经过该铁路可将中国出口日本、朝鲜半岛及北美洲的各类货物直接运送到俄罗斯远东港口后转海运。珲春是位于中朝俄三国交界处的边境一类口岸城市，是东北亚区域经济合作的重要节点，联合国开发计划署计划把这一地区建设成为东方的 "鹿特丹"。图珲线对缩短中俄两国货运周期、降低运输成本、扩大中俄经贸合作具有重要的推动作用。

图珲铁路线经过的主要城市是图们市与珲春市。图们市位于图们江下游左岸，有便捷的铁路、公路与朝鲜相连，是吉、黑两省通往朝鲜北部的重要门户，工业有造纸、木材加工、针织、化工和建材等；土特产有蜂蜜、木耳、人参等。珲春市隶属延边朝鲜族自治州，位于吉林省东部的图们江下游地区，地处中、朝、俄三国交界地带，距离俄罗斯远东最大的海港城市海参崴最近处不到 30 千米，是国家级 "长吉图开发开放先导区" 的窗口城市。珲春是中国从海路到达韩国东海岸、日本西海岸乃至北美、北欧的最近城市，国务院确立的东北亚交通枢纽城市，东北亚经济增长极城市，同时也是吉林省距出海口最近的城市。

以上铁路线主要是与俄罗斯的铁路通道接轨。目前中俄两国边境铁路部门之间的合作良好，双方都在积极协商及探讨新的合作方式。但中俄铁路合作也存在诸多问题和困难，主要有如下几个方面。

一是由于铁路是国家经济大动脉，考虑到经济、战略利益及政治安全问题，各国都想尽量控制铁路运输，以至于合作进程比较慢。为改变这种状况，各国都应以更加开放的姿态参与合作，共同完善铁路通道建设。

二是铁路建设需要巨额的资金支持、投资量大，资金短缺是中俄两国很多协商好的铁路项目进展缓慢的重要原因。例如，亚欧大陆桥的构想早在20世纪80年代就已经提出，各方都持积极态度，并进行了研讨及论证，但在建设实施上却受到诸多阻碍。中俄今后将需要巨额资金来建设诸多重大的铁路项目，而这种大规模的建设不能只通过双边合作，还需要同东北亚其他各国进行资金合作，也需要与相关的东北亚区域外国家开展合作，并获得东北亚区域国家的支持。

三是由于历史、军事、政治等多重因素的影响，中俄铁路线还存在许多"瓶颈"路段，这严重制约了铁路作用的发挥，需要对其进行改造或重新规划。俄罗斯的铁路为宽轨，而中国的铁路为标准轨，这对过境口岸的过轨技术、过货能力及物流组织等方面提出了更高的要求，严重影响了运输效率，同时跨境铁路的网络化水平较低，仅在有限的边境口岸开通有国际通道。①

四是俄罗斯对中方在其境内设立合资、独资货物运输、货运代理、仓储、物流企业设有种种非国民待遇的限制。俄罗斯未开放铁路客运和货运市场，且只允许俄罗斯联邦公民提供铁路运输设备的维修保养服务，不允许外商设立合资企业提供装卸、集装箱堆场、船舶代理、通关等服务，这些都是需要两国协商解决的问题。②

---

① 吴昊、司翠：《中俄边境地区铁路合作与东北亚区域经济发展》，《西伯利亚研究》2010年第2期。

② 吴昊、司翠：《中俄边境地区铁路合作与东北亚区域经济发展》，《西伯利亚研究》2010年第2期。

## 二　中朝边境铁路线

### （一）沈丹线

沈丹线又称奉安铁路，以京哈线上的沈阳为起点，途经本溪、凤城，到达中朝界河鸭绿江边的丹东，跨过鸭绿江大桥与朝鲜新义州接轨，全长277千米。它是辽宁省及关内地区、蒙古国、俄罗斯通往朝鲜的主要铁路干线。由凤城出发转道经过宽甸的铁路，也与朝鲜铁路接轨，是辽宁省另一条中朝铁路交通线。边境口岸丹东市现已发展成为辽东地区的政治、经济、文化中心和中国最大的边境城市。

沈丹线经过的主要城市是沈阳市、本溪市、凤城市、丹东市。其中沈阳是辽宁省省会，沈阳经济区的核心城市，也是东北地区政治、经济、文化、金融、科教、商贸中心，东北第一大城市，国家交通枢纽及通信枢纽。沈阳位于中国东北地区南部，地处东北亚经济圈与环渤海经济圈的中心，是长三角、珠三角、京津冀地区通往关东地区的综合枢纽城市。本溪是我国著名的钢铁城市，沈阳经济区副中心城市，城市矿藏丰富，以产优质焦煤、低磷铁、特种钢而著称。凤城市历史悠久，旅游资源丰富，有国家AAAA级风景名胜区凤凰山、全国农业旅游示范点大梨树村、东汤圣泉度假村温泉、玉龙湖景区等旅游景点。凤城市交通发达便捷，境内有沈丹铁路、凤上铁路、沈丹公路、沈丹高速公路贯穿。丹东是中国海岸线的北端起点，位于东北亚的中心地带，是东北亚经济圈与环渤海、黄海经济圈的重要交会点，是一个以工业、商贸、物流、旅游为主体的沿江、沿海、沿边城市，是国家级边境合作区，拥有港口、铁路、公路、管道、机场5种类型10处口岸，是中国对朝贸易最大的口岸城市，是亚洲唯一一个同时拥有边境口岸、机场、高铁、河港、海港、高速公路的城市，是东北东部最便捷的出海口及物流集散地。[①]

---

① http://blog.sina.com.

（二）长图线

长图线以京哈线上的长春为起点，途经吉林、敦化到达中朝界河图们江边的图们市，过江后与朝鲜罗津铁路相连，全长 529 千米，是吉林省通向朝鲜的主要铁路干线。长图铁路支线朝开铁路（从朝阳川至图们江边开山屯，与朝鲜铁路接轨）是另一条中朝铁路线。图们市位于图们江下游，是国家一类边境口岸城市，具有沿边、沿江、沿线和近海特点，是中、朝、日、俄等国多边贸易物资的中转口岸。①

长图铁路由长吉、吉敦、敦图铁路相连接而成。分别建于1910～1912 年、1921～1924 年、1926～1928 年、1932～1933 年。线路从长春站向东引出，越饮马河后折向东南，抵达吉林市。跨松花江后转向东北，过老爷岭、威虎岭，经延边朝鲜族自治州首府延吉市，直达我国东部边陲城市图们市。沿线既有平原沃野的产粮区，又有崇山峻岭的林区；既有新兴的工业城市，也有古镇驿站。资源富饶，物产丰富，名贵的山珍和土特产品极多。

长图铁路线经过的主要节点地区是长春市、延吉市、安图县、敦化市、图们市等。其中长春是吉林省省会，被誉为"北国春城"，是中国最大的汽车工业城市。世界五百强企业中国第一汽车集团和"新中国电影的摇篮"长春电影集团坐落于此，是中国汽车、电影、光学、生物制药、轨道客车等行业的发源地。长春是近海沿边开放城市，享受长吉图国家战略和国家沿海开放城市相关优惠政策。延吉市位于吉林省东部，长白山脉北麓，交通便利，是延边朝鲜族自治州首府所在地，是吉林省第三大城市，全州政治、经济、文化的中心。同时延吉市还是吉林省东部最大的中心城市，以工业、商贸、旅游业为主的具有朝鲜族特色的边疆开放城市，东北

---

① 卢庆洪：《漫谈我国的国际铁路通道》，《中学地理教学参考》2002 年第 4 期。

亚经济圈中图们江流域"大三角"的支点城市，中国著名旅游城市。① 安图地处吉林省东部，延边朝鲜族自治州的西南部，南部与朝鲜接壤，北处"东北亚旅游圈"的中心地带与"东北亚经济合作圈"的腹地。敦化市位于吉林省东部山区，长白山腹地，隶属延边朝鲜族自治州，地处长吉图开发开放先导区的中心节点，是吉林省区域面积最大的县级市，吉林省重要的交通枢纽，辐射吉、黑两省四区九县市，区位优势明显，交通条件便利。

（三）牡图线

牡图线由滨绥线上的牡丹江市出发，途经宁安到达图们市，全线长 230 千米，1937 年 7 月通车。该铁路线是黑龙江省通往朝鲜的主要铁路，也是一条在军事与经济上具有十分重要地位的南北铁路干线，向北经牡佳铁路可直通松花江下游的佳木斯、鹤岗。

牡图铁路，又称图宁铁路，建于 1933～1935 年，线路自图们站向北引出，数跨嘎呀河，经汪清、老庙，前越吉林、黑龙江两省界山——老爷岭，至鹿道。过东京城后，在宁安前后两跨牡丹江至牡丹江市，为我国东北部边陲的南北交通要道。沿线山高林密，沟谷纵横，矿藏及森林资源丰富。

牡图铁路沿线经过的主要城市有牡丹江市、宁安市、图们市等。其中宁安地处绥芬河、珲春两个国家级开放口岸的中心地带，纵贯全境的交通干线有 G11 高速公路、牡图铁路，距牡丹江民航机场 19 千米，是东北亚经济技术交流合作中商贸往来、物资集散与信息传递的重要城市。

（四）梅集线

梅集线建于 1938 年，由吉林省梅河口市出发，途经通化到达中朝界河鸭绿江边的集安市，过鸭绿江后与朝鲜铁路在南浦站相接，长 251 千米，向西经过四梅铁路等可与内蒙古地区相连，是内

---

① http://blog.sina.com.

蒙古、吉林省通往朝鲜的另一条主要铁路干线。集安市素有"吉林小江南"之美称，是国务院批准的开放城市，目前逐渐发展成为东北地区重要的边贸口岸。

梅集铁路，原称梅辑铁路，线路自沈吉线上的梅河口站岔出，向南偏东过柳河，经谢家过一统河，进入龙岗山北麓，到五道沟溯三统河左岸而行，跨三统河至三源铺，再溯河而上至通化。由此东跨浑江，经鸭园、果松，向南偏东跨老岭至黄柏，转向西南而达集安市区，过鸭绿江可与朝鲜铁路在满浦站相接。该铁路线是沟通我国东北地区通往朝鲜的一大干线。沿线山高林密，江河纵横，矿藏资源及林木资源较为丰富。

梅集铁路沿线经过的主要城市有梅河口市、集安市等。其中梅河口市位于长白山区与松辽平原的交会处，沈吉、长通两线的交会点，是吉林省东南部交通要冲和东北地区重要的交通枢纽之一；集安市是吉林省通化市的县级市，位于吉林省东南部，东南与朝鲜隔鸭绿江相望，边境线长 203.5 千米，是我国对朝三大口岸之一，西南与辽宁省接壤，北与通化市接壤。集安市是中国东北的边陲重镇及长白山地区商品的重要集散地。

中朝两国山水相连，铁路通道的建设有利于两国之间的经贸往来，两国正积极建设两国间的铁路通道，但铁路通道建设中存在的问题主要是复杂的地形及经济、技术上的资金支持力度不够，这在一定程度上影响了两国间铁路通道的顺利建设。

## 2.4  结论与启示

中国从西南边疆出境的大通道，以经云南省进入东南亚、南亚乃至印度洋的铁路、公路为主。云南省在国家的支持下，长期致力于出省通边的交通基础设施建设，铁路、高速公路不断向外延伸。将云南建设成为中国面向西南开放重要桥头堡战略的实施和第三亚欧大陆桥构想的提出，以及孟中印缅经济走廊的推进，正在加速形成以第三亚欧大陆桥为导向、以泛亚铁路为核心、以出境高速公路为骨架的西南边疆出境大通道体系，为西南边疆省份的各中心城市和次中心城市发挥桥头堡经济中心功能创造着条件。经中越边境口岸进入东南亚的大通道最为便利，但中越之间越来越强的争端影响着桥头堡经济辐射功能的发挥。经中老边境口岸进入东南亚的大通道已形成公路线而铁路线尚未开工，桥头堡经济功能发挥有限。经中缅边境口岸进入东南亚、南亚的大通道还处于分段逐步向外延伸的过程中，严格意义上的大通道尚未形成，桥头堡经济功能尚难以完全发挥出来。

西北边疆与中亚国家接壤，地处亚欧大陆的核心地带，陆路运输是中国西北及中亚国家的主要运输方式，第二亚欧大陆桥已经开展直达欧洲的跨国联运，但还存在诸多问题有待各国协调解决。我国实施西部大开发战略和参与中亚合作组织以来，从西北边疆出境的大通道不断完善，形成了以第二亚欧大陆桥为核心，出境干线公路、铁路为骨架的大通道体系，但中亚国家自身的政治、经济问题也阻碍着中国从西北边疆出境的大通道的建设。随着丝绸之路经济带战略的全面推进，西北边疆的桥头堡经济功能会得到进一步的发挥。

东北边疆是我国的老工业基地，新中国成立后就建成了良好的铁路网，改革开放后公路交通基础设施进一步完善，随着国家实施东北振兴区域发展战略和东北亚次区域国际经济合作的深入，东北边疆交通基础设施建设力度不断加大，出境通道得到很大程度的提升改造，形成了以第一座亚欧大陆桥为背景，铁路网和高速公路网为骨架的较为便捷的东北边疆出境大通道。大通道上各中心城市与次中心城市具有良好的经济基础和产业发展条件，在我国对东北亚各国开放中正发挥着越来越重要的作用，桥头堡经济中心的聚集功能和辐射功能正在体现。

# 3 中国沿边开放的内陆
# 边疆一体化效应

边疆桥头堡的对内聚集功能和对外辐射功能，必然是在沿边开放中、内陆边疆一体化的实现进程中形成的。中国沿边开放所面对的是较为狭窄的周边国家市场，这样的"二重开放"格局会怎样影响本国的空间经济结构，本章利用空间经济学中间产品模型并参考 Hu（2002）的研究，发展了一个 3×3×3 的空间经济学空间一般均衡模型，揭示中国沿边开放过程中的内陆边疆一体化效应。研究发现，内陆边疆一体化是沿边开放条件下边疆桥头堡经济形成的重要内部条件和边疆桥头堡对内聚集功能实现的重要基础。

## 3.1 三地区一般均衡模型

### 3.1.1 基本假设

构建一个两国三地区的空间经济学一般均衡模型，扩展克鲁格曼的 2×2×2 模型为 3×3×3 模型。三地区为本国两个地区（边疆地区 1，内陆地区 2）和国外地区 0；三部门为农业部门 $A$，中间产品部门 $S$，最终制成品部门 $M$；三要素包括农民 $A$，低技能劳动力 $L$ 和高技能劳动力 $H$。

①首先研究的是沿边开放下的内陆边疆一体化问题，根据现实

情况，我国沿边开放面对的大部分国家均是制成品生产较为落后的国家，比如缅甸、印度、老挝等国。这些国家存在较大的制造业生产的缺口，并且大都以出口工业原材料和中间产品为主。因此，先假设国外地区只生产农产品和中间产品，两种均参与国际贸易，最终制成品需求 M 只能依靠进口。假设国内两地区同时生产模型中三个部门的产品，并且均参与国际贸易。

②运输成本：采用冰山运输成本，包含国内运输成本 $t$ 和国际运输成本 $\tau$。并且内陆地区参与国际贸易必须经过边疆地区。所以，边疆地区与外国的贸易成本以及国内两地区之间的贸易成本分别为 $T_{10} = T_{01} = \tau$；$T_{12} = T_{21} = t$，内陆地区与外国的贸易成本 $T_{20} = T_{02} = t \cdot \tau$，其中 $t, \tau \geqslant 1$，数值为 1 时表示贸易的完全一体化形式。

③三个生产部门：最终制成品部门生产异质性产品，规模报酬递增，厂商可在经济体内部两个地区之间自由选择区位开展生产活动，并且生产活动的流动伴随的是劳动力的流动。最终制成品部门使用高技能劳动力 $H$ 和中间投入品 $S$ 两种要素，中间产品作为可变成本进入成本函数。中间产品部门生产异质性中间产品，规模报酬递增，使用唯一的劳动力要素：低技能劳动力 $L$。农业部门在完全竞争市场上生产同质性产品，参与国际贸易和国内贸易均无运输成本。

④劳动力禀赋：国内同时拥有农业劳动力 $A$、低技能劳动力 $L$ 和高技能劳动力 $H$，并且国内这三种劳动力总量相等。其中，农民 $A$ 在国内两地区均匀分布，即 $A_1 = A_2 = 1/2A$，地区 1 拥有低技能劳动力的份额为 $\alpha$，拥有高技能劳动力的份额为 $\beta$，即 $L_1 = \alpha L$，$H_1 = \beta H$，所以地区 2 的低技能劳动力和高技能劳动力的要素禀赋为 $L_2 = (1 - \alpha) L$；$H_2 = (1 - \beta) H$。国外地区 0 拥有农业劳动力 $A_0$ 和低技能劳动力 $L_0$。假设低技能劳动力和农业劳动力均不可跨国流动，在长期高技能劳动力可以随着实际工资率的差异在国内两

地区间流动。并且，在长期高技能劳动力的流动会导致生产活动的转移而产生制造业聚集。最后，假设三地区除了劳动力要素禀赋存在差异外，生产者技术、消费者偏好等其他禀赋均相同。

### 3.1.2 消费者行为

假设消费者只消费农产品和制成品两种产品。消费者的效用函数由两层效用函数构成：上层效用函数为农产品和制成品组合的柯布－道格拉斯效用函数（C－D 效用函数），下层效用函数为制成品的不变替代弹性效用函数：

$$U_i = C_A^{1-\mu} C_M^{\mu}, C_M = \left( \int_0^{NM} c_i^{\frac{\sigma-1}{\sigma}} \right)^{\frac{\sigma}{\sigma-1}} \qquad (3.1.1)$$

其中，$\mu$ 为消费者对制成品的支出份额，$\sigma$ 为两种制成品之间的替代弹性。消费者的选择就是在特定收入水平的约束下达到的效用最大化。即在

$$Y = P_A C_A + \int_0^{NM} p_i c_i di \qquad (3.1.2)$$

的条件下，消费者消费一定的 $C_M$ 时使其支出最小，当对农产品 $C_A$、制成品 $C_M$ 商品组合进行消费时达到效用最大化。最小化支出可得到对某种制成品的消费量

$$c_j = \left( \frac{p_j}{G_M} \right)^{-\sigma} C_M,$$

其中

$$G_M = \left( \int_0^{NM} p_i^{1-\sigma} di \right)^{\frac{1}{1-\sigma}} \qquad (3.1.3)$$

最大化效用函数可得到 $C_M = \dfrac{\mu Y}{G_M}, C_A = \dfrac{(1-\mu)Y}{P_A}$。最后可得到消费者对某种制成品的消费总量为：

$$c_i = \mu Y \frac{p_i^{-\sigma}}{G_M^{1-\sigma}} \qquad (3.1.4)$$

所以，间接效用函数 $U_i = \left(\dfrac{\mu Y}{G_M}\right)^{\mu} \times \left[\dfrac{(1-\mu)Y}{P_A}\right]^{1-\mu}$，全部消费品价格指数为：

$$P = G_M^{\mu} \times P_A^{1-\mu} \qquad\qquad (3.1.5)$$

因此，实际工资

$$\omega = w/P \qquad\qquad (3.1.6)$$

这里假设消费者的收入全部来自工资收入。

### 3.1.3  生产者行为

**1. 农业部门**

农业部门生产规模收益不变，在完全竞争的市场中出售产品，因此农产品的价格为 $P_A = a_A w_A$，这里 $a_A$ 为单位农产品的产出，假设 $a_A = 1, w_A = 1$，所以作为计价物的 $P_A = 1$。所以 $C_A P_A = a_A w_A A$，那么 $A = C_A$，农业部门只使用唯一的农业劳动力。

**2. 中间产品部门**

中间产品生产部门生产规模收益递增，生产差异化中间产品。使用唯一的劳动力要素：低技能劳动力 $L$。假设地区 $i$ 某一个代表性企业拥有的低技能劳动力总量为 $l_i = f_s + a_s q_s$。利润最大化时可得到：$p_s^* = \dfrac{\sigma}{\sigma-1} a_s w_L$，$G_s = \left(\displaystyle\int_0^{N_s} p_s^{\sigma-1} ds\right)^{\frac{1}{\sigma-1}}$，这里 $\sigma$ 也作为产品的需求弹性。由于这里假设自由进入和退出，所以在零利润的条件下，可得到代表性企业的均衡产出 $q_s^* = \dfrac{f_s(\sigma-1)}{a_s}$，以及均衡时代表性企业所使用的劳动力总量 $l_s^* = f_s \sigma$，所以地区 $i$ 生产中间产品的企业总量为 $N_{s_i} = L_i/(f_s \sigma)$。

**3. 最终制成品部门**

最终制成品部门生产差异化最终产品，规模报酬递增，使用两种投入要素：高技能劳动力 $H$ 和差异化的中间产品。其中，中间产品作为可变成本加入成本函数，这里假设地区 $i$（$i=1$，2）某一代表性企业的生产函数为：

$$c(x_i) = f_M + a_M P_{P_i} x_i, \text{其中 } P_{P_i} = w_{H_i}^{1-\mu} G_{S_i}^{\mu} = w_{H_i}^{1-\mu} \left( \int_0^{Ns} p_s^{1-\sigma} \right)^{\frac{\mu}{1-\sigma}} \quad (3.1.7)$$

这里，$\mu$ 为企业对中间产品的支出份额。

所以在利润最大化的条件下，可以得出地区 1 和地区 2 生产最终制成品的均衡价格分别为：$p_{M1} = \frac{\sigma}{\sigma-1} a_M P_{P_1}$，$p_{M2} = \frac{t\sigma}{\sigma-1} a_M P_{P_2}$。这里 $\sigma$ 也作为产品的需求弹性。所以在均衡零利润的条件下，得到地区 1 的均衡产出为 $x_1^* = \frac{f_M(\sigma-1)}{a_M P_{P_1}}$，进而得出均衡时代表性企业的成本为 $c(x_i)^* = f_M \sigma$。

### 3.1.4 价格指数

根据（3.1.2）式，可以推导出地区 1 和地区 2 的制成品的价格指数，由于高技能劳动力只在国内两个地区之间流动，最终制成品产业也只分布在国内两地区，因此三地区的最终制成品价格指数只来自国内的两地区。运输成本的存在导致三个地区的价格指数存在差异，其表达式分别为：

$$G_{M_1}^{1-\sigma} = n_{M_1} G_{M_1}^{1-\sigma} + t^{1-\sigma} n_{M_2} G_{M_2}^{1-\sigma} = \left( \frac{\sigma}{\sigma-1} a_M \right)^{1-\sigma} ( n_{M_1} P_{P_1}^{1-\sigma} + t^{1-\sigma} n_{M_2} P_{P_2}^{1-\sigma} )$$

$$G_{M_2}^{1-\sigma} = t^{1-\sigma} n_{M_1} G_{M_1}^{1-\sigma} + n_{M_2} G_{M_2}^{1-\sigma} = \left( \frac{\sigma}{\sigma-1} a_M \right)^{1-\sigma} ( t^{1-\sigma} n_{M_1} P_{P_1}^{1-\sigma} + n_{M_2} P_{P_2}^{1-\sigma} )$$

$$G_{M_0}^{1-\sigma} = \tau^{1-\sigma} n_{M_1} G_{M_1}^{1-\sigma} + (t\tau)^{1-\sigma} n_{M_2} G_{M_2}^{1-\sigma}$$
$$= \left( \frac{\sigma}{\sigma-1} a_M \right)^{1-\sigma} ( \tau^{1-\sigma} n_{M_1} P_{P_1}^{1-\sigma} + (t\tau)^{1-\sigma} n_{M_2} P_{P_2}^{1-\sigma} )$$

$$(3.1.8)$$

因为企业对中间产品的需求份额为 $\mu$，对高技能劳动力的需求

为 $1 - \mu$。均衡时，企业生产的总可变成本为 $n_i p_{Mi}^* x_i^*$，所以 $(1 - \mu) n_i p_{Mi}^* x_i^* = w_{H_i} \times H_i$，这里经若干标准化处理，令 $x_i^* = \dfrac{1}{1 - \mu}$，$A = H = L = 1$，得到 $n_1 = \dfrac{w_{H_1} \times \beta}{p_{M1}^*} = \dfrac{w_{H_1} \times \beta}{\dfrac{\sigma}{\sigma - 1} a_M P_{P1}} =$

$\dfrac{w_{H_1} \times \beta}{\dfrac{\sigma}{\sigma - 1} a_M w_{H_1}^{1-\mu} G_{S_1}^{\mu}}$，并对其进行标准化处理，令 $a_M = \dfrac{\sigma - 1}{\sigma}$，则三地区

制成品消费价格指数为：

$$G_{M_1}^{1-\sigma} = \beta w_{H_1}^{1-\sigma(1-\mu)} G_{S_1}^{-\mu\sigma} + (1 - \beta) t^{1-\sigma} w_{H_2}^{-\sigma(1-\mu)} G_{S_2}^{-\mu\sigma}$$
$$G_{M_2}^{1-\sigma} = \beta t^{1-\sigma} w_{H_1}^{1-\sigma(1-\mu)} G_{S_1}^{-\mu\sigma} + (1 - \beta) w_{H_2}^{1-\sigma(1-\mu)} G_{S_2}^{-\mu\sigma} \qquad (3.1.9)$$
$$G_{M_0}^{1-\sigma} = \beta \tau^{1-\sigma} w_{H_1}^{1-\sigma(1-\mu)} G_{S_1}^{-\mu\sigma} + (1 - \beta)(t\tau)^{1-\sigma} w_{H_2}^{1-\sigma(1-\mu)} G_{S_2}^{-\mu\sigma}$$

同理，由于中间产品部门的生产同时分布在三个地区，因此三个地区对中间产品的需求均来自本地及其他两地区。所以，三地区的中间产品价格指数也来自三个地区，表达式分别为：

$$G_{s_1}^{1-\sigma} = \left(\frac{\sigma}{\sigma - 1} a_s\right)^{1-\sigma} \left[ n_{s_1} w_{L_1}^{1-\sigma} + t^{1-\sigma} n_{s_2} w_{L_2}^{1-\sigma} + \tau^{1-\sigma} n_{s_0} w_{L_0}^{1-\sigma} \right]$$
$$G_{s_2}^{1-\sigma} = \left(\frac{\sigma}{\sigma - 1} a_s\right)^{1-\sigma} \left[ n_{s_1} t^{1-\sigma} w_{L_1}^{1-\sigma} + n_{s_2} w_{L_2}^{1-\sigma} + (t\tau)^{1-\sigma} n_{s_0} w_{L_0}^{1-\sigma} \right] \qquad (3.1.10)$$
$$G_{s_0}^{1-\sigma} = \left(\frac{\sigma}{\sigma - 1} a_s\right)^{1-\sigma} \left[ n_{s_1} t^{1-\sigma} w_{L_1}^{1-\sigma} + (t\tau)^{1-\sigma} n_{s_2} w_{L_2}^{1-\sigma} + n_{s_0} w_{L_0}^{1-\sigma} \right]$$

因为，地区 $i$ 生产中间产品的企业总量为 $N_{s_i} = L_i / (f_s \sigma)$，这里假定每个企业只生产一种中间产品，所以令 $n_{s_1} = L_1$，并对其进行标准化处理，令 $a_s = \dfrac{\sigma - 1}{\sigma}$，三地区中间品消费价格指数为：

$$G_{s_1}^{1-\sigma} = \alpha w_{L_1}^{1-\sigma} + (1 - \alpha) t^{1-\sigma} w_{L_2}^{1-\sigma} + \tau^{1-\sigma} w_{L_0}^{1-\sigma}$$
$$G_{s_2}^{1-\sigma} = \alpha t^{1-\sigma} w_{L_1}^{1-\sigma} + (1 - \alpha) w_{L_2}^{1-\sigma} + (t\tau)^{1-\sigma} w_{L_0}^{1-\sigma} \qquad (3.1.11)$$
$$G_{s_0}^{1-\sigma} = \alpha t^{1-\sigma} w_{L_1}^{1-\sigma} + (1 - \alpha)(t\tau)^{1-\sigma} w_{L_2}^{1-\sigma} + w_{L_0}^{1-\sigma}$$

### 3.1.5 工资方程

如前文标准化处理的结果，令 $x_i^* = \dfrac{1}{1-\mu}$，生产成本价格指数为 $w_{H_1}^{1-\mu} G_{S_1}^\mu$，可以得到的高技能劳动力工资方程为：

$$\frac{\left( w_{H_1}^{1-\mu} G_{S_1}^\mu \right)^\sigma}{1-\mu} = E_1 G_{M_1}^{\sigma-1} + t^{1-\sigma} E_2 G_{M_2}^{\sigma-1} + \tau^{1-\sigma} E_0 G_{M_0}^{\sigma-1}$$

$$\frac{\left( w_{H_2}^{1-\mu} G_{S_2}^\mu \right)^\sigma}{1-\mu} = t^{1-\sigma} E_1 G_{M_1}^{\sigma-1} + E_2 G_{M_2}^{\sigma-1} + (t\tau)^{1-\sigma} E_0 G_{M_0}^{\sigma-1}$$

(3.1.12)

这里的 $E_1$、$E_2$、$E_0$ 为地区 1、地区 2 和地区 0 对制成品的总支出水平，占消费者收入和企业对中间产品的需求份额的总和的 $\mu$，即：

$$E_1 = \mu(Y_1 + n_1 P_{P_1} a_M x_1)$$

$$E_2 = \mu(Y_2 + n_2 P_{P_2} a_M x_2)$$

$$E_0 = \mu Y_0 = \mu(A_0 + w_{L_0} L_0) = \mu(1 + w_{L_0})$$

(3.1.13)

这里假设了国内的劳动力禀赋 $A$、$L$、$H$，国外劳动力禀赋 $A_0$ 和 $L_0$ 均等于 1。因为国外地区 0 无高技能劳动力，不生产最终制成品，对制成品的需求仅来自从地区 1 和地区 2 进口。式中，$Y_1$、$Y_2$、$Y_0$ 分别为三个地区消费者的总收入水平，消费者的收入全部来自工资收入，地区 1 和地区 2 的全部工资收入包括农民收入、低技能工资收入和高技能工资收入，而地区 0 只有农民收入和低技能劳动力收入，所以 $Y_1$、$Y_2$、$Y_0$ 的表达式为：

$$Y_1 = w_{A_1} A_1 + w_{L_1} L_1 + w_{H_1} H_1 = \frac{1}{2} + \alpha w_{L_1} + \beta w_{H_1}$$

$$Y_2 = w_{A_2} A_2 + w_{L_2} L_2 + w_{H_2} H_2 = \frac{1}{2} + (1-\alpha) w_{L_2} + (1-\beta) w_{H_2}$$

(3.1.14)

联系上文得出三地区的制成品支出方程分别为：

$$E_0 = \mu(1 + w_{L_0})$$

$$E_1 = \frac{\mu}{2} + \alpha\mu w_{L_1} + \left[1 + \frac{(\sigma - 1)}{\sigma(1 - \mu)}\right]\mu\beta w_{H_1} \qquad (3.1.15)$$

$$E_2 = \frac{\mu}{2} + (1 - \alpha)\mu w_{L_2} + \left[1 + \frac{(\sigma - 1)}{\sigma(1 - \mu)}\right](1 - \beta)\mu w_{H_2}$$

最后，地区 1 和地区 2 高技能劳动力的实际工资为：

$$\omega_{h_1} = w_{h_1} \cdot G_{M_1}^{-\mu}$$

$$\omega_{h_2} = w_{h_2} \cdot G_{M_2}^{-\mu} \qquad (3.1.16)$$

运用 Brouwer 不动点原理，由等式（3.1.9）～（3.1.16）可知方程组存在均衡解，但由于方程的非线性特征，无法确切地解析出方程的显性解。因此，下面借助于数值模拟，通过对 $\mu$、$t$、$\tau$ 参数赋值，刻画沿边开放前后高技能劳动力的实际工资差额（$\omega_{h_1} - \omega_{h_2}$）与地区高技能劳动力要素禀赋（$\beta$）变化之间的关系，进而研究制造业的产业集聚问题。由于这里研究的是高技能劳动力流动对其实际工资差的影响，因此，先假设低技能劳动力在国内两地区间均匀分布，即 $\alpha = 1/2$，假设低技能劳动力与农业劳动力可以相互转换，低技能劳动力和农业劳动力在地区内可以同时在农业和中间产品两个部门流动，因此三个地区技能劳动力工资均为 1，即 $w_{L_i} = 1, (i = 0,1,2)$。为了更全面地研究内陆边疆一体化，即国内市场一体化效应、沿边开放及制造业之间的内在相关性，下面从三个方面进行分析：国内市场分割下的沿边开放效应、封闭经济下的国内市场一体化效应和沿边开放下的国内市场一体化效应。

## 3.2　国内市场分割下的沿边开放效应

虽然改革开放以来，中国的经济增长迅速，市场一体化程度和地区专业化程度不断提高（刘瑞明，2012）。但是近十几年来许多学者的实证研究普遍认为，我国仍旧存在一定程度上的市场分割。

市场分割对于本地区即期和未来的经济增长具有倒 U 形的影响作用（陆铭、陈钊，2009）。为了研究沿边开放下国内市场一体化效应，基于控制变量的思想，首先分析市场完全分割条件下，沿边开放会产生怎样的影响。在国内两地区市场完全分割的状态下，国内区际贸易成本 $t$ 值很大。根据前文模型推导，联立方程式所给出的空间经济一般均衡方程组，采用 Matlab10.1 软件编程，运用迭代法，模拟出对外贸易成本与两地区高技能实际工资差异之间的相关性。这里采用 Krugman（1999）的假设，即令参数 $\sigma = 5(\rho = 0.8)$，$\mu = 0.4$，$\rho$ 表示消费者偏好的多样性，$\mu < 0.5$ 能保证对制成品的需求可以小到所有制造业都位于一个国家，即所有的高技能劳动力可以集中在一个地区。数值模拟结果显示，在国内市场完全分割条件下，无论沿边开放的一体化水平有多高，均只存在唯一的长期稳定均衡（见图 3.2 - 1）。但是随着沿边开放一体化程度的加深，稳定均衡点所反映的地区 1（边疆）的高技能劳动力份额增大。

命题 1：在国内市场分割条件下，无论沿边开放的一体化水平有多高，经济总会收敛于唯一的长期稳定均衡，但是随着沿边开放一体化程度的加深，稳定均衡点所对应的地区 1（边疆）的高技能劳动力份额逐渐增大。

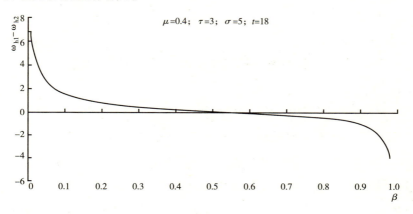

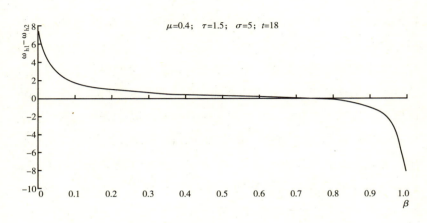

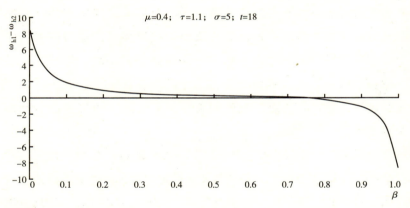

图 3.2 – 1　国内市场分割下的沿边开放效应与制造业集聚 （t = 18）

## 3.3　封闭经济下的国内市场一体化效应

20 世纪 80 年代以前，中国经济处于相对封闭的状态，外贸依存度仅为 9.8% （颜银根，2013）。封闭经济条件下，没有国际贸易。因此，国外地区的生产活动不对本国的经济活动产生影响。模拟结果显示 （如图 3.3 – 1 所示），在较低的内陆边疆一体化水平（即较高的国内运输成本）下，当 $\beta < 0.5$ 时，高技能实际工资差

异为正；反之则为负。如果地区 1 拥有超过一半的高技能劳动力，那么该地区对高技能工人的吸引力就会下降。这时，经济就会收敛于长期的对称均衡，最终制成品制造业在国内两地区均匀分布。

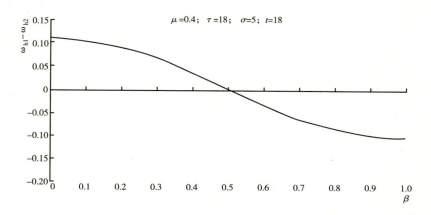

**图 3.3 - 1　封闭条件下低度内陆边疆一体化与制造业集聚（$t = 1.8$）**

在中等水平的国内贸易运输成本情形下，如图 3.3 - 2 所显示的数值模拟结果，对称均衡是局部稳定的，在局部稳定均衡两侧还存在两个不稳定均衡点。如果地区 1 的高技能劳动力份额足够高或者足够低，经济就不会收敛于对称均衡，而是所有的制造业均集中在一个地区，从而形成中心—外围模式。因此，图 3.3 - 2 存在五个均衡点：三个稳定均衡点（一个对称均衡点和两个中心—外围模式的均衡点）和两个不稳定均衡点。

数值模拟结果显示，在高度国内市场一体化水平下（如图 3.3 - 3，较低的国内贸易运输成本），高技能劳动力实际工资的差额严格随着该地区高技能劳动力份额 $\beta$ 单调上升。当地区 1 的高技能劳动力所占份额超过高技能劳动力总数的一半时，该地区对厂商的吸引力进一步增强。即当内陆边疆一体化水平足够高时，对称结构不再稳定，此时曲线斜率为正，中心—外围结构开始变得稳定。在 $\beta = 0.5$ 点，地区 1 的高技能劳动力工资

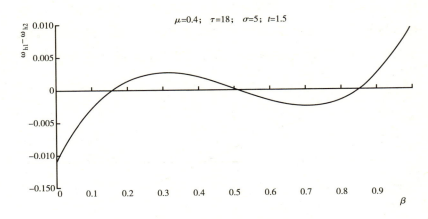

图 3.3 - 2 封闭条件下中度内陆边疆一体化与制造业集聚 ($t = 1.5$)

只要稍有提高，其实际工资的差异瞬间变为正值，进而导致高技能劳动力进一步往地区 1 迁移。这也是两种关联效应作用的结果，如果一个地区的制造业劳动力较多，那么一方面较大的当地市场会使名义工资较高（后向关联）；另一方面，当地生产的较多种类的制成品价格指数会降低（前向关联），从而增强该地区的吸引力。

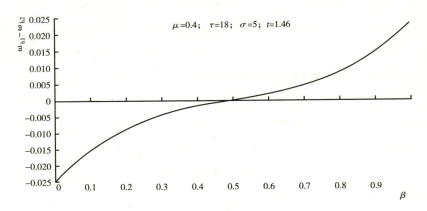

图 3.3 - 3 封闭条件下高度内陆边疆一体化与制造业集聚 ($t = 1.46$)

命题 2：在没有沿边开放政策作用时，经济体相对封闭，这时如果区际贸易成本也很高，那么经济将收敛于一个长期稳定的对称均衡，即制造业在两地区平均分布。如果区际贸易的成本为中等水平，经济体存在三个稳定均衡：如果一个地区的高技能劳动力份额足够低或者足够高，所有的制造业将集中在一个地区；当高技能劳动力在两地区平均分布时，制造业也将在两地区平均分布。当区际贸易充分自由时，高技能劳动力迁移的趋势会被进一步强化，故对称均衡结构不再稳定。

## 3.4 沿边开放下的国内市场一体化效应

根据我国沿边开放的发展历程，本节利用数值模拟分析沿边开放下的内陆边疆一体化效应，从三个方面着手分析：高度开放下的内陆边疆一体化效应、中度开放下的内陆边疆一体化效应和低度开放下的内陆边疆一体化效应。

### 3.4.1 高度开放下的内陆边疆一体化效应

在高度沿边开放的背景下，对外贸易的运输成本很低，国内经济的发展深受国外生产活动的影响。下面数值模拟对 $\tau$ 的取值为 1.01，因为当 $\tau = 1$ 时，表示完全开放，此时对外贸易无运输成本。当沿边地区高度开放时，一向处于区位劣势的边界地区，会成为对外贸易的中心区域。Hanson（1996，1998）以及 Hanson 和 Krugman（1993）的研究证实，关税削减和美墨间贸易的剧增确实吸引了墨西哥大量的企业向靠近美国边界的地区集中，从而促进了墨西哥边界地区经济的发展。那么，在沿边高度开放的背景下，国内区际贸易成本又是如何制约着高技能劳动力向边界去聚集呢？图 3.4-1 的数值模拟的结果显示，此时区际运输成本很高（这里取 $t = 2.55$），经济体存在一个唯一的长期稳定均衡，即在边疆地区高技能劳动力份额为 0.85 左右时（当然取不同的 $t$ 值，对应的 $\beta$ 值也会有差异），内陆地区和边疆地区达到了一个稳定的均衡，此时如果 $\beta$ 稍有变动，那么经济体就会开始自动调整，调整回高技能劳动力实际工资差为 0 的稳定均衡点。

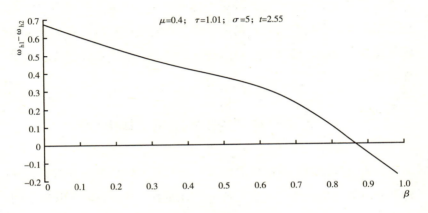

$\mu=0.4$；$\tau=1.01$；$\sigma=5$；$t=2.55$

**图 3.4 – 1   高度开放条件下低度国内市场一体化水平与**
**制造业聚集 （$t=2.55$）**

图 3.4 – 2 的数值模拟结果显示，当国内区际贸易成本 $t=1.8$（即中度国内市场一体化水平）时，边疆地区 1 与内陆地区 2 的高技能劳动力实际工资差额始终为正，在边疆的高技能劳动力份额小于 0.6 时，实际工资差额随着劳动力份额的增加而增加；当这个地区的高技能劳动力份额超过 0.6 时，这个地区对于高技能劳动力的吸引力逐渐下降，随之实际工资差额也开始下降。

图 3.4 – 3 的数值模拟结果显示，在沿边高度对外开放的背景下，如果国内区际贸易也几乎达到完全自由贸易的程度，那么经济体就会形成稳定的中心—外围格局，即所有的制造业将集中在边疆地区。图 3.4 – 3 的模拟结果显示，当 $\beta = 0.2$ 时，即边疆地区拥有 20% 的高技能劳动力份额时，内陆和边疆高技能劳动力的实际工资就会达到这个稳定的均衡。此时，如果有一个高技能工人从

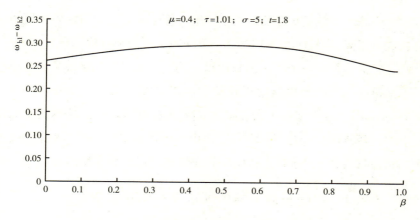

图 3.4 - 2 高度开放条件下中度国内市场一体化水平与
制造业聚集 ( $t = 1.8$ )

内陆迁移到边疆，导致边疆地区 1 的高技能劳动力禀赋稍有增加，那么这个高技能劳动力实际工资的差额就瞬间变为正值，从而进一步推动高技能工人从内陆地区向边疆地区迁移，直至边疆地区聚集了所有的高技能劳动力，并使所有的制造业最后全部迁移到边疆地区。

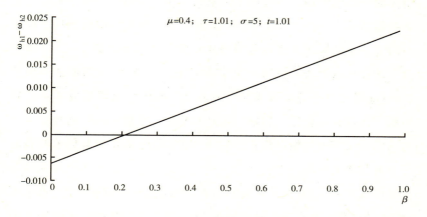

图 3.4 - 3 高度开放条件下高度国内市场一体化水平与
制造业聚集 ( $t = 1.01$ )

命题3：在沿边地区高度对外开放的背景下，如果国内区际贸易成本很高，当 $\beta = 0.85$（取不同的 $t$ 值，对应的 $\beta$ 值也会有差异）时，经济体存在一个唯一的长期稳定均衡；如果国内区际贸易成本不是很高，边疆和内陆的高技能实际工资差额会始终为正，并且 $\beta = 0.6$ 时，这个实际工资差额达到最大；当国内区际贸易完全自由时，经济体就会达到一个稳定的中心—外围结构，这个稳定均衡的 $\beta$ 值仅为0.2，此时边疆地区的优势是最主要的解释因素。

### 3.4.2　中度开放下的内陆边疆一体化效应

如果我国正在经历沿边开放发展历程的中期阶段，即当沿边对外开放为中等水平时（取 $\tau = 1.8$），内陆、边疆一体化水平如何影响高技能工人的流动呢？这种不同的国内市场一体化水平对边疆地区的制造业聚集又会产生怎样的影响呢？图3.4-4的数值模拟结果显示，在中等的沿边对外开放水平下，如果国内区际贸易成本相对较低，经济体会存在唯一一个稳定的中心—外围结构。边疆与内陆地区高技能劳动力的实际工资差额随着边疆地区高技能劳动力份额的增加而增加。当国内区际贸易完全自由化时，如果地区1的高技能劳动力份额为0.4，经济体为一个不稳定的均衡结构，如果此时有一个地区2的高技能劳动从地区2迁移到地区1，经济体就会自动强化这种迁移机制，最终使高技能劳动力全部集中在地区1，进而导致制造业全部聚集于地区1。如果区际贸易成本不是特别低，而是相对较低，即取 $t$ 值为1.5时，边疆和内陆高技能劳动力的实际工资差额始终为正，并且这种实际工资的差额随着高技能劳动力份额的增加而增大。

图3.4-5的模拟结果显示，在中等的国内市场一体化水平下（图中的区际贸易成本 $t$ 的区间为1.8~2.15），其中，上图国内两地区的高技能劳动力实际工资差额随着边疆地区高技能劳动力份额的增加，先减少后增加。随着区际贸易成本逐渐提高，高技能劳动

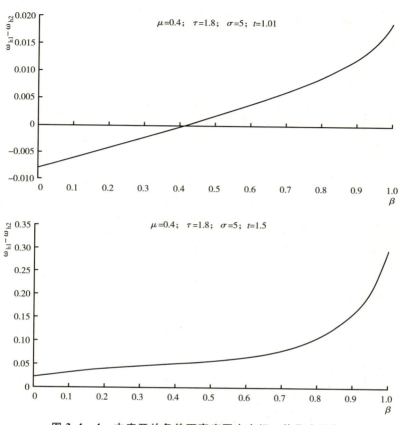

图 3.4 - 4  中度开放条件下高度国内市场一体化水平与
制造业聚集 （t = 1.01 ~ 1.5）

力实际工资的差额随着边疆地区高技能劳动力份额的增加而减少，由于劳动力的不断聚集，拥挤成本逐渐产生并加大，该地区对于劳动力的吸引力逐渐减弱。正如下图所示的，当区际贸易成本 t 值超过 2.1 时，当地区 1 的高技能劳动力份额超过 0.8 时，边疆内陆高技能劳动力的实际工资差额小于 0。可是当高技能劳动力份额足够高时，经济体也会有稳定的中心—外围结构，即所有的制造业均集中在地区 1。

当国内区际贸易成本很高时，如 t = 3（见图 3.4 - 6），类似于

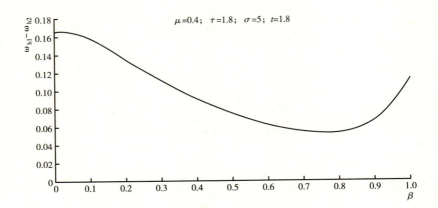

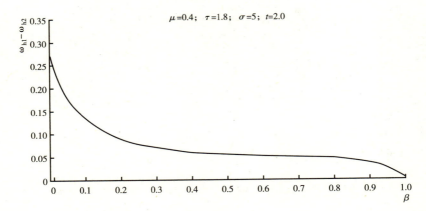

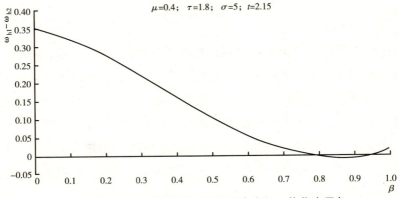

图 3.4 − 5  中度开放条件下中度国内市场一体化水平与
制造业聚集（*t* = 1. 8 ∼ 2. 15）

完全市场分割下中等沿边对外开放时的情形，经济体会有一个稳定的均衡结构。正如图中模拟结果所显示的那样，当 $\beta = 0.63$ 时，内陆边疆两地区的实际工资差额为 0，而此时，如果有一个高技能工人从地区 1 迁往地区 2，经济体就会自动往回调整，回到实际工资差额为 0 时的稳定均衡结构。

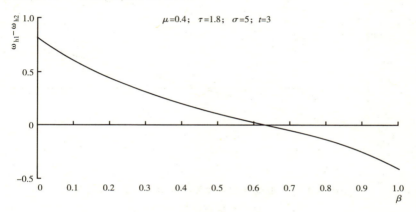

图 3.4 – 6 中度开放条件下低度国内市场一体化水平与
制造业聚集 （$t = 3$）

命题 4：在中等的沿边开放水平下，如果区际贸易成本很低，经济就会长期收敛于一个地区（边疆地区）；如果区际贸易成本很高，经济就会长期收敛于一个稳定的均衡结构，制造业不会只是集中于一个地区，而这个稳定的均衡结构并不是一个对称的均衡结构，此时地区 1 的高技能劳动力禀赋要高于地区 2。

### 3.4.3 低度开放下的内陆边疆一体化效应

正如我国实行沿边开放政策的初期，沿边的对外开放水平较低，对外的国际贸易成本相对较高（取 $\tau = 3$）。数值模拟结果显示（见图 3.4 – 7），如果此时的国内区际贸易达到完全自由化（即区际贸易成本很低），经济会存在一个不稳定的对称均衡结构，自我强化形成一个稳定的中心—外围结构。如果地区 1 拥有的高技能劳动力超过一半，经济体会自我强化，正的高技能实际工资差额会进一步促进高技能工人向地区 1 迁移，直至所有的高技能劳动全部集中于地区 1。

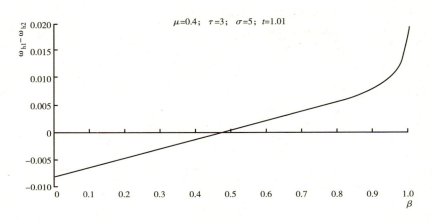

$$\mu=0.4; \quad \tau=3; \quad \sigma=5; \quad t=1.01$$

**图 3.4 - 7　低度开放条件下高度国内市场一体化与制造业聚集 ($t = 1.01$)**

对于中等水平的国内区际贸易成本（正如图 3.4 - 8 的模拟结果显示的），这个均衡结构相对复杂，图中存在两个稳定均衡结构（对称均衡结构和中心—外围结构）以及两个不稳定的均衡结构。当 $\beta < 0.85$ 时，边疆内陆高技能劳动力的实际工资差额随着 $\beta$ 的增加，差距逐渐减少，在 $\beta = 0.55$ 时，经济体达到一个稳定的均衡点，在这一点附近经济体会自动调整到稳定均衡状态。而当地区 1 拥有的高技能劳动力超过 0.85 时，边疆内陆高技能劳动力的实际工资差额会越来越大，并引致所有的高技能劳动力集中到一个地区，直至边疆地区集中了所有的高技能劳动力和最终制成品制造业。

在低度沿边开放水平下，对于较高的区际贸易成本，经济体存在唯一的稳定对称均衡（见图 3.4 -9）。高技能劳动力的实际工资差额与高技能劳动力份额呈现严格单调反向变动的形式，实际工资差

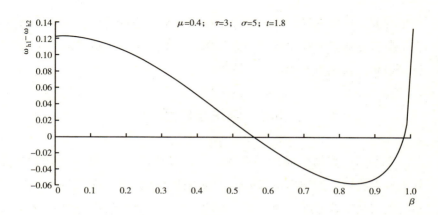

**图 3.4 – 8　低度开放条件下中度国内市场一体化与制造业聚集（$t=1.8$）**

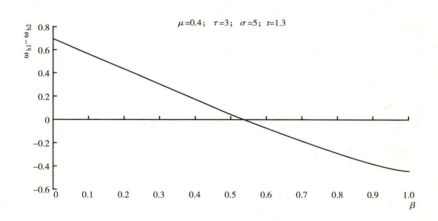

**图 3.4 – 9　低度开放条件下低度国内市场一体化与制造业聚集（$t=3$）**

额随着该地区拥有的高技能劳动力份额的增加而逐渐减少。当地区1拥有超过一半以上的高技能劳动力时，经济体会自动调整至稳定的对称均衡结构，所有的高技能劳动力会平均分布在这两个地区。

　　命题5：在我国实行沿边开放政策的初期，沿边开放水平较低，如果此时区际贸易成本很低，经济体就会长期收敛于一个稳定的中心—外围结构；而对于中等的区际贸易成本，经济体存在两个稳定均衡点（对称均衡结构和中心—外围结构），如果高技能劳动力平均分布，那么经济体就有一个稳定的对称均衡结构，而如果地区 1 拥有足够高的高技能劳动力份额，那么所有的制造业就会长期稳定地集中在这个地区。

## 3.5  结论与启示

在空间经济学中间产品模型，Hu（2002）以及赵伟（2009）等人对对外贸易、国内市场一体化与制造业集聚研究的基础上，本章构建了一个 3×3×3 的空间一般均衡模型，研究沿边开放下的内陆边疆一体化效应。研究结果表明：第一，在国内市场分割条件下，无论沿边开放的一体化水平有多高，经济总会收敛于唯一的长期稳定均衡，但是随着沿边开放一体化程度的加深，稳定均衡点所反映的边疆地区的高技能劳动力份额会逐渐增大。第二，在没有沿边开放政策的封闭经济体中，随着区际贸易成本的降低，两地区从高区际贸易成本下的一个稳定对称均衡向中等区际贸易成本下的三个稳定均衡转变（如果一个地区的高技能劳动力份额足够低或者足够高，所有的制造业将集中在一个地区，如果高技能劳动力在两地区平均分布，制造业也将在两地区平均分布），并向区际贸易充分自由时的中心—外围均衡结构转变。第三，在沿边地区高度对外开放的背景下，如果国内区际贸易成本很高，经济体存在一个唯一的长期稳定均衡；如果国内区际贸易成本不是很高，边疆和内陆高技能劳动力的实际工资差额会始终为正，当国内区际贸易完全自由时，经济体就会达到一个稳定的中心—外围结构，这个稳定均衡的 $\beta$ 值仅为 0.2，此时边疆地区的优势是最主要的解释因素。第四，在中等的沿边开放水平下，如果区际贸易成本很低，经济就会长期收敛于一个地区（边疆地区）；如果区际贸易成本很高，经济就会长期收敛于一个稳定的不对称均衡结构，比如地区 1 的高技能劳动力禀赋要高于地区 2。第五，当沿边的对外开放水平较低时，如果区际贸易成本很低，经济体就会长期收敛于一个稳定的中心—外围结构；而对于中等的区际贸易成本，经济体存在两个稳定均衡点（对称均衡结构和中心—外围结构），如果高技能劳动力平均分布，那么经济体就有一个稳定的对称均衡结构，而如果地区1拥有足够高的高技能劳动力份额，那么所有的制造业就会长期稳定地集中在这个地区。所以，在沿边开放作用下，随着贸易成本不断降低，经济体均是从唯一稳定的均衡结构，向多个均衡结构转变，最后向稳定的中心—外围均衡结构转变。但当国内区际贸易成本很低时，在不同的沿边开放水平下，发生突变的不稳定的均衡结构所对应的边疆地区的高技能劳动力的份额不同，完全封闭时是在对称均衡点处发生突变，随着沿边开放水平的提高，不稳定均衡点对应的高技能劳动力份额也在不断降低；相反，在区际贸易成本很高时，稳定均衡点所对应的高技能劳动力份额随着沿边开放水平的提高而增加。

因此，边疆桥头堡经济必须在内陆边疆一体化的前提下才能形成。这是桥头堡在沿边开放中对内聚集功能实现的基础。只有努力降低国内区际运输成本，打破地区市场分割和产业链分割，才能真正实现沿边开放中边疆地区的内引外联功能。

# 4　中国边疆桥头堡经济形成机理

　　长期以来，中国边疆在全国经济发展中处于边缘区地位。空间经济理论指出：边缘区能够形成增长中心，最后演化为与中心区形成对称空间结构的基本条件是开放和冰山运输成本的下降，其中交通枢纽具有要素聚集动力，节点城市具有成长机制。中国的沿边开放和出境大通道使边疆具有产业聚集机制和产业扩散机制，可使其桥头堡经济的功能得以实现。

## 4.1　对边缘区要素聚集与扩散理论的评论

### 4.1.1　空间经济理论的解释

　　Krugman（1999）等人在对外贸易对内部地理结构的影响研究中指出，由于向心力和离心力以及前向和后向联系的作用，国际区域经济一体化降低了国际贸易中的运输成本，使一个国家的边缘区具有接近外国市场的优势，对厂商具有吸引力，厂商的选址会吸引中心区要素（劳动力）向边缘区流动，从而打破一个国家的"中心—外围"结构，改变一个国家的空间均衡。Elizondo 和 Krugman（1996）将原有的中心—外围两地区模型发展成两国三地区模型，在国内两地区之外加入国外地区，分析对外开放与一国产业集聚之间的关系，认为对外开放会使原有的集聚格局被打破。Elizondo 和 Krugman（1996）及 Fujita 等（1999）的研究认为，一体化会使国内市场变得不重要，国内中心地带的相对吸引力下降。边界地区在一体化中具有正的效应。如果边界两边的市场区合并为一个市场，边界地区的内部市场将会增加。如果跨边境的前向和后向联系进一步加强，就会吸引消费者和厂商到商品更容易进入外国市场的地区，就会形成边缘区的经济中心。如果国内的和外国的厂商是垂直分工的，边缘区的吸引力将会更强。跨境地区关联产业就具有空间聚集的动机。Annekatrin Niebuhr 和 Silvia Stiller（2004）认为，在欧盟各国的接壤地区，存在很强的前向和后向关联，是非常有利的区位，因此一体化促使边界地区出现了新的经济中心。Hanson（1998）认为，一体化是否确实影响经济地理的关键是聚集力的强度。[1] Hanson（1996，1998）通过对美国—墨西哥边界地区的研究发现，自从墨西哥于 20 世纪 80 年代加入北美贸易自由化进程，它的制造业就向北部的美国—墨西哥边界地区转移，因为厂商选择了一个更容易进入美国市场的地区，导致墨西哥城的制造业地位下降了。Hanson 发现，美国和墨西哥贸易的显著增加部分来自产业内贸易，强化的贸易关系与墨西哥边境地区装配厂的出口扩展密切相关。[2] Barjak 和 Heimpold（1999）以及 Heimpold（2000）研究了德国—波兰边界地区，他们发现，投资活动和边境地区与外国的贸易正逐步向边界移动。

此后许多学者针对贸易自由化、国际或区域一体化或对外开放对一国制造业集聚的影响展开了研究（Behrens，2003；Monfort &

---

[1] Hanson: Regional Adjustment to Trade Liberalisation, in: *Regional Science and Urban Economics*, 1998, Vol. 28, pp. 419 – 444.

[2] Hanson: U. S. – Mexico Intergration and Regional Economies: Evidence from Border-city Pairs, NBER working paper series 5425, http://www.nber.org/papers/w5425.

Nicolini，2000；Paluzie，2001；Crozet & Soubeyran，2004 等）。这些学者因为不同的初始条件和假设条件，得出了有差异的结论。我国有许多学者将 Elizondo 和 Krugman（1996）的三地区模型作为实证分析对外贸易、国内市场一体化与我国的制造业集聚之间内在相关性的理论基础（吴三忙、李善同，2011；赵伟、张萃，2009等）。赵伟（2009，2013）通过数值模拟及实证分析，研究了二重开放对中国制造业集聚的影响，认为在对外开放先行的前提下，由相对分割的国内市场向高度一体化国内市场的转变，会先强化对外开放促成的制造业区域集聚模式，而后导致这个集聚模式被打破。还有许多学者通过构建不同的三地区、四地区空间一般均衡模型研究贸易自由化、国内市场一体化与制造业聚集之间的相关性，主要差别在于效用函数的选择、投入要素的构成以及生产技术的使用。从效用函数的选择上分析大致有两种：柯布－道格拉斯效用函数（邓慧慧，2009；2012；安虎森、颜银根，2011；黄玖立，2009；Philippe Monfort & Rosella Nicolini，1999）和拟线性效用函数（颜银根，2013；段春锦、范爱军，2014 等）。邓慧慧（2009）构建了 $3 \times 2 \times 3$ 的空间一般均衡模型，采用柯布－道格拉斯效用函数形式和柯布－道格拉斯的成本函数形式，认为国内市场一体化、资本密集度的提高会进一步促进东部制造业集聚，而国际贸易的自由化，中国对外贸易程度的提高将有利于制造业平均分布。段春锦和范爱军（2014）通过研究一体化后边界地区市场潜力的变化来研究一体化效应，认为一体化后边疆地区成为一个大市场的中心，从而降低了市场的准入成本，提高了市场潜力发挥的水平。邓慧慧（2012）构建一个两国四地区的空间一般均衡模型研究区域一体化、市场规模与制造业空间分布，认为贸易自由化可以使一国国内产业更趋向于集中而非分散。在经济一体化的区域内，他国贸易成本的降低会促使本国制造业分散布局，而本国贸易成本的降低会促使制造业聚集。Hu（2002）借鉴 Ethier（1982）制成品生产函数的设定构建了三地区四部门三要素的空间一般均衡模型，针对我国沿海开放及与发达国家之间的贸易对我国制造业空间分布的影响进行了研究。

空间经济学对边缘区要素聚集与扩散的解释，突出体现在边境地区的一体化效应上。国际区域经济一体化有可能改变一个国家的内部地理结构，使"中心—外围"结构演变为对称结构，边缘区也有可能发展成为经济中心，因为处在跨境区域的边缘区却有可能处于国际区域经济一体化的中心位置，它们的特殊位置成为吸引资源的优势（在空间上接近外国市场）。

### 4.1.2 传统区域经济理论的解释

有关边缘区经济发展的研究更多的是运用区域经济理论、经济发展理论展开的问题研究。传统区域经济理论认为，边缘区经济发展滞后有多方面的原因。从历史角度看，边缘区大多是少数民族居住区，起点低，经济发展水平不高。从改革进程看，边缘区的市场化进程慢，国有经济比重大，非国有经济发展缓慢。另外，产业结构不合理、科技教育落后、人才匮乏等也是重要原因（解树江，1995）。[①]一些学者认为，中国边缘区资源丰富，可以通过资源的有效开发实现边缘区超常规、跳跃、持续的发展（牛德林等，1998）。[②] 而另一些学者则认为，边缘区虽然资源丰富，但生态脆弱，必须选择适度增长、有计划有节制增长的战略模式，不应再以环境的污染、生态的破坏为代价，过分追求经济增长的速度，而应按照有利于经济与生态良性循环的方式发展（黄万纶、李文潮，1990）。[③]

---

① 解树江：《全国边疆经济发展理论研讨会综述》，《经济学动态》1995 年第 12 期。
② 牛德林等：《全方位开放与边疆经济的超常规发展》，黑龙江教育出版社，1998。
③ 黄万纶、李文潮：《中国少数民族经济新论》，中央民族学院出版社，1990。

早期的区域经济理论强调区域分工与产业布局，认为应该区别东北、西北、西南三大中国边缘区的特点，分类指导。东北地区应以资源的深加工为主导，继续发展粮食、煤炭、石油、化工、钢铁、汽车、机电等优势产业；西北地区主要发展能源工业，原材料工业，以毛、棉纺织为主的纺织工业，以糖料、畜产品加工为主的食品工业及土特产品加工工业，民族服装工业和日用消费品工业，参与以中亚国家为主的国际区域分工；西南地区则重点发展烟草制造业、能源工业、原材料工业和旅游业。

早期的区域经济理论一直强调旅游业在边缘区发展中的重要地位，认为要合理规划旅游区域的开发、建设重点旅游区域、发展边境旅游和第三国旅游、加大旅游市场的开发力度、发展旅游购物商品的生产、提高旅游服务质量、加强旅游生态环境和旅游资源保护。

早期的区域经济理论就已经开始关注边境城市的重要地位，认为边境城市除城市对区域经济发展的一般性作用外，还特殊地具有：①沟通国内外经济联系、技术协作和商品流通方面的流转功能；②作为生产基地和出口商品集散地的外贸功能；③国际贸易中的资源导向和对国内经济发展进行引导的双重导向功能；④生产加工功能。认为积极兴办各类经济技术开发区以带动城市现代化、构筑外向型城市体系、建立口岸城市经济区、促进边疆地区城市与区域经济一体化是边境城市发展的主要方向和措施（杨德颖，1992）。[①]

### 4.1.3　对外开放理论的解释

随着次区域合作的加强，内陆边疆的边界功能、边界效应及其转化的理论研究得到重视。Ratti R（1993）研究了边界两侧的社会、经济、文化等人文差异和边境经济合作区的发展；薛凤旋

---

① 杨德颖主编《中国边境贸易概论》，中国商业出版社，1992。

（1999）将边界划分为对抗/分隔型、自由型、调控型三种类型，并论述了开放条件下的边界从对抗/分隔型向自由型和调控型转变的趋势；[①] 方维慰（1999）研究了区域一体化背景下的边界功能，认为边界具有隔离、接触和渗透三项功能，各种功能的体现由两国之间的具体关系所决定，在区域一体化趋势下，边界地带处于两个不同的政治、经济、文化主体相接的地方，是国与国之间进行接触的前沿，由于双边存在地理梯度，边界是资源、劳动力、产品、资金技术相互流动最为活跃的地区，它是一个特殊的地缘社会、经济系统，一体化趋势要求国家边界的功能做出相应的转变，边界功能正在从隔离功能向接触功能和渗透功能发展；[②] 杨汝万、胡天新、郭焕成、郭来喜等（1999）研究了边界封闭和开放效应的转化及边境城市的发展；[③] 汤建中、张兵等（2001）将边界效应划分为屏障效应和中介效应，也研究了边界效应的转换与空间扩散，并提出建立通道型、边贸口岸型、开发区型边境地区国际经济合作模式；[④] 董藩等（2004）从促进中国东西部区域协调发展、支撑中国经济快速增长等角度提出了建立缘西边境国际经济合作带的构想；[⑤] 李铁立（2005）对边界、边界效应、边境区位以及跨边界次区域经济合作进行了理论总结，重点以企业跨边界经济合作为对象，分析了边境区企业聚集的机制，即企业收益剩余的市场扩展机制和价格机制，间接地指出了边疆地区经济发展的潜在

---

① 薛凤旋：《港澳跨境发展的理论与政策》，见叶舜赞、顾朝林、牛亚菲主编《一国两制模式的区域一体化研究》，科学出版社，1999。

② 方维慰：《区域一体化趋势下国家的边界功能》，《西安联合大学学报》1999年第2期。

③ 伏润民、陈志龙、杨汝万：《中国西部开发与周边国家》，云南大学出版社，2003。

④ 汤建中、张兵、陈瑛：《边界效应与跨国界经济合作的地域模式——以东亚地区为例》，《人文地理》2002年第1期。

⑤ 董藩等：《构建缘西边境国际经济合作带》，东北财经大学出版社，2004。

动力;[①] 梁双陆（2009；2013）论证了陆疆边缘增长中心形成的机制和条件，认为提高中国与周边国家的区域性国际经济一体化[②]或次区域国际经济一体化[③]，降低冰山运输成本，能够促进边缘增长中心的成长。

在次区域合作对中国边疆经济发展的影响方面，已有研究主要集中在如何参与大湄公河次区域合作、东北亚次区域合作等方面。大部分研究成果围绕合作领域分析其现状、问题并提出对策建议，也有学者针对海关、检验检疫、贸易物流和商务人员流动等领域对具体的便利化措施展开研究。交通基础设施合作方面主要有泛亚铁路东、中、西方案，云南出境通道建设和澜沧江—湄公河航道整治等的资金筹集、合作机制与障碍、对策建议的研究；能源合作方面主要有与周边国家的水电开发合作的对策研究；电信合作方面主要研究了光缆建设、通信系统合作的对策建议；环境合作方面主要研究了生物多样性保护、国际河流可持续发展、国土整治；旅游合作方面主要研究了跨境旅游圈的形成、线路的设计、旅行社合作、旅游规划和游客出入境便利化；人力资源开发合作方面主要研究了边疆省份对周边国家的人力资源培训的具体对策建议；贸易与投资合作的研究集中在如何推进通关便利化和投资便利化的对策建议上。与大湄公河次区域合作相比，图们江区域合作进程缓慢得多，中国参与方主要是吉林省，2005 年又扩大到内蒙古自治区。目前该合作主要集中在基础设施和经贸合作上，学界的研究成果主要集中在大图们江区域合作推进缓慢的原因分析及对策建议、重点合作领域推进的对策建议等方面，理论创新成果较少。

对外经济走廊成为沿边开放的研究重点。贺圣达（2003）等研究了昆明—河内、昆明—曼谷和昆明—曼德勒三大经济走廊。

① 李铁立：《边界效应与跨边界次区域经济合作研究》，中国金融出版社，2005。
② 梁双陆：《边疆经济学》，人民出版社，2009。
③ 梁双陆：《次区域国际经济一体化理论与实践》，人民出版社，2013。

①昆明—河内经济走廊可按"港口、中心城市沿腹地轴线纵深型"的模式开展建设。以滇越铁路、公路和红河为纽带，依托昆明、河内两个大城市和玉溪、个旧、开远、蒙自、河口、老街、河江、宣光、安沛、越池、下龙湾等中小城市，发挥港口城市—海防—海运优势，可形成一个由极点增长模式和带状发展模式相结合的"港口、中心城市沿腹地轴线纵深型"发展模式，即以越南的海防市为出海口，依托河内、昆明两大增长中心区，以昆明—河口—河内—海防整个轴线区域为纵深腹地，辐射、带动区域经济的迅速发展。②昆明—曼谷经济走廊以昆明、曼谷两个大城市为依托，以昆明—曼谷高速公路、澜沧江—湄公河中上游航线、昆明—景洪—曼谷航线、泛亚铁路中线等交通基础设施为纽带，以思茅、景洪、磨憨、会晒等口岸和港口为枢纽，以沿线中小城市为节点，利用双方资源结构的差异性、产业结构的层次性和贸易结构的互补性，开展投资、贸易和加工业、农业、旅游业、替代种植以及消除贫困和可持续发展等领域的国际合作，建立以交通干线为辐射带的优势产业体系、城镇体系、口岸体系和边境经济合作区。③昆明—曼德勒经济走廊以昆明、曼德勒两个大城市为依托，以泛亚铁路西线、滇缅公路、伊洛瓦底江航运、昆明—曼德勒航线等交通基础设施为纽带，以瑞丽—木姐、章凤—雷基等口岸为枢纽，以沿线中小城市为节点，利用双方资源结构的差异性、产业结构的层次性和贸易结构的互补性，开展贸易和工业、农业、林业、矿业、旅游业、通道服务业、替代种植以及消除贫困和可持续发展等领域的国际合作，建立以交通干线为辐射带的优势产业体系、城镇体系、口岸体系和边境经济合作区，通过经济走廊的建设推进中国西南与缅、孟、印等国的经济合作。①

---

① 贺圣达等主编《中国—东盟自由贸易区建设与云南面向东南亚开放》，云南人民出版社，2003。

2004 年越南总理潘文凯提出了共建"两廊一圈"的提议，在中越两国政府发表的《中越联合公报》中提出在两国政府经贸合作委员会框架下成立专家组，积极探讨"昆明—老街—河内—海防—广宁""南宁—谅山—河内—海防—广宁"经济走廊和环北部湾经济圈的可行性。围绕广西具有海港和陆路口岸的特殊区位优势，一些学者从发挥广西的海路和陆路聚合优势的角度出发，进一步扩展了"两廊一圈"的合作构想和发展模式。古小松（2002，2004）认为，广西独特的区位优势决定了广西可由国内边陲变为国际通道和枢纽，成为中国进入中南半岛的桥头堡，[1] 应建立南（宁）—曼（谷）经济走廊。[2]

中国—东盟自由贸易区建立后，如何利用中国—东盟自由贸易区建设带动云南和广西经济发展成为研究重点。陈俊伟（2006）认为，应建立中国—东盟自由贸易区的区域分工，并根据经济发展水平将中国—东盟自由贸易区划分为三级区域，第三层次区域包括中国的青海、河南、重庆、山西、西藏、江西、宁夏、安徽、四川、陕西、云南、广西、甘肃、贵州等省区市以及东盟的越南、老挝、柬埔寨、缅甸四国。认为第三层次区域可谓中国—东盟自由贸易区的边缘地区。应通过积极的区域间协调，扩大中国—东盟自由贸易区的同质区域——即核心区与核心区、边缘区与边缘区——之间的经济分工。[3]

黄定嵩（2004）认为，南贵昆经济区是西南民族经济增长的核心，应通过加快南贵昆经济区内部的整合，创新合作协调机制、构筑区域综合交通运输体系、加强区域产业组织的整合，尽早建成

---

① 古小松：《中国—东盟自由贸易区与广西的地位和作用》，《东南亚纵横》2002 年第 12 期。

② 古小松：《建立南宁—曼谷经济走廊，发展华南与中南半岛的合作》，《东南亚纵横》2004 年第 1 期。

③ 陈俊伟：《中国—东盟自由贸易区区域分工——兼论广西应对战略》，广西人民出版社，2006。

中国—东盟自由贸易区的"积聚核"。[1]

曹珂（2004）认为东盟各国的经济和金融市场发展很不平衡，金融具有发展层次多元化的特点。中国与东盟的金融合作，可采取先试点，后推广，先易后难的策略，可选择市场经济相对发达、金融体系完备的泰国和邻近的缅甸、老挝、越南开始试点。并建议在西双版纳试点边境地区开展国际金融合作，作为中国—东盟自由贸易区金融合作的重要组成部分。[2]

城市是边疆桥头堡经济的核心。对边疆地区城市的研究主要有以下方面。

一是认为边境地区应建立中外边境城市功能互动的可持续发展系统（李澜、张丽君、王燕祥，2004）。在边境地区，隔境相邻的中外边境城市总是成双出现、同步发展、共同繁荣，相互间存在明显的良性功能互动关系。中外边境城市功能互动的经济与社会效益强化了沿边城镇对沿边地区经济发展所起到的重要作用，需要通过三个子系统（即支持沿边城镇兴起与发展的资源系统、人文系统和适宜人居的城镇生态环境系统）的不断优化和完善，保持跨境城市的良性互动功能和互动效应的可持续发展。[3]

二是对边境城市的功能和发展模式（替代模式、多元化模式和高级化模式）的研究（王燕祥、张丽君，2002）。边境城市功能的显著特征是以边境贸易流通中心为代表的相对单一的、基本的、特殊的和主要的功能。替代模式就是将边境城市原有的功能用新的功能来替代，如流通中心的发展模式用信息中心或工业中心的发展

① 黄定嵩：《中国—东盟自由贸易区与西南民族经济》，民族出版社，2004。
② 曹珂：《中国—东盟自由贸易区与西部边境国际金融合作》，《西部论坛》2004 年第 5 期。
③ 李澜、张丽君、王燕祥：《中外边境城市功能互动的可持续发展系统构想》，《广西社会科学》2004 年第 3 期。

模式进行替代；多元化模式就是在原有功能基础上扩展，如在原来流通中心继续发展的基础上，增强功能，形成工业中心、信息中心等多元化的发展格局；高级化模式是指边境城市在为外地域空间生产和输出的产品中，资本密集型产品和技术含量高、附加值高的产品的比重较以往更高的发展模式。边境城市是沿边地区的增长极，在沿边地区经济增长中具有中流砥柱的作用，通过不断提高边境城市的现代化水平，可集中沿边地区的大工业和服务业的生产力，形成集中的城市市场，成为沿边地区的市场中心、流通中心和消费中心。边境城市经济成为推动经济增长的生长点，使沿边由以农牧业经济为主的低水平增长转变为城市经济的聚合增长，大大加快沿边经济的发展速度。①

三是认为应整合边境城市资源，构建城市联盟。以云南为桥头堡，连接中国西南6省区市向东盟的西南国际大通道，以新疆为桥头堡，连接西北5省区面向中亚地区的西北大通道，以黑龙江为桥头堡，连接东北亚城市群，面向俄罗斯的中俄经贸国际大通道的形成，将会给边疆地区带来最大的流量经济。城市发展过程中的积聚效应和辐射效应主要是通过流通来体现的，通过国际大通道，形成比较大的人流，人流带来物流，物流带来资本流，资本流带来技术流和信息流。流量经济带来流动经济的繁荣和增长。应整合边境城市和边贸城市之间的资源，形成大的城市联盟（连玉明，2005）。②

四是认为边疆省会城市应建设成为国际性城市。应发挥昆明市作为国内"9+2"泛珠三角区域联盟和"10+1"中国—东盟自由贸易区交会点的功能和中国连接东南亚、南亚大通道主枢纽的地位，围绕枢纽、创新、孵化和领航四大功能，将昆明建设成为面向

---

① 王燕祥、张丽君：《西部边境城市发展模式研究》，东北财经大学出版社，2002。

② 连玉明：《整合边境边贸城市资源构建城市联盟》，《领导决策信息》2005年第8期。

东南亚、南亚的现代化区域性国际城市（陈栋生，2006）。[①] 将昆明建成中国面向东南亚开放的区域性国际商贸中心、物流中心、金融中心、旅游中心和教育文化合作交流中心（刘稚，2003）。[②] 将乌鲁木齐建设成为中亚区域现代化国际商贸中心和国际化城市（玛依拉·米吉提，2005）。[③] 发挥哈尔滨地处东北亚经济中心、欧亚大陆桥和空中走廊的重要枢纽地位，将哈尔滨建成东北地区通向太平洋的重要港口，建设成为区域性、开放式、经贸结合、综合发展、功能配套、高度文明的东北亚重要国际经贸城市（杨明远，1995）。[④]

### 4.1.4 交通枢纽的作用

交通枢纽对城市的形成具有促进作用。地理学和城市经济学对交通枢纽往往形成城市这一现象进行了阐述（如 Mills，1972；Goldstein and Moses，1975；Schweizer and Varaiya，1977 等），认为交通枢纽所在地经常会成长为区域性中心城市（杨吾扬、张国伍，1986），受其辐射影响，腹地区域的城市化进程会加快，区域城镇体系及其职能分工格局也往往会相应地发生变化（张复明，2001）。地理学和城市经济学对港口城市和枢纽城市形成的解释都基于比较优势，如自然环境的差异（气候、土壤等）或一些生产要素（如矿产、劳动力、资本）等，认为每一个地区的生产活动都是有组织地围绕着一个高质量的港口（更具有一般性的是运输

---

① 陈栋生：《沿着科学发展道路建设现代新昆明》，《边疆经济与文化》2006 年第 12 期。

② 刘稚：《昆明在中国—东盟自由贸易区建设中的定位与功能》，《云南社会科学》2003 年第 6 期。

③ 玛依拉·米吉提：《对乌鲁木齐建设现代化国际商贸中心的探讨》，《新疆财经学院学报》2005 年第 1 期。

④ 杨明远：《哈尔滨市国际化目标模式与对策选择》，《城市开发》1995 年第 9 期。

节点），使出口最终产品和进口其他地区的产品更为便利，从而导致了港口城市和交通枢纽城市的形成。交通网络结构变化对通达性空间格局演化的影响是近年来交通运输地理学的研究热点（Spence N，Linneker B，1994），相关研究认为交通网络的规模是随着网络中节点数目及连接线路的变化而不断变化的（曹小曙、阎小培，2003）。交通经济带理论认为，沿海型交通经济带以大中型沿海港口为经济带内主要经济中心的生长点，沿江（河）型交通经济带以大中型内河港口或水陆交接枢纽为经济带内主要经济中心的生长点，沿路型交通经济带以大中型陆路枢纽为经济带内主要经济中心的生长点，实现经济带内部和外部经济系统的广泛联系（韩增林、杨荫凯等，2000）。交通运输条件的改善有时会成为城市"循环与累积效应"[①] 的重要诱导剂和强大触发力，交通枢纽地位的奠定和交通职能的强化，将会引发商贸业、制造业、服务业、仓储业等一系列相关产业和经济活动，产生一种显著的循环与累积效应，推动城市的超常规增长，经过多次循环累积过程，城市职能趋于多样化，城市实力与规模不断扩大，城市的区域影响及在中心地体系中的地位将相应提高（张复明，2001）。交通枢纽地区的重要性不仅体现在交通设施本身上，而且体现在交通枢纽对城市经济发展的带动作用，以及对交通枢纽周边地区的规划与土地开发的影响上。对于这样的交通枢纽地区，应强调交通枢纽与城市规划的结合，重点关注节点交通价值（transport value）和城市功能价值（functional value）。节点交通价值是指交通枢纽本身作为重要的交通设施所反映的交通功能与设施属性，而城市功能价值是指枢纽地区对城市功

---

[①] 缪尔达尔（Myrdal，1957）曾指出，城市成长遵循"循环与累积因果原则"（Principle of Circular and Causation），即一旦某种力触发了城市的成长，由于各产业部门相互联系的性质，将促进其他有关部门的成长。这些部门的成长又孕育着另外一些相关部门的成长。接着又导致新的产业部门进入城市，开始新的一轮循环。

能发展的影响和催化所产生的价值。交通枢纽的可达性会吸引商业、住宅和其他设施的集聚，在集聚功能的同时也会相应带来交通量的增长。因此城市功能价值的增长和节点交通价值的增长都存在边际效益递减的关系，两者之间的平衡发展是目前交通枢纽地区发展的主流思想（郑德高、杜宝东，2007）。

　　虽然地理学、城市经济学和城市规划学、通道经济理论等都论述了交通枢纽对城市形成的促进作用，但对于很多港口城市在它们最初具有的便宜的水路运输优势变得不重要甚至消失的情况下仍然能够持续繁荣的问题，并没有给出合理的解释。Fujita 和 Moil（1996）通过空间经济学的分析框架，揭示出港口和交通枢纽城市具有一种自我强化聚集的"锁定效应"，使这一持续繁荣现象得到解释。另有学者认为市场潜力和市场接近性会改变城市结构，交通便利程度的改善有利于运输成本的降低，提高受惠地区的市场接近性（Hummels，1999a；1999b）。李煌伟、聂鹏飞（2013）论证了运输网络对城市群经济增长的作用，他们认为，根据麦特卡夫定律（Metcalfe's Law），运输网络每增加一个节点，网络中的信息传播量都将以指数幂形式增加，特别是考虑到节点间的相互影响时，这种效应将更为显著。Jochem de Vries 和 Hugo Priemus（2003）创造性地提出了节点聚集系数的概念，论证了节点聚集系数、平均路径边长与城市经济增长的正相关关系。骆许蓓（2004）将交通枢纽从点拓展到省级区域，运用静态比较均衡模型，论证了市场接近性（market accessibility）在区域经济发展中的决定性作用和改善交通运输枢纽省份基础设施对增加内陆地区市场接近性的重要作用，在此基础上提出，改善中部交通运输枢纽省份（河南、湖北、湖南）的基础设施能最有效地促进中国西部地区的经济发展。

　　对于内陆边疆的交通枢纽与城市发展的关系进行研究的文献稀少、关联性弱且以边疆城市功能如何发挥的研究为主。张丽君和李澜（2002）认为，边境城市应发展为陆疆国际交通运输枢纽中心、边境国际贸易流通中心和外向型制造业中心。陈栋生（2006）认为，经济全球化和国内外区域经济一体化的进展，使昆明由过去的边陲省会城市变成国内"9＋2"泛珠三角区域联盟和"10＋1"中国—东盟自由贸易区的交会点，成为中国连接东南亚、南亚大通道的主枢纽。应围绕完善枢纽、创新、孵化和领航四大功能，将昆明建设成为面向东南亚、南亚的现代化区域性国际城市。李德洙（1996）认为，边疆城市不但要发挥好窗口、桥梁、辐射、联谊及示范五个功能，更要发挥好引领民族地区现代化的作用。王纯和林坚（2005）从政治地理结构角度论述了东北边疆交通枢纽城市哈尔滨的空间发展历程。他们认为，在特定时期，政治因素可能成为决定边疆城市空间发展方向选择的主导因素，一旦政治地理结构趋于稳定，多因素的综合作用将显著上升，这里的多因素显然包含了交通条件的改善和枢纽地位的增强。王燕祥和张丽君（2005）认为，边境城市是中国沿边开放的产物，是中国对周边国家开放的窗口和通道，边境城市在中国的沿边开放中处于非常重要的地位。中国有22000多千米的陆地边界线，但沿边国际经济贸易交流的绝大部分都集中于数十个边境口岸城市，而其中的大部分又集中在规模较大的边境城市。可以看出，中国内陆边疆交通枢纽对边疆城市区位的促进作用，尚未引起学界的重视，相比我国正在不断推进的出境大通道建设实践和交通枢纽城市的快速发展而言，理论研究明显滞后。

## 4.2　中国沿边开放中的交通枢纽与城市区位

在江河经济时代，许多城市的起源与他们所在的河流、运河和优良的港湾等类似的地理位置紧密相关，世界上的绝大多数城市都坐落在这样或那样的交通枢纽处。这种现象很早就被区域科学所关注和阐述，而陆地交通枢纽的作用更多地被城市经济学家所关注。空间经济学家 Masahisa Fujita 和 Tomoya Mori（1996）将其模型化以解释交通枢纽对空间演化模式改变的作用，使这一领域进入了主流经济学的研究视野。早在 20 世纪 90 年代初期，中国就开始实施沿边开放战略，陆续批准丹东、珲春、绥芬河、黑河、满洲里、二连浩特、塔城、博乐、伊宁、瑞丽、畹町、河口、凭祥、东兴等 14 个城市为沿边开放城市。发展至今，沿边开放城市并没有像沿海开放城市那样发挥出对周边区域的强辐射带动效应，除沿边开放面向对象的特殊性外，边疆地区基础设施尤其是交通设施的滞后、运输成本居高不下是一个重要原因。改善交通基础设施，建设出境大通道，成为中国在边疆地区长期实施的重大工程。目前，中国向西、向西南、向东北开放的国际大通道已基本形成，哈尔滨、长春、呼和浩特、乌鲁木齐、昆明、南宁等边疆省份的中心城市放射状向外辐射的交通支线越来越多，交通枢纽的特征越来越强。边疆地区的交通枢纽在中国沿边开放中将会发挥怎样的作用？国家对边疆地区在中国向西、向西南和向东北开放中的桥头堡、枢纽、高地和基地的战略定位，会对中国边疆的城市区位和空间结构进而对边疆经济产生怎样的影响，是本节试图研究解答的问题。①

### 4.2.1　基础模型

此处引入 Fujita 和 Moil（1996）所建立的港口和交通枢纽模型的建模思想，建立沿边开放中的交通枢纽模型，解释中国沿边开放中的交通枢纽对城市形成的影响。

基本假设：假设一个经济体是线状经济，在该经济体中，人口和经济活动都分布在一条线上，该经济体只有两种产品，即农产品和工业制成品，农业②是外生的，并在地理空间中均匀分布；而制造业是可以流动的。假设制造业部门生产很多差异化产品，没有哪

---

① 本节内容已发表在《经济问题探索》2014 年第 11 期以梁双陆和崔庆波署名的《中国沿边开放中的交通枢纽与城市区位》一文中。

② 我们将制造业以外的产业都视为"农业"。

种产品能在制造业部门的产出中占有重要地位。假设每种工业制成品都由一个垄断厂商生产，在消费的地理分布既定的情况下，垄断厂商会建立一个或几个工厂，以使生产和运输的总成本最小化。每个制造商可以随意选择工厂的数目，但每增加一个工厂，就会导致固定成本增加 $F$ ，生产的边际成本为常数 $c$ ，单位商品的单位距离的运输成本为 $T$ 。工业中就业的人口占总人口的比例为 $\mu$ ，则每种商品所面临的需求中有 $\mu$ 来自制造业工人，而且制造业工人的地理分布与生产的地理分布相同。在线形空间上分布着同质的土地，每单位距离相当于 1 单位土地，经济体中有 $N$ 个劳动者，他们可以自由选择工作的地点。农产品的生产要使用两种要素且投入比例固定，即生产 1 单位产品需要投入 $c^A$ 单位劳动力与 1 单位土地。工业品的生产只需要投入劳动，且制成品的生产技术是同质性的。每单位工业制成品生产的固定成本为 $F$ ，生产的边际成本为常数 $c$ ，运输成本为"冰山"形式，地区 $r$ 和地区 $s$ 之间的运输成本定义为 $T_{rs} = (T^M)^{|r-s|}$ 。将地区 $r$ 的工资率记为 $w_r^M$ ，其中，$r$ 表示这条线上的某个位置。

线状经济体在 $-f$ 到 $f$ 这一段，农民是均匀分布的，$O$ 点是地理区域的中心，农民的人口密度既定，假设所有制造业厂商都集中在地理区域的中心（即位置 $O$）处，在沿边开放以前，$b$ 点是市场的边界。沿边开放后，市场边界扩大到 $f$，假设扩大后的区域中农民的人口密度不变。这时候的 $b$ 点成为一个交通分岔点（如图4.2-1所示），两条分支上都分布着农田并一直延续到 $f$ 点，两个分支上的 $f$ 点到 $O$ 点的距离相等，同时假定 $2b > f$，以至于工厂建立在越过 $b$ 点之外的任何地方，都能够使到两个分支上的消费者的运输成本达到最小化。

交通枢纽与市场潜力：原有城市所在的那个分支与另一个分支构成经济的基线（如图4.2-1的 $Or$ 线），假设城市所处的点为这条基线的原点（图4.2-1中的 $O$ 点），经济就是由一条基线和 $k$

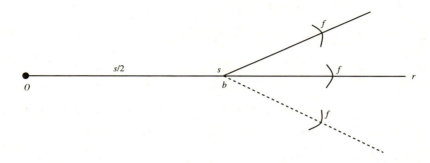

**图 4.2 – 1　交通枢纽的演化示意图**

条分支构成的星形经济，当 $k = 0$ 时，就是只有基线的一条线形区位空间，当 $k = 1$ 时，得到 $Y$ 形区位空间。根据冯·杜能模型，可耕种的土地的吸引力仅仅取决于它距离城市的远近程度，一旦边缘距离 $f$ 超过分岔点 $b$ 离原点的距离，农业地区就向每个分支延伸了 $f - b$。引入一个新的变量 $\delta$，设定：

$$\delta \begin{cases} 0, & f \leqslant b \\ 1, & f > b \end{cases} \tag{4.2.1}$$

　　基线上的耕作区永远等于 $2f$，非基线分支上的耕作区为 $k(f - b)$，因此，总的耕作区就等于 $2f + \delta k(f - b)$。$f$ 是 $N$ 的增函数，当 $N$ 趋近于无穷大时，$f$ 也会趋近于无穷大，所有变量都可以表示为 $f$ 的函数。

　　地理学普遍使用市场潜力法来刻画不同地区接近的优势并预测实际选址的趋势。典型的市场潜力函数（market potential function）用所有其他地区 $s$ 的购买力的加权平均数来衡量某个地区 $r$ 的市场潜力，其中权数是距离的减函数。在一个简单且广泛使用的市场潜力函数（Harris，1954）中，购买力与距离呈反方向变化，于是 $r$ 的市场潜力为：

$$M_r = \sum_s \frac{Y_s}{D_{rs}} \tag{4.2.2}$$

其中 $D_{rs}$ 是 $r$ 地到 $s$ 地的距离，$Y_s$ 是 $s$ 地的购买力。

在空间经济学中，市场潜力函数被定义为以下更一般形式：

$$\Omega_r \equiv \frac{(\omega_r^M)^\sigma}{(\omega_r^A)^\sigma} \qquad (4.2.3)$$

其中，$\omega_r^A$ 是各地农民的实际工资，根据均衡条件，这个工资水平也等于城市制造业工人的实际工资水平；$\omega_r^M = w_r^M(G_r)^{-\mu}(p_r^A)^{-(1-\mu)}$ 是在任何一个区位 $r$ 上（$-f \leqslant r \leqslant f$），零利润厂商能支付给工人的最大实际工资。因为 $\omega_r^A = \omega_0^M$，所以城市中的市场潜力值为 1。单中心经济结构要保持稳定，必须满足：

$$\Omega_r \leqslant 1 \qquad -f \leqslant r \leqslant f \qquad (4.2.4)$$

由于农业部门的名义工资 $w_r^A = (T^A)^{f(\mu-1)}(T^M)^{-f\mu}$，所以：

$$\Omega_r = \frac{(\omega_r^M)^\sigma}{(\omega_r^A)^\sigma} = \frac{(w_r^M)^\sigma}{(w_r^A)^\sigma} = (w_r^M)^\sigma (T^A)^{f\sigma(1-\mu)}(T^M)^{f\sigma\mu} \qquad (4.2.5)$$

也就是说，在每个区位上，实际工资之比等于名义工资之比。其中制造业工人的名义工资为：

$$w_r^M = \left[ \sum_{s=0}^{f} Y_s (T^M)^{-s(1-\sigma)} G_s^{\sigma-1} \right]^{\frac{1}{\sigma}} \qquad (4.2.6)$$

针对星状经济体，每个区位 $r$ 的市场潜力函数就是：

$$\Omega_r = (T^A)^{\sigma(1-\mu)|r|}(T^M)^{-\sigma\mu|r|} \left\{ \mu(T^M)^{-(\sigma-1)[r]} + \frac{1-\mu}{A_f} \times \right.$$
$$\left. \left( 2\sum_{s=0}^{f}(T^A)^{-s}(T^M)^{(\sigma-1)(s-|r-s|)} + \delta k \sum_{s=b}^{f}(T^A)^{-s}(T^M)^{(\sigma-1)[s-d(r,s)]} \right) \right\}$$
$$(4.2.7)$$

其中：$d(r,s)$ 表示制造业厂商与不在基线上的农民之间的距离，它由下式给定：

$$d(r,s) = \begin{cases} s-r & r \leqslant b \\ (r-b)+(s-b) & r > b \end{cases} \qquad (4.2.8)$$

$$A_f \equiv 2 \sum_{s=0}^{f} (T^A)^{-s} + \delta k \sum_{s=b}^{f} (T^A)^{-s} \tag{4.2.9}$$

由于市场潜力函数被定义为一种比率关系，这种比率是指零利润条件下制造业厂商能支付的工资与农业工资的比率。所以只要市场潜力大于 1，厂商离开原来的城市就是有利可图的。

沿边开放后，市场边界扩大，原来的市场边界 $b$ 点成为交通枢纽和经济中心，对市场潜力会产生什么样的影响呢？

以分岔点为界分为左右两段，也就是将市场潜力函数分为两部分：

$$\Omega_r = \begin{cases} \Omega_{1r} & r \leqslant b \\ \Omega_{2r} & r \geqslant b \end{cases} \tag{4.2.10}$$

对于 $0 \leqslant r \leqslant b$，有：

$$\Omega_{1r} = (T^A)^{\sigma(1-\mu)r} (T^M)^{-\sigma\mu r} \left\{ \left[ \frac{1+\mu}{2} - \frac{(1-\mu)\phi_f}{2} \right] (T^M)^{-(\sigma-1)r} + \right.$$
$$\left. \varphi_{(r,f)} \left( \frac{1-\mu}{2} \right) (T^M)^{(\sigma-1)r} \right\} \tag{4.2.11}$$

对于 $r \geqslant b$，有：

$$\Omega_{2r} = (T^A)^{\sigma(1-\mu)r} (T^M)^{-\sigma\mu r} \times \left\{ \left[ \frac{1+\mu}{2} - \frac{(1-\mu)\phi_f}{2} \right] (T^M)^{-(\sigma-1)r} + \right.$$
$$\left. \varphi_{(r,f)} \left( \frac{1-\mu}{2} \right) (T^M)^{(\sigma-1)r} - (1-\mu)\phi_f (T^M)^{(\sigma-1)r} \left[ 1 - (T^M)^{-2(\sigma-1)(r-b)} \right] \right\} \tag{4.2.12}$$

其中：

$$\phi_f \equiv \frac{\delta k \sum_{s=b}^{f} (T^A)^{-s}}{A_f} \tag{4.2.13}$$

$$\varphi_{(r,f)} \equiv 1 + \phi_f - \frac{2 \sum_{s=0}^{r} (T^A)^{-s} \left[ 1 - (T^M)^{-2(\sigma-1)(r-s)} \right]}{A_f} \tag{4.2.14}$$

这里的 $\phi_f$ 表示非基线分支上的农民提供给城市的农产品在所

有农产品供给中所占的份额。

若 $f > b$，$\phi_f$ 随着 $f$ 的增加而增加。通过数值模拟可以看出，市场潜力曲线在 $b$ 点有很明显的极值点。通过在 $r = b$ 处分别对 $\Omega_{1r}$ 和 $\Omega_{2r}$ 求导可以看出，这一极值点的 $\Omega'_{1b} - \Omega'_{2b} > 0$。因为 $\phi_f$ 随着 $f$ 的增加而增加，所以当农业地区远远扩展到 $b$ 点以外的区域时，这一效应得到加强。$\phi_f$ 也随着 $k$ 的增加而增加。因而，分支越多，分岔点就越具有吸引力，① 产业聚集力越强。

### 4.2.2　动态模拟

枢纽城市形成的动力机制是厂商依据市场潜力做出的选址决策，选择交通枢纽投资建厂可以实现销售到各分支线上的制造业产品运输成本最小化和各分支线上提供的农产品规模最大化，虽然空间经济理论仅将农产品视为食品供给城市居民消费，但现实经济中更多的农产品是提供给轻工业厂商的中间产品。因此，交通枢纽的吸引力受枢纽分支线的数量和分支线上农产品和制成品的运输成本影响。动态模拟可以揭示这一影响过程：当 $k = 1$ 时，经济体为"Y"形经济，这时的交通枢纽区位（分岔点 $b$）市场潜力很小，形成城市的可能性很小（图4.2 - 2 中的 A 图）；当 $k = 2$ 时，经济体为"十"字形经济，这时交通枢纽区位（分岔点 $b$）的市场潜力有所增强，交通枢纽区位对劳动力的吸引力取决于劳动力分布参数 $N$，$N$ 值越大，市场潜力曲线越高（图4.2 - 2 中的 B 图），交通枢纽形成城市的聚集力越强；当 $k$ 增加到 3 和 4 时，经济体为星状经济，这时交通枢纽（分岔点 $b$）的市场潜力很强，厂商对于在交通枢纽投资建厂有很强的意愿，因为此时在交通枢纽建厂不仅有巨大的市场潜力（后向关联），而且有大量的原材料和生产要素供给

---

① 以上空间经济学在分析交通枢纽的地位时，采用的是在区域科学的基础——乘数分析——上发展的启发式的方法，这种方法在预算约束和市场结构的处理方面有待完善，但仍然是目前最前沿的研究方法。

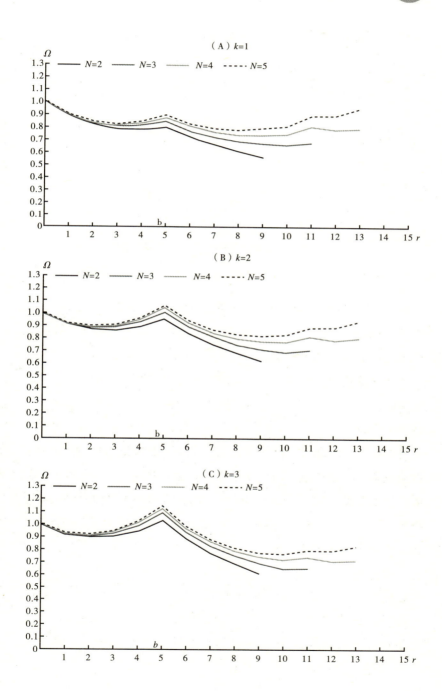

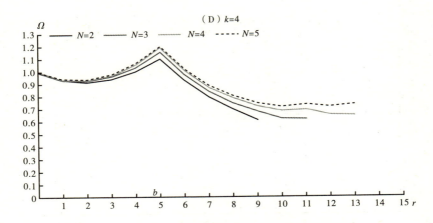

图 4.2 - 2　分支线数量对枢纽城市稳定性的影响

参数设置：$T^M = 2.2$，$T^A = 2$，$\sigma = 4$（$\rho = 0.75$），$\mu = 0.5$，$b = 0.5$。

保障（前向关联），还有销售制成品的运输成本优势，图 4.2 - 2 中的 C 图和 D 图显示了在即使劳动力分布稀疏的情形下，交通枢纽仍然对劳动力具有吸引力。

　　交通路况对枢纽城市的形成和规模亦具有显著影响。在分支线很多的情况下（如 $k = 4$），高运输成本使交通枢纽形成城市的可能性更大，图 4.2 - 3 中的 A 图和 C 图在分岔点 $b$ 的极值高于 B 图和 D 图中分岔点的极值，但规模会比较小，产业聚集力相对较弱。低运输成本会使交通枢纽城市的聚集力增强，图 4.2 - 3 中的 B 图和 D 图的市场潜力曲线低于 A 图和 C 图，表明在相同的经济体中，降低运输成本会增强枢纽城市的市场潜力，从而增强对厂商的吸引力，会壮大城市经济规模。

　　通过模拟分析可以看出，在不改变边疆省份现有道路等级和运输便利性的情况下，增加城市之间和境外城市的互联互通，从而增加枢纽城市的交通支线，有利于枢纽城市的形成，目前边疆省份尤其是西部边疆省份的铁路建设还严重滞后，加快边疆省份的铁路建设，是扩大沿边开放，加快边疆地区经济发展

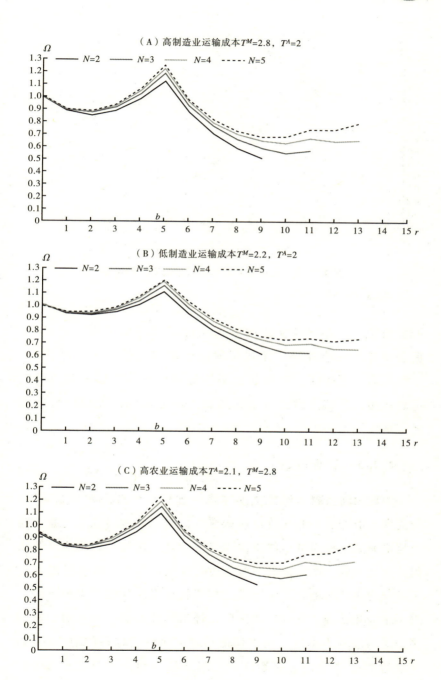

（A）高制造业运输成本$T^M$=2.8，$T^A$=2

（B）低制造业运输成本$T^M$=2.2，$T^A$=2

（C）高农业运输成本$T^A$=2.1，$T^M$=2.8

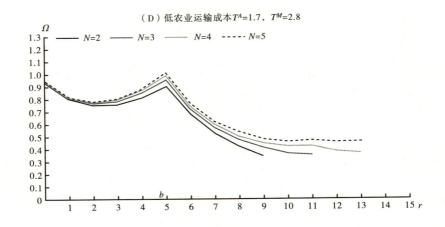

图 4.2 - 3　运输成本对枢纽城市稳定性的影响

参数设置：$\sigma = 4$（$\rho = 0.75$），$\mu = 0.5$，$b = 0.5$，$k = 4$。

的紧迫任务。在不改变边疆省份现有交通网络结构的情况下，提高现有道路的等级，尤其是加快边疆省份的高速公路建设，增强运输和便捷性，对目前边疆省份的枢纽城市的聚集力具有重要作用，是扩大沿边开放、加快边疆地区经济发展的重要途径。

### 4.2.3　实证检验

中国内陆边疆地区的交通网络远远落后于沿海等其他地区。交通网络的滞后不但导致枢纽城市少，而且枢纽城市的交通支线也比沿海地区枢纽城市的支线少得多。基于历史、自然地理等原因，东北边疆、西北边疆和西南边疆的交通网络和城市发展有巨大差异。东北边疆在新中国成立初期就在当时苏联的支援下建立起了工业化基础，是当时我国国民经济建设的老工业基地，是我国交通网络较为发达、人口稠密和城市化程度较高的边疆区域。西北边疆受沙漠、戈壁等自然地理条件制约，处于"爱辉—腾冲"人口分界线<sup>①</sup>的西北部，地广人稀、交通网络不发达，城市发展慢。西南边疆虽然处于"爱辉—腾冲"人口分界线的东南部，人口稠密，但高山峡谷的自然地理特征使交通基础设施建设成本高，技术难度大，整体上西南边疆交通网络严重滞后，城市化进程相对缓慢。

实施沿边开放战略以来，国家不但持续推进从陆路进入周边国家的出境通道的建设，而且支持边疆省份加快连接毗邻省区的交通基础设施建设，边疆省份的交通网络在不断改善，这种改善既形成了新的交通枢纽，也使原有交通枢纽的向外放射状交通支线不断增加。交通枢纽、交通节点上支线的增加导致市场潜力扩大，使枢纽城市对聚集要素进而吸引厂商进入的动力进一步增强。空间经济理论模型显示，即使没有禀赋差异，市场潜力也能发挥一种形成经济活动的内部空间分配的作用力。下面随机选取内陆边疆 8 省区<sup>②</sup>的 67 个城市为对象，检验市场潜力和交通支线对枢纽城市聚集力的影响。由于各城市的周边城市数不一致，边疆城市的市场潜力采用哈里斯（Harris，1954）市场潜力函数的变形形式计算，即：

$$y_{i,J} = \frac{Y_i}{\sum_i d_{ij} / J}, \qquad j \in J, \qquad (3.2-15)$$

这里 $y$ 表示市场潜力，$i$ 和 $j$ 表示地区，$Y$ 表示经济规模，$d$ 表示双边的公路运输距离，<sup>③</sup> $J$ 表示一组相邻的城市，地区经济规模用

---

① 爱辉—腾冲人口分界线。由东北至西南，从黑龙江黑河（原瑷珲、爱辉）到云南腾冲做一直线，就是我国的人口地理分界线，由地理学家胡焕庸于 20 世纪 30 年代提出，故又称胡焕庸线。以此线为界，东南半壁占国土面积的 42.9%，人口占 94.4%，西北半壁占国土面积的 57.1%，而人口仅占 5.6%。爱辉—腾冲线基本上和我国 400 毫米等降水量线重合，两边地理、气候迥异，所以它不仅是我国人口民族的地理分界线，也是我国自然地理分界线。

② 这 8 个省份分别是广西壮族自治区、云南省、西藏自治区、新疆维吾尔自治区、甘肃省、内蒙古自治区、黑龙江省、吉林省。

③ 某个城市与周边城市的运输距离通过中国机动车网（http://www.jdcsww.com/tools/other/selmile.asp）全国公路里程查询系统查询获得。

地区生产总值或三次产业增加值来体现。

各城市的交通分支线是综合考虑了省道、国道、高速公路、铁路情况进行整理得到的数据,[①] 航空因素作为虚拟变量反映。以各城市的 2011 年年底人口数为因变量反映各城市的要素聚集程度。回归模型如下:

$$(pop)_i = \beta_0 + \beta_1 y_{i,J} + \beta_2 k_i + \beta_3 Dum_i + \varepsilon_i \qquad (3.2-16)$$

估计结果呈现在表 4.2-1 中。就边疆城市规模而言,经济总量市场潜力增长 10%,城镇人口聚集增长 5.4%,而交通枢纽增加支线系数 1 个单位,会使城市聚集力增强 1.2%;在估计中,边疆城市是否有机场对于城市人口聚集并没有显著影响;从第二、第三产业的市场潜力影响方面看,第三产业的市场潜力影响强于第二产业。

表 4.2-1 市场潜力回归结果

| 因变量 | 城镇人口 | | | |
|---|---|---|---|---|
| | (1) | (2) | (3) | (4) |
| 地区生产总值市场潜力 | 0.538 *<br>(0.062) | | | |
| 第二产业市场潜力 | | 0.392 *<br>(0.062) | | 0.027<br>(0.100) |
| 第三产业市场潜力 | | | 0.544 *<br>(0.064) | 0.517 *<br>(0.119) |
| 交通支线系数 | 0.121 *<br>(0.097) | 0.250 *<br>(0.109) | 0.135 *<br>(0.098) | 0.131 *<br>(0.100) |
| 虚拟变量 | 0.165<br>(0.138) | 0.136<br>(0.161) | 0.126<br>(0.140) | 0.131<br>(0.142) |
| 观察值 | 67 | | | |
| R 平方值 | 0.78 | 0.70 | 0.77 | 0.77 |
| 调整后 R 平方值 | 0.77 | 0.69 | 0.76 | 0.75 |
| F 统计量 | 72.83 | 48.99 | 70.09 | 51.81 |

注:括号内是标准误差;＊表示5%水平上统计显著。

---

[①] 数据通过 2013 年中国公路交通地图（http://www.gonglujiaotong.com）查询整理而得。

在中国边疆城市中交通支线最多的是吉林省的长春市，有 5 条高速公路、3 条国道、4 条省道和 4 条铁路向外辐射，折算的交通支线系数为 28.2（见表 4.2 - 2），是边疆省份中支线最多的交通枢纽，产业聚集力和人口聚集力强，2011 年第二产业增加值达到2092.73 亿元，第三产业增加值为 1620.22 亿元，人均生产总值达到 52649 元，是沿边开放中交通枢纽功能最强的城市；其次是黑龙江省的哈尔滨市，有 5 条高速公路、1 条国道、3 条省道、5 条铁路向外辐射，折算的交通支线系数为 26.9，交通支线多，产业和人口聚集力也强，2011 年第二产业增加值达到 1647.18 亿元，第三产业增加值达到 2147.79 亿元，人均生产总值达到 42736 元，也是沿边开放中交通枢纽功能很强的城市；西藏自治区受自然条件的制约，交通非常不便，即使在开通了青藏铁路的情况下，拉萨市仍然是边疆省份中交通支线系数最小的城市，拉萨目前尚无高速公路，有 3 条国道、1 条省道和 1 条铁路向外辐射，所以支线系数仅为 4.3，只有昆明的 20%，因此产业聚集力和人口聚集力都很弱，2011 年底，人口仅有 55.9 万人，第二产业增加值为 75.21 亿元，第三产业增加值为 136.89 亿元。

表 4.2 - 2　中国边疆省份枢纽城市的支线与城市规模

| 枢纽城市 | 交通支线系数 | 年底人口数（万人） | 第二产业增加值（亿元） | 第三产业增加值（亿元） |
|---|---|---|---|---|
| 长春市 | 28.2 | 761.77 | 2092.73 | 1620.22 |
| 哈尔滨市 | 26.9 | 993.27 | 1647.18 | 2147.79 |
| 南宁市 | 25.1 | 666.161 | 829.61 | 1076.28 |
| 昆明市 | 20.3 | 648.64 | 1161.18 | 1214.57 |
| 呼和浩特市 | 16.8 | 291.19 | 789.988 | 1277.83 |
| 乌鲁木齐市 | 12.6 | 249.35 | 759.060 | 908.91 |
| 拉萨市 | 4.3 | 55.9 | 75.21 | 136.89 |

资料来源：第二列根据附表 6 计算，其他列取自各省 2012 年统计年鉴。

实证分析表明，就目前边疆省份已经形成的交通枢纽城市而言，加快交通基础设施建设步伐，尤其是增加到其他城市的交通支线，提高向外辐射的道路等级，对枢纽城市的聚集力具有重要影响。目前边疆省份的交通基础设施还需要在国家的支持下加快建设，才能真正确立边疆省份尤其是枢纽城市在中国向西开放、向西南开放、向东北开放中的桥头堡、枢纽、高地和基地的战略地位。

### 4.2.4 基本结论

交通枢纽具有运输成本最小化和市场潜力最大化的区位优势，对厂商具有选址驱动力，因而交通枢纽更容易形成城市，交通支线的增加和运输成本的下降会强化枢纽城市的聚集机制。随着中国内陆边疆省份交通基础设施建设的深入和出境通道的陆续建成，边疆城市的交通支线不断增加，交通枢纽地位不断增强。动态模拟和实证分析均表明，在沿边开放即市场边界扩大的情况下，交通支线越多，枢纽城市的市场潜力越大，产业聚集力越强，提高道路等级而降低运输成本也具有同样的效应。因此，进一步支持边疆省份加快交通基础设施建设，是提升沿边开放水平，强化这些地区作为中国向西、向西南、向东北开放的桥头堡和枢纽站的地位，实现边疆经济繁荣并辐射带动周边国家经济发展的重要基础。

国家提出要全面提升开放型经济水平，在内陆边疆到周边国家的出境大通道建设不断推进的形势下，要求边疆省份在我国向西、向西南、向东北开放中发挥桥头堡、枢纽站、新高地和基地的战略作用。地理学、城市经济学等理论阐述了交通枢纽对城市形成的促进作用，而空间经济理论则模型化地揭示了交通枢纽对城市区位的影响，运输成本最小化和市场规模最大化的厂商区位选择原则，决定了交通枢纽具有形成城市的内在动力。前面部分通过抽象化的市场潜力模型揭示出，交通枢纽是否会形成枢纽城市取决于交通支线和运输便利化的程度。动态模拟分析也表明，交通支线越多，单中心经济体越稳定，枢纽城市越容易形成，枢纽城市所面对的市场潜力也越大，聚集力也就越强；而交通便捷性越强，运输成本越低，枢纽城市的聚集力也越强。我国边疆省份的交通枢纽城市最突出的特征是以省会城市为主，东北边疆的长春市和哈尔滨市具有较强的枢纽效应，导致产业聚集力强，西北边疆和西南边疆省份的省会城市由于交通支线数少，交通便捷性差，产业聚集力相对较弱。

因此，沿边开放扩大了线状经济体的市场边界，枢纽城市具有增强产业聚集力的潜在优势，加快枢纽城市与其他城市和境外城市的互联互通，连接断头路，加快铁路建设等，具有增加交通支线的产业聚集效应，国家应给予支持并加快推进。在枢纽城市已经形成的情况下，提高道路等级，尤其是加快高速公路建设步伐，具有降低"冰山"运输成本的产业聚集效应，国家也应给予支持并加快推进。只有通过以上两个方面的建设，才能切实提升沿边开放的水平和成效。

总之，进一步支持边疆省份加快交通基础建设，是提升沿边开放水平，强化边疆作为中国向西、向西南、向东北开放的桥头堡和枢纽站的地位，实现边疆经济繁荣，辐射和带动周边国家经济发展的重要基础。

## 4.3 中国沿边桥头堡经济中心形成机制

中国的沿海开放造就了深圳、珠海、厦门等若干沿海桥头堡经济中心，这些桥头堡经济中心是在向国内聚集生产要素（劳动力）和向国外聚集厂商的过程中形成的，这些桥头堡经济中心对带动中国内地走向国际市场发挥了重要作用。未来的沿边开放也将能够形成若干边疆桥头堡经济中心，在未来中国的内陆沿边开放中发挥带动周边国家走向中国内陆市场的重要作用，并且形成机制将不同于沿海桥头堡经济中心，将在向内聚集厂商和向外扩散产业过程中形成。

### 4.3.1　沿海桥头堡经济中心形成的经验

实施沿海开放时的中国处于劳动力无限供给但生产技术短缺、厂商短缺和外汇短缺的状态，在沿海港口创造与国际接轨的制度环境，利用国内的劳动力优势吸引发达国家厂商进驻，发展出口加工业，成为最优模式。这些地区在聚集国内生产要素和聚集国外厂商的过程中形成了沿海桥头堡经济中心。

区位地理学家和城市经济学家 Mills（1972）、Goldstein 和 Moses（1975）、Schweizer 和 Varaiya（1976、1977）等人在传统区位理论和新古典贸易理论基础上建立和发展的传统港口城市模型，论证了具有便利运输网络的高质量港口在出口最终产品和进口其他地区产品上的便利，导致了港口城市的形成。[①] 从空间经济理论看，中国选择率先实施沿海开放，是由于港口城市一旦形成聚集，就会形成锁定效应，比内陆地区更容易形成增长中心。在海运条件便利的沿海口岸设立的出口加工区吸引了大量的外国资本、技术流入在沿海口岸设厂，导致沿海口岸的出口加工区、高新技术产业开发区、保税区等增长极的快速成长，带动了沿海经济带的快速发展。

以深圳为例，深圳作为中国对外开放的窗口和体制改革的试验区而设立的经济特区，具有探索、实践的性质，具有"试验成功就在全国推广，试验失败就关闭"的思想。深圳形成沿海开放桥头堡经济中心的条件主要有两个。

一是吸引港澳等地的厂商聚集。香港是深圳崛起的关键因素。深圳特区的设立主要是为了吸引香港、澳门的资本、技术和管理经验，探索建立社会主义市场经济体制，为其他地区的改革开放提供

---

① Schweizer, U. and P. Varaiya, The Spatial Structure of Production with a Leontief Technology - Ⅱ: Substitute Techniques, *Regional Science and Urban Economics* Vol. 7, (1977), p. 294.

发展经验。实践结果也确实如此，以港澳地区资本为主的外资大量流入。1981年深圳特区实际利用外资占总投资的86.47%，1985年提高到88.49%，1990年提高到91.90%。这个时期外资企业的主要作用是促使经济特区营造有利于外资企业发展的经济管理运行机制和体制环境，使国内其他地区的改革开放可以借鉴和参考。深圳经济特区设立之初就明确了发展外向型经济的思路，而深圳的外向型经济发展是依靠香港实现的。

当时中国的开放离国际准则和规范还相距甚远。政府对国内市场控制严格，对外商投资的产业领域也实行严格的控制，并规定了外资企业产品的内外销比例。深圳则不同，作为中国对外开放的"窗口"和最开放的地区，享有国家规定的许多特殊优惠政策。深圳特区一开始便坚持"建设以引进外资为主，所有制结构以中外合资、合作经营企业和外资独资企业为主，产业结构以工业为主，产品以出口外销为主"，特区的经济活动以国际市场调节为主，对外商在税收、土地使用及出入境等方面实行优惠政策和灵活措施，吸引了大量的港澳资本和其他外资，成为推动特区经济发展的重要力量。这是推动深圳在20世纪80年代迅速发展的一个重要因素。

二是向内聚集劳动力这一重要生产要素流入。根据相关学者的研究，在1985～1990年深圳的经济增长中，劳动力贡献达到34.0%，技术进步的贡献达到31.8%。1990～1995年深圳的经济增长中，劳动力的贡献达到61.8%，技术进步的贡献为5.9%（沈建法，1999）。从这些测算结果可以看出，深圳率先推进的市场经济体制吸引了国内大量的技术工人和农村剩余劳动力转移到深圳就业，人力资本聚集成为20世纪90年代深圳经济增长的主要动力。

当时的深圳作为中国经济与世界经济联结的重要枢纽，也是国际市场进入中国的中介和窗口。这个时期的国内有关部门和企业纷纷到深圳设立办事机构，寻求开拓国际市场的机会，全国绝大部分大型企业在特区设有公司或联营企业。这些部门或企业通过特区这个窗口，学习先进的管理经验，引进技术和资金，扩大商品出口，促进了内地的发展。这种国内厂商选择到边缘区——深圳——设厂，也给深圳带来了人才、资金和商业机会，成为推动深圳发展的又一重要力量。

中国沿海桥头堡经济中心形成后，增长极的扩散效应开始出现。增长极理论认为，增长极的扩散效应缘于以下因素：第一，周边区域农业部门中潜在的隐蔽性失业劳动力向"增长极"迁移并就业，一部分资金以汇款形式从增长极向周边区域扩散（这与永久性迁移人口和季节性劳工所产生的效应不同）。第二，增长极的发展和人口的增多形成对农副产品和原材料（包括厂房建筑所需材料以及企业生产的投入原料）以及若干消费品的高需求，从而形成对周边区域相应部门的生产刺激，使其扩展规模，形成规模经济，并进一步形成乘数效应，使区域经济趋于繁荣。第三，增长极内若干企业经营所得的利润进行再投资，若其中一部分流向周边区域中的某一区位，就可形成由增长极向周边区域的投资扩散。第四，信息和新的革新思想从增长极向周边区域传播，使周边区域的人口文化素质得以提高。

在中国的沿海开放中，对香港的开放导致了桥头堡经济中心——深圳——的形成，对澳门的开放导致了桥头堡经济中心——珠海——的形成，之后进一步带动珠三角区域从单中心向多中心扩展；对亚太地区的开放增强了上海作为增长中心的地位和功能，之后进一步带动长三角区域从单中心向多中心扩展；对日本、韩国等东北亚国家的开放导致大连等城市作为桥头堡经济中心的地位和功能得到提升，促进了环渤海经济圈的多个增长中心的形成；一直都在积极推进的对台湾开放，导致了桥头堡经济中心——厦门——的形成，并进一步带动闽南三角地区从单中心向多中心扩展。而这些沿海桥头堡经济中心向外围地区的扩散正在不断显现出效果，表现为深圳向整个珠三角区域的扩散与传导；上海向长三角区域以及安徽、江西等邻近的中部省份的扩散与传导，扩散的结果是产业的转移、外资的转移和外围地区在为增长中心的产业进行配套中获得新的发展空间。

### 4.3.2　边缘区报酬递增区域的形成

报酬递增之所以成为空间经济学的基本假设，是因为其已被经济学家们长期研究所证明。区域科学认为，生产活动的报酬递增是聚集的必要条件。市场区域是产生于纯经济力量的相互作用，聚集力的益处在于专业化和大规模生产，分散力的益处在于较低的运输费用和多样化的产品（Losch，1940；1954）。递增报酬在现实经济中确实存在，而且市场不完全竞争性在报酬递增区域变得更加明显，正是递增报酬下的垄断竞争导致了空间经济的高度集中（汉森，2000）。自然起作用的生产表现出报酬递减的倾向，而人起作用的生产显示出报酬递增的倾向；劳动和资本的增加导致组织优化，这又会提高劳动力和资本的使用效率，而知识是生产中最有力的发动机，因而规模效应带来的报酬递增可能是外部的或内部的（马歇尔，1956）。产业的不断分工和专业化是报酬递增得以实现的原因（Allyn J. Young，1928），[1] 专业人力资本是报酬递增的源泉，基础教育的高回报说明它是导致经济增长的报酬递增的一种源泉（Theodore W. Schultz，1970）。[2]

城市就是一个报酬递增的区域，因此，经济学家、地理学家和历史学家都把"报酬递增"作为考虑城市出现的一个最为关键的因素，[3] 这就是虽然有经验证据显示大城市的生活成本明显高于小城市，但公司和家庭仍然聚集到大城市的原因。城市中充满技术的

---

① 阿林·杨格、贾根良：《报酬递增与经济进步》，《经济社会体制比较》1996 年第 2 期。

② 西奥多·W. 舒尔茨：《报酬递增的源泉》，北京大学出版社，2005。

③ 藤田昌久、蒂斯：《聚集经济学》，西南财经大学出版社，2004。

外部性（Anas et al. 1998），而这种外部性正是经济聚集的关键性因素，它会产生锁定效应（A. Marshall，1890；1920）。城市对于社会交往的发展而言就是一种理想的制度，具有交流的外部性。与他人交流并交换思想进而获取愉悦，是人类基本的特性，与他人相互影响的倾向也是人类基本的特性，交流的外部性使经济生活与艺术和科学一样具有创造性（Masahisa Fujita，1998）。在一个具有中间产品的两部门经济中，当中间产品运输成本比较高时，两个部门都聚集在城市，形成综合性城市，当中间产品运输成本比较低时，中间部门会集中在城市，而最终产品部门，会部分集中在城市，其他分散在农村为当地居民提供现代部门产品，形成分工型城市（Masahisa Fujita，1999）。对于综合性城市，人口的增长不影响空间经济的均衡分布，也不会导致新城市的产生，而会导致城市的增长以及更大的农业区域的出现；对于分工型城市，人口增长如果使市场潜力函数超过临界值，就会导致新城市的形成（藤田昌久、克鲁格曼等，1997）。

如果边疆城市出现在大通道与大路桥上的交通枢纽和运输节点处，那么，要素会倾向于向报酬递增的区域——边疆城市——聚集。而沿边开放会导致一些边境口岸城市出现，它们也能够成为要素聚集的报酬递增区域，然后逐步成长为边疆桥头堡经济次中心。

### 4.3.3　创新部门的作用

城市由于其自身的聚集力（尤其是技术创新、社会进步、专业化以及现代部门的聚集），往往被看作经济增长的发动机。因此，虽然从国家层面上常常将某个完整的行政区列为对外开放的桥头堡，但桥头堡经济中心仍然是其中具有产业聚集力的城市。

作为边疆区域，桥头堡经济中心的形成，可能是多种因素的结果，如某种地缘经济与地缘政治在某个时期凸现而导致某些边疆城市的繁荣，但要形成能够可持续发展的桥头堡经济中心，创新部门的作用不可忽视，其内在机理是创新对产品差异化的作用。藤田昌久和蒂斯在规模报酬递增、不完全竞争市场的基础上，通过综合克鲁格曼的"中心—外围"模型与格罗斯曼—赫尔普曼—罗默的具有产品差异性的内生增长模型，构建了一个假设只有两个地区，但添加了一个研发部门的内生增长模型，通过分析两种生产要素——熟练技术工人和非熟练技术工人——的区际流动，探讨聚集与区域经济增长的动力机制。① 得出的结论是，用产品数量的变化来测度的增长率，随着熟练技术工人的空间分布而变化，即经济增长取决于创新部门在区域间的空间组织状态，若创新部门都聚集到一个区域内，产品的种类将以最快的速度增长，而当创新部门完全分散时，产品种类的增长速度将降到最低。对于任意给定的函数 $k$（·），这种增长速度的大小取决于熟练技术工人的空间分布，而熟练技术工人的迁移取决于该区域的熟练技术工人一生的工资形成机制和总效用。当专利流动的成本为零，即任何地方都可以得到生产新产品的技术或者是一个区域发明的专利在另一个区域使用时不用进行任何调整的情况下，生产将集中在核心区域。对于边疆省份而言，能够承接技术转移的区域是非常有限的，熟练技术工人集中在城市，对技术有需求的产业也集中在城市，因此，通过创新部门的培育能够保持边疆桥头堡经济中心的持续发展。

综上所述，聚集往往发生在城市，因为城市是报酬递增的区域，报酬递增的源泉是专业化的人力资本、技术创新和外部性，创新部门的聚集将促使生产以最快的速度增长。因此，针对周边国家的经济发展阶段、产业结构特点，给予中国边疆地区加快发展的制度条件，营造适合中国内陆边境形成边缘经济增长中心的体制、环境和政策，缩减边界的屏蔽效应，促使边界发挥中介效应，是中国

---

① 藤田昌久、蒂斯：《聚集经济学》，西南财经大学出版社，2004。

边境地区发挥区位优势，培育报酬递增区域和边缘经济增长中心，之后逐步向外围扩散、传导，最终实现边疆与内地均衡和协调发展的有力保障。

## 4.4　桥头堡经济中心的产业扩散

桥头堡经济的扩散，是对周边国家的产业扩散，即通过产业扩散利用周边国家相对较低的流动要素和特定要素的成本，进口资源初加工产品，形式为对外直接投资。中国与周边国家的发展阶段差异和产业梯度，决定了中国边疆省份在服务于我国内陆沿边开放进程中具有产业扩散基地的作用，桥头堡经济中心承担这种扩散功能。中国边疆与周边国家的次区域国际经济一体化进程只体现为降低边界效应而不体现为劳动力流动障碍的消解。随着资源稀缺性的增强，周边国家也增强了特定要素的出口限制，吸引外国直接投资是周边国家的对外开放取向。

### 4.4.1　跨国产业扩散机制

空间经济理论基于"要素价格均等化"这一国际贸易理论中的标准观点，通过构建一个多国产业模型，推演出经济发展进程与跨国产业扩散的内在机制和一般规律，它适用于中国边疆桥头堡经济中心的产业扩散。空间经济理论认为，在一个偏好、技术和禀赋等方面基本相同的多国多产业世界中，国家间的工业化进程并不是整齐划一的，而是沿着一系列波状的轨迹向前推进的。当一个国家建立的工业规模达到临界点时，各个国家都依次经历了快速的工业化进程。工业化的成功会导致工资上涨，最终为工业向另一国的扩散铺平道路。其扩散遵循如下机制和规律。

（1）若将产业划分为不同劳动密集程度的产业，则劳动密集程度最高的产业最先离开先行工业化国家，依次扩散到不同工业化程度的国家。这一过程也可能是不连续的，后扩散的、劳动密集度低的产业也可能比先扩散的劳动密集度高的产业更迅速地进入别国，这反映了工业化进程加速的现象。

（2）若将产业划分为上游产业和下游产业，则往往是最上游的产业最先扩散，因为上游产业很少使用制成品作为中间产品。这些产业所享受的前向关联较弱，这意味着上游产业会最先与聚集地分离，上游产业创造的前向关联也最强，因此可吸引其他产业的厂商进入。

（3）若将产业划分为不同关联强度的产业，则往往是产业关联最弱的产业最先扩散，关联最强的产业最后扩散。它揭示了新型工业化国家在形成成熟的贸易模式以前，要经历从农产品的净出口国到制成品净出口国的过渡阶段。然而，对于工业化程度低的国家而言，廉价的劳动力优势比产业关联强度对厂商更有吸引力。

以上产业扩散的内在动力是工业化先行国家的生产和工资一直大幅上升，而产业扩散过程则是通过厂商的空间选择（对外直接投资）实现的。各国发展的典型模式都是先生产出某些产品，然后把这些产业让渡给紧随其后的国家，自己向"高级产业"（upscale）转移。产业扩散的速度则取决于冰山运输成本和贸易成本下降的幅度，交通基础设施的改善和国际经济一体化进程的加快，会在产业扩散的国家之间形成专业化模式，从而形成具有强烈地域性聚集、专业化分工和关联性特征的跨国产业集群。

## 4.4.2　扩散的周边基础

周边国家虽然发展阶段各异，整体上落后于中国，但都已进入工业化进程，与中国的产业梯度形成了中国边疆桥头堡经济中心产业扩散的基础。

周边国家大多处于工业化前的准备阶段和经济起飞前的准备阶段，发展工业化所需的资金、技术和人才都严重不足，过去一直依靠国际援助建设基础设施，改善生产生活条件。在中国的影响下，周边国家加快了对外开放、招商引资的步伐。中国经济的持续快速增长和对外开放模式对周边国家产生了积极影响，许多周边国家模仿中国的发展模式，制定了招商引资政策，吸引中国企业去投资，有的国家积极推进边境地区与中国接壤区域的经济一体化，接受中国经济增长的辐射和带动。

经济发展理论一般将人均国民收入或人均 GDP 和三次产业结构作为衡量一国经济发展阶段的指标。从周边国家的人均 GDP 和三次产业结构可以大致判断其发展阶段。

位于中国西南的大湄公河次区域国家中，泰国发展阶段最高，2011 年泰国的人均 GDP 达到 5394 美元（现价），比中国的人均 GDP（5414 美元）略低，泰国的三次产业结构从 2002 年的 9.4∶42.4∶48.1 转变为 2011 年的 12.4∶41.2∶46.5，表明泰国已经进入工业化中后期。越南 2011 年的人均 GDP 为 1327.49 美元，比中国低 4086.5 美元，越南的三次产业结构从 2002 年的 23.0∶38.5∶38.5 转变为 2011 年的 22.0∶40.8∶37.2，越南第二产业比重相对较高，表明越南的工业化程度相对较高，进入工业化初期阶段，但整体上低于中国。缅甸 2010 年的人均 GDP 为 839.48 美元，缅甸的三次产业结构从 2002 年的 54.5∶13.0∶32.5 转变为 2010 年的 36.4∶26.0∶37.6，农业比重下降了 18%，工业比重上升了 13%，反映出缅甸开始进入工业化前的起飞准备阶段。老挝 2011 年的人均 GDP 为 1112.23 美元，三次产业结构从 2002 年的 42.7∶19.5∶37.8 转变为 2011 年的 30.8∶34.7∶34.5，农业比重下降了 12%，工业比重上升了 15%，反映老挝开始进入工业化前的起飞准备阶段。柬埔寨 2011 年的人均 GDP 为 981.15 美元，三次产业结构从 2002 年的 32.9∶25.6∶41.5 转变为 2011 年的 36.7∶23.5∶39.8，反映出还未进入工业化进程。缅甸、老挝、柬埔寨是发展阶段最低的国家，人均 GDP 不足 1200 美元，缅甸、老挝和柬埔寨的第二产业比重还很低，还处于典型的农业社会阶段，是典型的农业小国。

位于中国西南的南亚次大陆国家中，2012 年，国土面积最大、人口最多的印度人均 GDP 达到 1500 美元，比中国 2011 年的人均 GDP 低 3914 美元，三次产业结构从 2002 年的 20.7∶26.2∶53.0 转变为 2011 年的 17.5∶26.7∶55.7，产业结构变化不大，服务业为主，工业不发达，经济结构特殊，能够与中国形成较强的产业互补，形成中国对印度的制造业扩散和印度对中国的软件信息服务业扩散。巴基斯坦 2011 年的人均 GDP 是 1201 美元，比中国低 4213 美元，三次产业结构从 2002 年的 23.4∶23.9∶52.8 转变为 2011 年的 21.6∶24.9∶53.4，产业结构变化不大，处于工业化初期阶段。孟加拉国 2011 年的人均 GDP 是 678 美元，比中国低 4736 美元，三次产业结构从 2002 年的 22.7∶26.4∶50.9 转变为 2011 年的 18.3∶28.2∶53.5，长期处于工业化初期阶段，但良好的港口优势使其具有发展转口贸易的潜力。斯里兰卡 2011 年的人均 GDP 是 2877 美元，比中国低 2537 美元，三次产业结构从 2002 年的 14.3∶28.0∶57.7 转变 2011 年的 12.1∶29.9∶58.0，处于工业化初期阶段。

位于中国西北的中亚国家中，俄罗斯 2011 年的人均 GDP 是 12993 美元，比中国高 7579 美元，三次产业结构从 2002 年的 6.3∶32.8∶60.9 转变为 2011 年的 4.3∶37.0∶58.7，工业比重有所提高，农业和服务业比重有所下降。俄罗斯作为经济转型的新兴经济体，属于"金砖国家"，不但历史上形成了较强的制造业生产体系，而且资源丰富，能够在原材料工业等领域对中国的产业扩散形成很好的承接基础。哈萨克斯坦 2011 年的人均 GDP 是 10694 美元，比中国高 5280 美元，三次产业结构从 2002 年的 8.6∶38.6∶52.8 转变为 2011 年的 5.5∶40.2∶54.3，处于工业化后期阶段，哈萨克斯坦已达到发达国家水平。乌兹别克斯坦 2011 年的人均 GDP 是 1572 美元，比中国低 3842 美元，三次产业结构从 2002 年的 34.3∶22.0∶43.7 转变为 2011 年的 18.9∶32.6∶48.3，农业比重下降了 15.4%，工业比重上升了 10.6%，反映出工业化进程加快的特征。吉尔吉斯斯坦 2011 年的人均 GDP 是 900 美元，三次产业结构从 2002 年的 37.7∶23.3∶39.0 转变为 2011 年的 18.6∶30.8∶50.6，农业比重大幅度下降，工业和服务业比重快速上升，反映出进入工业化准备阶段的特点。塔吉克斯坦 2011 年的人均 GDP 是 1070 美元，比中国低 4344 美元，三次产业结构从 2002 年的 24.7∶39.4∶35.9 转变为 2011 年的 19.9∶22.1∶51.3，工业比重的大幅度下降体现出自身的特殊性。土库曼斯坦 2011 年的人均 GDP 是 4658 美元，比中国低 756 美元，三次产业结构从 2002 年的 22.0∶42.4∶35.6∶转变为 2011 年的 14.5∶48.4∶37.0，处于工业化中期阶段。从人均 GDP 看，吉尔吉斯斯坦则可算是世界上最贫穷国家，其人均 GDP 水平甚至低于缅甸、老挝、柬埔寨等东南亚最不发达国家。

　　位于中国东北的东北亚国家①中，接壤国家蒙古国 2011 年的人均 GDP 是 3042 美元，比中国低 2372 美元，三次产业结构从 2002 年的 21.5∶25.6∶52.9 转变 2011 年的 14.5∶36.3∶49.2。蒙古国农业和服务业比重的下降及工业比重的提高，反映出其工业化进程加快，进入工业化初期阶段。我国毗邻国家韩国 2011 年的人均 GDP 是 22778 美元，比中国高 17368 美元，三次产业结构从 2002 年的 4.0∶36.2∶59.8∶转变为 2011 年的 2.7∶39.2∶58.1，处于后工业化时代，服务业发达的发展阶段。毗邻国家日本 2011 年的人均 GDP 是 45920 美元，比中国高 40506 美元，三次产业结构从 2002 年的 1.5∶29.0∶69.6∶转变为 2011 年的 1.1∶26.2∶72.7，处于后工业化时代，服务业高度发达的发展阶段。俄罗斯与中国东北接壤的是远东地区，人口稀少，但资源丰富，开发程度低。

　　从以上数据和对发展阶段的大致判断可以看出，周边国家已经大部分进入工业化进程，具备中国向其扩散产业的基础和条件。我

————————

　　①　朝鲜因统计数据缺乏而没有反映。

国在工业化初期和中期阶段所形成的产业优势和对外投资能力，成为中国对周边国家进行投资和产业扩散的基本前提。中国陆地周边国家具有很强的差异性，但西南边疆境外的东南亚和南亚、西北边疆境外的中亚和东北边疆境外的东北亚三大次区域，各自在资源禀赋和产业成长等方面又具有一定的共性特征，能够与中国合作形成一些产业集群。

### 4.4.3 我国向周边产业扩散的态势

我国对周边国家的直接投资 2003 年以后增速加快，但仍处于初步发展阶段。到周边国家进行直接投资的中国企业主要是我国已经形成技术优势的纺织、家电、电子、矿业等产业。周边国家的政治环境各不相同，差异性大，但都出台了鼓励外国直接投资的政策和法规。周边国家自然资源丰富，但以低收入国家居多，市场规模小。因此，针对不同发展水平的周边国家进行投资会具有不同的目标导向，对高收入国家的直接投资是为了寻求技术，对中等收入国家的投资是为了寻求市场，对低收入国家投资则主要是为了寻求资源。

联合国贸易和发展组织发布的《2013 年世界投资报告》称，中国在 2012 年的对外直接投资创下了 840 亿美元的历史纪录，已成为世界第三大对外投资国。2011 年末，中国对外投资存量的 71.4% 在亚洲地区，投资存量为 3034.3 亿美元，主要分布在中国香港、新加坡、哈萨克斯坦、中国澳门、缅甸、巴基斯坦、蒙古国、柬埔寨、印度尼西亚、韩国、日本等地，其中中国香港占 61.6%，达到 2615.19 亿美元。中国对 6 个周边国家的投资存量排在前 20 位，分别是：俄罗斯联邦 37.64 亿美元，占 0.9%；哈萨克斯坦 28.58 亿美元，占 0.7%；缅甸 21.82 亿美元，占 0.5%；巴基斯坦 21.63 亿美元，占 0.5%；蒙古国 18.87 亿美元，占 0.4%；柬埔寨 17.57%，占 0.4%。这前 20 位的国家和地区是中国对外投资的主要区位，占中国对外直接投资存量的 90.8%。从对外直接投资的流量看，2011 年，中国对外投资流量排在前 20 位的国家和地区中，周边国家有俄罗斯联邦（7.16 亿美元）、哈萨克斯坦（5.82 亿美元）、柬埔寨（5.66 亿美元）、老挝（4.59 亿美元）和蒙古国（4.51 亿美元）。可以看出，中国的对外投资主要还是针对周边国家和地区，反映出我国对外投资目的地还处于以周边国家和地区为主和发展中国家为主的特征。2011 年中国对俄罗斯联邦的投资流量集中在采矿业（42.4%）、农林牧渔业（20.6%）、批发和零售业（11.4%）、房地产业（10.7%）、制造业（6.2%）以及商贸服务业（5.9%）等行业。从投资存量看，投资集中在农林牧渔业（23.5%）、房地产业（16.1%）、商务服务业（14.5%）、采矿业（15.6%）、批发和零售业（11.6%）、制造业（9.5%）以及建筑业（5.4%）。2011 年中国对东南亚周边国家的投资流量集中在制造业、采矿业、建筑业、租赁和商务服务业；投资存量集中在电力、煤气及水的生产和供应业，制造业，采矿业，建筑业，农业等行业。

周边国家迫切希望中国投资它们的基础设施，基础设施具有自然垄断性、不可贸易性、资金需求量大、资产特殊性、资产不可移动性和政策依赖性等特性，而周边国家大多具有财力弱、项目融资难、政府管理机构执行力差等特点，投资风险大。过去这种投资以对外援助为主，随着周边国家的发展和中国推进多层次、宽领域的合作，尤其是公私合作（Public - Private Partnership）模式在全球基础设施领域的不断实践，中国基础设施领域的对外投资不断增加。2013 年 10 月 9 日，中国总理李克强在文莱首都斯里巴加湾市出席第 16 次中国—东盟（10 + 1）领导人会议时就中国—东盟未来十年的合作框架提出了七点建议，其中提出要加快互联互通基础设施建设，推进泛亚铁路等项目建设，并倡议筹建"亚洲基础设施投资银行"，为包括东盟国家在内的本地区发展中国家基础设施建设提供资金支持。

## 4.5　结论与启示

基于空间经济模型的动态分析表明，在沿边开放中，交通枢纽具有聚集要素和扩散产业的功能，新城市往往形成于交通枢纽，交通分岔线和交通便利程度决定了城市的规模和成长水平，因此，边疆城市往往具有桥头堡经济中心的地位。城市也是规模报酬递增的区域，是经济增长的发动机，动力源是技术创新和知识外溢所带来的外部性，这是桥头堡经济中心形成的机制。空间经济理论已经揭示出，在发展阶段演进过程中，要素价格均等化的要求，导致发展阶段较高国家向较低国家扩散产业的机制，一般规律是：劳动密集度高的产业先扩散、产业关联度低的产业先扩散、上游产业先扩散，扩散的形式以跨国直接投资为主。中国与周边国家的发展阶段存在显著差异，总体上是中国的发展程度相对较高，而周边国家的发展阶段相对较低，从而具有中国边疆省份向周边国家扩散产业的内在动力。中国对周边国家的投资已经快速推进。中国的对外投资主要投向周边国家和地区，投资流量反映出的投资领域集中在制造业、采矿业、建筑业等领域，投资存量反映的投资领域集中在电力、煤气及水的生产和供应业，制造业，采矿业，建筑业，农业等领域，验证了空间经济的跨国产业扩散规律。中国边疆桥头堡经济中心在这种扩散中的强度，取决于出境大通道的完善和便利程度。

# 5　中国边疆桥头堡的
重点合作产业选择

　　本章从产业内贸易及竞争优势的角度，分析我国与周边 25 国产业间的关联性及梯度性，并据此找出我国与周边各国产业内贸易显著的产业以及出口相对竞争优势的程度；进一步从产业关联、产业分工角度研究产业合作的重点选择——边疆桥头堡经济的产业集群化发展的思路。产业内贸易是一国同一产品组的产品存在同时进出口的活动，也是相同产品的双向贸易（Finger，1975；Falvey，1981；Brander，1981）。产业内贸易水平在一定程度上反映了各国之间相对要素禀赋的差异、产业发展梯度以及产业链国际分工的作用。20 世纪 70 年代以来，发达国家之间的贸易出现了产业内相似产品进行贸易的现象，且产业内贸易比重日益上升，于是以要素禀赋的比较优势为基础的传统的贸易理论开始无法解释这种新的国际分工与贸易格局。20 世纪 80 年代后期，出现了以克鲁格曼（Krugman）、赫尔普曼（Helpman）及格罗斯曼（Grossman）等为代表的"新贸易理论"，修正了传统贸易理论规模报酬不变的假定，提出了在规模报酬递增和不完全竞争市场下的产业内贸易及分工的研究框架。新贸易理论者认为贸易的原因除了要素禀赋差异外，还有一个重要的原因就是规模经济，其中要素禀赋决定了两国间的产业间贸易，而规模经济则决定了两国间的产业内贸易（Krugman）。本研究应用 Grubel 和 Lloyd 的 GL 指数与竞争力指数测算并分析我国与东南亚、南亚、中亚、东北亚各国的产业内贸易水平及竞争优势，结合西南边疆、西北边疆及东北边疆桥头堡的战略地位及其中心与次中心城市重点产业，依托交通基础设施，提出中国与周边国家的产业合作重点。

## 5.1 西南边疆桥头堡的重点合作产业

由于国家明确支持云南建设成为中国面向西南开放的重要桥头堡，本节以云南为重点分析西南边疆面向东南亚、南亚开放桥头堡经济中的产业集群。

### 5.1.1 西南边疆桥头堡经济中心的产业基础

#### 一 云南的战略地位

云南地处西南边陲，是我国面向西南开放的重要桥头堡，依托内地大市场、东南亚南亚大市场以及资源优势，发挥云南桥头堡节点城市的轴辐射作用，带动云南等西南欠发达地区经济发展。可充分发挥云南桥头堡的要素聚集力，吸引东部沿海地区的资金、技术、管理等优势资源，着力打造服务内地、东南亚南亚的国际性区域中心，重建面向西南开放的海上丝绸之路经济带。可以云南及东南亚南亚资源禀赋优势为基础，梯次合理布局节点城市重点发展的产业群，依托内地及两亚大市场，将云南重点发展成为装备制造业落地生产加工基地、珠宝玉石及贵金属生产基地、铜铁等矿产业生产基地、木材加工制造业基地、皮革及纺织工业基地、橡胶种植及加工基地、农特食品加工基地、商贸物流基地以及特色旅游服务基地。大力推进云南与东南亚南亚的产业合作，在云南逐步形成以昆明为中心，以滇中城市群为次中心，以其他城市和边境口岸为依托，面向东南亚南亚辐射的多层次、全方位的路带经济网络。

## 二 云南省的中心及次中心城市产业特点

云南地处西南边陲，与其他省份相比，属于中等发展速度省份。据统计，2012 年，云南省全省完成地区生产总值 10309.47 亿元，人均生产总值 22195 元，三次产业结构为 16：42.9：41.1。其中，全省实现第一产业增加值 1654.55 亿元，第二产业增加值 4419.2 亿元，第三产业增加值 4235.72 亿元。云南逐步形成了以工业和旅游等服务业为主导的经济体系。云南农业经济比重较大，除传统农业外，花卉、热带水果、烟草种植占有重要地位。云南拥有丰富的黑色金属矿产、能源矿产、有色金属及贵金属矿产、化工非金属矿产、稀有金属及稀土矿产等矿产资源以及丰富的旅游资源。目前烟草、有色金属、黑色金属、磷化工、能源、旅游、商贸流通产业及批发和零售业已经在云南经济发展中具有重要地位，其中拥有比较优势的产业是烟草、生物资源、有色矿产、电力以及旅游等产业。长期以来，烟草业以其高额利润，成为云南最重要的支柱产业。

1. 昆明

昆明是云南省的省会，是云南政治经济文化中心，是联系中国内地以及东南亚、南亚，乃至整个环印度洋经济圈的交通总枢纽，海上丝绸之路经济带的重要节点城市，第三座亚欧大陆桥的枢纽城市。同时，昆明还是滇中城市群的核心、亚洲 5 小时航空圈的中心，国家一级物流园之一。据统计，2012 年昆明实现地区生产总值 3011.14 亿元，同比增长 14.1%。其中，三次产业增加值分别为 159.16 亿元、1378.48 亿元和 1473.5 亿元，按可比价格计算，比上年分别增长 6.4%、16.1% 和 13%。三次产业的比例为：5.3：45.8：48.9，人均生产总值达到 46256 元。目前，昆明已形成以烟草、冶金、机电、医药、磷化工等为主的工业体系，是云南省的工业基地以及西南地区重要的工业城市；第三产业在国民经济中的比重日益增大，商贸、旅游、信息、现代服务业发展迅速，对全市经济社会发展起到了重要作用。①

2. 楚雄

楚雄彝族自治州属于云南省滇中城市群，在滇中城市群中工业基础相对薄弱，农业增加值比重较高。2013 年全州地区生产总值为632. 5 亿元，人均 GDP 为 37226 元，三次产业结构为23 : 41. 8 : 35. 2，工业所占比重较高，农业所占比重较高，服务业发展不足。农业增加值为 145. 28 亿元，工业增加值为 264. 35 亿元，服务业增加值为222. 87 亿元，分别拉动经济增长 1. 5 个、5. 5 个、3. 6 个百分点。楚雄有卷烟、烤烟、丝绸等地方特色产品，有铜、铁、煤、盐等矿产的采选和冶炼企业，可大力发展现代物流业、商贸旅游、天然药业、畜牧产业等具有自身特色的产业。②

3. 曲靖

曲靖也属于云南省滇中城市群。初步测算，全市 2013 年实现生产总值 1583. 94 亿元，增长 13. 1%。其中，一、二、三产业增加值分别为 289. 19 亿元、838. 45 亿元、456. 3 亿元，分别拉动经济增长1. 2 个、8. 4 个、3. 5 个百分点，其三次产业结构为 18. 3 : 52. 9 : 28. 8。工业对曲靖市经济增长的拉动作用最大，工业增加值在国民经济中占有最大份额。曲靖是云南重要的工业基地和工业原料基地，主要农产品粮食、油料、蚕桑、畜牧产品等的生产基地，也是全国烟草工业和优质烤烟生产基地。工业方面目前已形成以烟草、煤炭、电力、机械、化工、冶金、纺织、建材、造纸、皮革、粮油加工等为主的工业化体系。③

4. 玉溪

玉溪位于云南省中部，因其粮食的高产和烟叶质地的优良，被誉为滇中粮仓、云烟之乡。2013 年全市完成现价生产总值（GDP）

---

① 2012 年昆明市《国民经济和社会发展统计公报》。
② 2013 年楚雄彝族自治州《国民经济和社会发展统计公报》。
③ 2013 年曲靖市《国民经济和社会发展统计公报》。

1102.5 亿元，按可比价格计算增长 10.2%。分产业看，第一产业增加值为 112.4 亿元，增长 7.2%；第二产业增加值为 664.8 亿元，增长 9.1%；第三产业增加值为 325.3 亿元，增长 13.7%。三次产业结构由上年的 9.7:62.4:27.9 调整为 10.2:60.3:29.5。一、二、三产业分别拉动 GDP 增长 0.6 个、5.9 个和 3.7 个百分点，对经济增长的贡献率分别为 5.8%、57.8% 和 36.4%。全市人均 GDP 达到 47215 元，比上年增长 9.7%。工业在玉溪经济中占主导地位，玉溪工业是以烟草制品业为主导的工业体系，重工业方面还有有色金属工业和黑色金属工业。①

### 5.1.2 中国与东南亚、南亚的产业内贸易现状

#### 一 总体产业内贸易现状

从产业内贸易指数看，中国与新加坡、泰国、马来西亚、菲律宾、越南、斯里兰卡、孟加拉国及尼泊尔的产业内贸易水平显著；② 与缅甸、柬埔寨、老挝、文莱、巴基斯坦、印度等国的产业内贸易水平极不显著（如图 5.1-1）。中新、中泰、中斯（斯里兰卡）产业内贸易水平最为显著，但产业内贸易指数有略微下降的趋势，说明中国与这三国的专业化水平差异有扩大的趋势，但仍以产业内贸易为主；中马产业内贸易指数总体呈降低趋势，2012 年降到了 0.5 以下；中菲、中尼仅有几年的产业内贸易指数超过 0.5，且递减的趋势较为明显；中越产业内贸易显著，且有浮动上升的趋势，说明中越两国的专业化水平及出口产品结构趋于一致；中孟、中柬贸易由产业间贸易逐渐转变为产业内贸易，指数呈递增趋势。中国与印度、缅甸、老挝、文莱及巴基斯坦的贸易以产业间贸易为主（详细数据见附表 7）。

---

① 2013 年玉溪市《国民经济和社会发展统计公报》。
② 该综合 GL 指数采用的是 Grubel 和 Lloyd（1975）修正贸易不平衡后的综合国家 GL 指数。

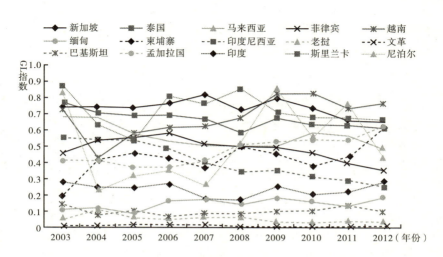

**图 5.1 - 1　2003～2012 年中国与东南亚南亚各国综合 GL 指数**

资料来源：联合国商品贸易统计数据库合并和测算。

产业内贸易呈现出这样一个特点：当两国之间贸易总量越大时，越容易产生产业内贸易。例如，马来西亚是中国面向西南开放的第一贸易大国，中马双边贸易额从 2003 年的 201.27 亿美元增长到 2012 年的 948.31 亿美元，年增长率为 18.8%（见表 5.1 - 1）；其次是泰国、新加坡、印度、印度尼西亚和越南，2012 年，与中

**表 5.1 - 1　2003 年、2012 年中国与东南亚南亚各国的贸易额**

单位：亿美元,%

| 国家 | 2003 年 | 2012 年 | 年增长率 | 国家 | 2003 年 | 2012 年 | 年增长率 |
|------|---------|---------|----------|------|---------|---------|----------|
| 马来西亚 | 201.27 | 948.31 | 18.8 | 孟加拉国 | 13.68 | 84.50 | 22.4 |
| 泰国 | 126.55 | 697.48 | 20.9 | 缅甸 | 10.80 | 69.72 | 23.0 |
| 新加坡 | 193.49 | 692.80 | 15.2 | 斯里兰卡 | 5.24 | 31.63 | 22.1 |
| 印度 | 75.95 | 664.75 | 27.3 | 柬埔寨 | 3.21 | 29.23 | 27.8 |
| 印度尼西亚 | 102.29 | 662.21 | 23.1 | 尼泊尔 | 0.43 | 19.98 | 53.2 |
| 越南 | 46.39 | 504.42 | 30.4 | 老挝 | 1.09 | 17.25 | 35.9 |
| 菲律宾 | 94.00 | 363.75 | 16.2 | 文莱 | 3.46 | 16.26 | 18.7 |
| 巴基斯坦 | 24.30 | 124.17 | 20.0 | | | | |

资料来源：联合国商品贸易统计数据库测算。

国双边贸易额分别为 697.48 亿美元、692.8 亿美元、664.75 亿美元、662.21 亿美元、504.42 亿美元；与越南、印度的双边贸易额增长的幅度较大；与文莱、尼泊尔、老挝、巴基斯坦、孟加拉国、缅甸、斯里兰卡、柬埔寨的贸易总量均很小。因此，中马、中新、中泰总体的产业内贸易水平显著。

表 5.1 - 2    2003 年、2012 年中国及东南亚南亚各国人均 GDP

单位：美元，%

| 国家 | 2003 年 | 2012 年 | 年增长率 | 国家 | 2003 年 | 2012 年 | 年增长率 |
|---|---|---|---|---|---|---|---|
| 新加坡 | 22690 | 51709 | 9.6 | 不丹 | 1009 | 2399 | 10.1 |
| 文莱 | 18542 | 41127 | 9.3 | 越南 | 531 | 1755 | 14.2 |
| 马来西亚 | 4427 | 10432 | 10.0 | 印度 | 565 | 1489 | 11.4 |
| 中国 | 1274 | 6091 | 19.0 | 老挝 | 360 | 1417 | 16.4 |
| 泰国 | 2212 | 5480 | 10.6 | 巴基斯坦 | 546 | 1257 | 9.7 |
| 印度尼西亚 | 1076 | 3557 | 14.2 | 柬埔寨 | 360 | 944 | 11.3 |
| 斯里兰卡 | 985 | 2923 | 12.8 | 孟加拉国 | 373 | 752 | 8.1 |
| 菲律宾 | 1016 | 2587 | 10.9 | 尼泊尔 | 258 | 690 | 11.6 |

资料来源：世界银行（WB ID）。

产业内贸易具有另一个特点：两国之间经济发展层次、产业结构及出口产品结构越相似，产业内贸易现象越明显。下面从三次产业结构、人均 GDP 水平及主导产业的特点简单分析各国间的产业结构差异以及经济发展层次差异。例如，印度是服务业大国，其服务业、通信计算机及软件业是国内的主导产业，但印度的制造业薄弱。而缅甸、老挝是典型的农业大国，三次产业结构中，农业所占份额很大。文莱虽是工业大国，但文莱的工业基本为石油和天然气，石油和天然气出口及销售是文莱全国的经济支柱。它们与中国在出口产品结构方面差异较大。因此中国与印度、文莱、缅甸及柬埔寨等国总体上以产业间贸易为主。2012

年，按现价美元计算，新加坡的人均 GDP 为 51709 美元（见表 5.1-2），作为世界最富有国家之一，是东南亚除了文莱以外唯一的发达国家。2011 年，其国内的三次产业结构为 0∶26.7∶73.3（见表 5.1-3）。新加坡没有农业，第三产业在国内生产总值中占有相当大的比重，拥有发达的国际贸易、金融业及旅游业。虽然我国人均 GDP 2012 年仅为 6091 美元，但我国 2011 年的三次产业结构为 10∶46.6∶43.4，工业占有绝对的比重。作为"世界制造"中心，我国的机电产品及运输设备在世界出口贸易中有显著的比较优势，这导致我国与新加坡、马来西亚、越南等国在贸易中具有显著的产业内贸易水平。

表 5.1-3　2003 年、2011 年中国及东南亚南亚各国三次产业结构

| 国家 | 2003 年 | | | 2011 年 | | | 国家 | 2003 年 | | | 2011 年 | | |
|---|---|---|---|---|---|---|---|---|---|---|---|---|---|
| | 第一产业 | 第二产业 | 第三产业 | 第一产业 | 第二产业 | 第三产业 | | 第一产业 | 第二产业 | 第三产业 | 第一产业 | 第二产业 | 第三产业 |
| 中国 | 12.8 | 46.0 | 41.2 | 10.0 | 46.6 | 43.4 | 越南 | 22.5 | 39.5 | 38 | 22 | 40.8 | 37.2 |
| 新加坡 | 0.1 | 31.1 | 68.8 | 0 | 26.7 | 73.3 | 印度 | 20.8 | 26 | 53.2 | 17.5 | 26.7 | 55.7 |
| 文莱 | 1.2 | 64.1 | 34.6 | 0.6 | 71.7 | 27.7 | 缅甸 | 50.6 | 14.3 | 35.1 | 36.4* | 26* | 37.6* |
| 马来西亚 | 9.3 | 46.6 | 44.1 | 11.9 | 40.3 | 47.9 | 老挝 | 41 | 21.3 | 37.7 | 30.8 | 34.7 | 34.5 |
| 泰国 | 10.4 | 43.6 | 46 | 12.4 | 41.2 | 46.5 | 巴基斯坦 | 23.4 | 23.9 | 52.7 | 21.6 | 24.9 | 53.4 |
| 印度尼西亚 | 15.2 | 43.8 | 41.1 | 14.7 | 47.2 | 38.1 | 柬埔寨 | 33.6 | 26.3 | 40.1 | 36.7 | 23.5 | 39.8 |
| 斯里兰卡 | 13.2 | 28.4 | 58.3 | 12.1 | 29.9 | 58 | 孟加拉国 | 21.8 | 26.3 | 52 | 18.3 | 28.2 | 53.5 |
| 菲律宾 | 12.7 | 34.6 | 52.7 | 12.8 | 31.4 | 55.8 | 尼泊尔 | 37.1 | 18.1 | 44.3 | 31.8 | 15.3 | 46.6 |

注：缅甸带"*"数据为 2010 年的数据。
资料来源：国家统计局，国际数据，年度数据。

马来西亚是相对开放的以国家利益为导向的新兴工业化市场经济体，其 2012 年人均 GDP 为 10432 美元。从 1980 年代以后，工业就已成为马来西亚国内主导的经济领域，尤其是制造业。此后马来西亚逐渐从工业主导国慢慢演变为以服务业为主导的经济体，这

与我国的三次产业结构及其演进路径极为相似,这也是中马两国产业内贸易水平较为显著的主要原因。此外,泰、印尼(印度尼西亚)、越的三次产业结构与我国较为相似,例如,泰国 2011 年的三次产业结构为 12.4:41.2:46.5。印度尼西亚拥有丰富的天然资源,是发展中国家,以工业为主导,尚处于配第 - 克拉克产业结构演变的第二阶段。斯里兰卡、菲律宾、印度及孟加拉国的三次产业结构中第三产业占有很大比重,此外就是工业。在产品结构方面,斯里兰卡的经济主要依靠旅游业及宝石、茶叶出口;菲律宾的工业主要有食品加工、纺织成衣以及电子、汽车组件等轻工业,矿产业有很大潜力,拥有大量的铬铁矿、镍及铜;印度是软件业出口霸主,还是金融、研究、技术服务等第三产业较发达的国家,与中国经济正好形成互补;孟加拉国经济落后,其 2012 年人均GDP 仅为 752 美元,黄麻是孟加拉国主要的经济来源,纺织品是其国内主要的出口产品。

综上所述,中马、中泰、中尼、中越产业结构相似,并且双边贸易总量大,双边贸易以产业内贸易为主。也有几国与中国的贸易以产业间贸易为主,这与各国国内的产品结构及产业政策倾向有关。中新产业内贸易显著是因为新加坡除发达的第三产业以外,国内的第二产业也是主要产业。中国与文莱出口产品结构差异大;中缅、中老、中印均在产业结构上与中国形成互补,这导致中国与这几国双边贸易以产业间贸易为主的现状。产业内贸易水平在一定程度上反映了各国之间相对要素禀赋的差异、产业发展梯度以及产业链国际分工的作用。总体数据结果显示产业内贸易水平与各国之间的经济发展水平差异、产业结构特点、出口商品结构有直接的相关性。

**二 分国别的产业内贸易现状**

根据国民经济行业分类及海关编码(HS2002 版),对商品代码为两位数的 21 大类商品进行分类合并,从国民经济行业分类中的农业、矿业、木材加工制造业、化学工业、皮革及纺织工业与装备制造业六个行业①进一步分析中国与东南亚、南亚主要国家的双边贸易及产业内贸易的现状。

1. 中新产业内贸易以装备制造业为主

中国与新加坡产业内贸易明显的行业是矿产业和装备制造业。装备制造业为中新两国主要的贸易产业，其双边贸易额占比平均约为61.85%，产业内贸易水平显著而且稳定；矿产业为中新贸易的第二大产业，产业内贸易显著，GL指数有逐年递增的趋势，矿业的双边贸易份额占比平均约为17.25%（见表5.1-4）。因为，新加坡基本没有农业，中新商品贸易以工业为主，新加坡在重工业方面有东南亚最大的炼油中心及化工、造船、电子和机械等，这与中国发达的加工制造业（作为世界的"制造中心"）正好相辅相成。因此中新产业内贸易以装备制造业为主，装备制造业也是中新产业合作的重点领域；其次就是矿产业贸易。由于中新两国生产力水平差距的存在，中国对新加坡的出口多为低附加值产品，而新

表5.1-4  2003~2012年中新GL指数和贸易比重较高的产业

| 产业 | GL指数 | | | | | 贸易额占贸易总额比重（%） | | | | | |
|---|---|---|---|---|---|---|---|---|---|---|---|
| | 2003年 | 2006年 | 2008年 | 2010年 | 2012年 | 2003年 | 2006年 | 2008年 | 2010年 | 2012年 | 平均 |
| 矿产业 | 0.827 | 0.847 | 0.975 | 0.947 | 0.956 | 16.02 | 17.02 | 19.39 | 18.82 | 18.44 | 17.25 |
| 装备制造业 | 0.937 | 0.820 | 0.672 | 0.770 | 0.765 | 59.74 | 63.97 | 61.40 | 61.44 | 58.23 | 61.85 |

资料来源：联合国商品贸易统计数据库合并与测算结果。

---

① 农业包含第一类（动物产品）、第二类（植物产品）、第三类（动植物油）及第四类（食品加工业）；狭义矿产业包含第五类（矿产品）、第十三类（非金属材料）、第十四类（贵金属）、第十五类（贱金属及其制品）；化学工业包含第六类（化学工业及其相关工业）、第七类（塑料、橡胶及其制品）；木材及木材制造业包含第九类（木及木制品）、第十类（木浆及相关制品）；皮革及纺织工业包含第八类（皮革制品）、第十一类（纺织原料及纺织制品）、第十二类（鞋、帽、伞、羽毛等制品）；装备制造业包含第十六类（机电产品）、第十七类（运输设备）、第十八类（仪器仪表及钟表乐器）。

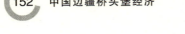 

加坡对中国的出口则以高附加值产品为主。中新装备制造业的产业
内贸易多为零部件—成品或零部件—零部件之间的垂直产业内贸
易，缺乏成品之间的产业内贸易。

2. 中泰产业内贸易以装备制造业为主

中泰贸易中产业内贸易现象较为明显的有农业、矿产业、皮革
及纺织工业与装备制造业（表 5.1 - 5）。农业和皮革纺织业贸易规
模较小；矿产业及装备制造业产业内贸易水平显著，并且 GL 指数
有增加的趋势，说明两国矿产业及装备制造业产品生产的专业化水
平逐渐趋于一致。装备制造业是中泰双边贸易的主要产业，平均贸
易额比重达 52. 36%。泰国加入东盟后，开始实行自由经济政策，
电子工业等制造业迅速发展，产业结构不断优化。从产业结构上
看，中泰两国工业均占很大份额。因此中泰产业内贸易以装备制造
业为主，装备制造业也是中泰重点合作产业。

表 5. 1 - 5　2003 ~ 2012 年中泰 GL 指数和贸易比重较高的产业

| 产业 | GL 指数 | | | | | 贸易额占贸易总额比重（%） | | | | | |
|---|---|---|---|---|---|---|---|---|---|---|---|
| | 2003 年 | 2006 年 | 2008 年 | 2010 年 | 2012 年 | 2003 年 | 2006 年 | 2008 年 | 2010 年 | 2012 年 | 平均 |
| 农业 | 0.531 | 0.441 | 0.764 | 0.664 | 0.701 | 5.26 | 5.74 | 4.47 | 6.63 | 8.26 | 6.14 |
| 矿产业 | 0.595 | 0.825 | 0.873 | 0.848 | 0.715 | 13.48 | 12.58 | 14.30 | 9.82 | 11.38 | 12.36 |
| 皮革及纺织工业 | 0.832 | 0.792 | 0.617 | 0.554 | 0.419 | 5.70 | 4.35 | 4.61 | 4.99 | 4.81 | 4.83 |
| 装备制造业 | 0.660 | 0.683 | 0.655 | 0.688 | 0.950 | 50.97 | 53.66 | 54.83 | 51.99 | 48.18 | 52.36 |

资料来源：联合国商品贸易统计数据库合并与测算结果。

3. 中马产业内贸易以装备制造业为主

制造业是马来西亚最大的生产部门，比如食品制造业、电子制
造业、炼油炼焦及非金属矿产品产业等。从产业内贸易来看，中马
农业、矿产业、化学工业、木材及木材制造业、装备制造业产业内
贸易均很显著。但农业、木材及木材制造业、化学工业、矿产业的

双边贸易份额很小；中马贸易的重点合作领域是装备制造业，贸易规模巨大，平均贸易份额达到 62.6%，并且产业内贸易水平显著（表5.1-6）。装备制造业成为中马主要的产业内贸易产业，与两国三次产业结构的基本特点、两国的出口产业政策和国内产品结构及两国的经济发展水平有关。

表 5.1 - 6　2003～2012 年中马 GL 指数和贸易比重较高的产业

| 产业 | GL 指数 | | | | | 贸易额占贸易总额比重(%) | | | | | |
|---|---|---|---|---|---|---|---|---|---|---|---|
| | 2003年 | 2006年 | 2008年 | 2010年 | 2012年 | 2003年 | 2006年 | 2008年 | 2010年 | 2012年 | 平均 |
| 农业 | 0.737 | 0.657 | 0.466 | 0.654 | 0.666 | 9.00 | 6.85 | 9.85 | 6.83 | 6.77 | 7.80 |
| 矿产业 | 0.534 | 0.944 | 0.532 | 0.574 | 0.828 | 9.36 | 6.97 | 19.30 | 13.51 | 13.71 | 11.49 |
| 化学工业 | 0.406 | 0.451 | 0.537 | 0.593 | 0.694 | 9.84 | 10.95 | 10.53 | 10.37 | 10.99 | 10.42 |
| 木材及木材制造业 | 0.154 | 0.525 | 0.714 | 0.862 | 0.668 | 3.65 | 1.71 | 1.13 | 0.96 | 0.99 | 1.70 |
| 装备制造业 | 0.590 | 0.682 | 0.527 | 0.544 | 0.581 | 64.01 | 68.81 | 52.18 | 62.54 | 58.00 | 62.62 |

资料来源：联合国商品贸易统计数据库合并与测算结果。

4. 中菲产业内贸易以装备制造业为主

中菲两国自建交以来，经贸合作等领域得到迅速发展。而且两国均处于经济发展的关键时期，优势互补，比如在基础设施、矿产业、装备制造业、投资等领域合作潜力巨大。中菲贸易规模虽然没有中新、中马、中泰的贸易规模大，但菲律宾也是中国主要的贸易伙伴。中菲贸易中以产业内贸易为主的产业有装备制造业及矿产业。矿产业贸易是中菲贸易的第二大产业，并且贸易规模有迅速增加的趋势；装备制造业是中菲贸易的第一大产业，双边贸易份额平均约为71%，占了中菲贸易的绝大部分份额；装备制造业产业内贸易的 GL 指数也在迅速增加（见表5.1-7），说明中菲两国在这个领域的专业化生产水平逐渐趋于一致。

表 5.1 - 7　2003～2012 年中菲 GL 指数和贸易比重较高的产业

| 产业 | GL 指数 | | | | | 贸易额占贸易总额比重(%) | | | | | |
|---|---|---|---|---|---|---|---|---|---|---|---|
| | 2003 年 | 2006 年 | 2008 年 | 2010 年 | 2012 年 | 2003 年 | 2006 年 | 2008 年 | 2010 年 | 2012 年 | 平均 |
| 矿产业 | 0.693 | 0.909 | 0.750 | 0.936 | 0.971 | 9.34 | 9.71 | 10.59 | 14.84 | 17.75 | 12.16 |
| 装备制造业 | 0.377 | 0.289 | 0.368 | 0.510 | 0.531 | 75.71 | 79.22 | 75.68 | 63.04 | 57.00 | 71.07 |

资料来源：联合国商品贸易统计数据库合并与测算结果。

### 5. 中越产业内贸易以矿产业为主

中越两国山水相连，贸易往来历史悠久，尤其是边境贸易。总体上，中越两国产业内贸易显著，其中最为显著的是农业、矿产业与木材及木材制造业。农业、木材及木材制造业双边贸易规模很小；装备制造业由以产业间贸易为主逐渐转变为以产业内贸易为主，并且装备制造业在中越两国的贸易中占有重要地位，平均贸易份额为 27%，贸易规模逐年增加；矿产业产业内贸易显著，但中越两国的矿产业贸易规模在逐年递减，占贸易总额的比重从 2003 年的 41.8% 降到 2012 年的 18.74%（见表 5.1 - 8）。在中越贸易中，矿产业的贸易地位逐渐被装备制造业所取代，两国在装备制造业方面的专业化生产水平也在逐渐趋于一致。

表 5.1 - 8　2003～2012 年中越 GL 指数和贸易比重较高的产业

| 产业 | GL 指数 | | | | | 贸易额占贸易总额比重(%) | | | | | |
|---|---|---|---|---|---|---|---|---|---|---|---|
| | 2003 年 | 2006 年 | 2008 年 | 2010 年 | 2012 年 | 2003 年 | 2006 年 | 2008 年 | 2010 年 | 2012 年 | 平均 |
| 农业 | 0.761 | 0.971 | 0.819 | 0.717 | 0.931 | 10.56 | 6.98 | 5.98 | 6.81 | 8.07 | 7.26 |
| 矿产业 | 0.953 | 0.646 | 0.697 | 0.617 | 0.580 | 41.80 | 39.44 | 32.06 | 25.29 | 18.74 | 33.81 |
| 装备制造业 | 0.204 | 0.206 | 0.239 | 0.381 | 0.789 | 16.26 | 21.88 | 32.37 | 32.81 | 38.03 | 27.06 |

资料来源：联合国商品贸易统计数据库合并与测算结果。

### 6. 中印尼产业内贸易以矿产业为主

印尼在 20 世纪 80 年代以后，调整经济结构及产品结构，经济得到迅速发展。而且在工业方面，印尼一直致力于发展出口导向型的制造业。中国与印尼在农业、矿产业及化学工业几个领域产业内贸易现象明显，但化学工业及农业贸易额所占比重均较小。矿产业是中国与印度尼西亚贸易规模最大的产业，并且贸易额比重逐年递增，贸易额比重平均约为 32.2%，产业内贸易水平显著，但 GL 指数在减小，说明中印尼两国在矿产业的专业化生产水平方面差距逐渐扩大。装备制造业是两国贸易的第二大产业，贸易额所占比重平均约为 28.37%。装备制造业由原来的以产业内贸易为主逐年转变为以产业间贸易为主（见表 5.1 - 9）。因此，矿产业是中国与印度尼西亚主要的产业内贸易领域，也是重要的产业合作领域。

表 5.1 - 9　2003 ~ 2012 年中印尼 GL 指数和贸易比重较高的产业

| 产业 | GL 指数 | | | | | 贸易额占贸易总额比重（%） | | | | | |
| --- | --- | --- | --- | --- | --- | --- | --- | --- | --- | --- | --- |
| | 2003 年 | 2006 年 | 2008 年 | 2010 年 | 2012 年 | 2003 年 | 2006 年 | 2008 年 | 2010 年 | 2012 年 | 平均 |
| 农业 | 0.960 | 0.644 | 0.466 | 0.751 | 0.566 | 9.97 | 9.58 | 10.85 | 10.86 | 9.72 | 10.06 |
| 矿产业 | 0.833 | 0.973 | 0.778 | 0.573 | 0.531 | 25.90 | 28.32 | 30.04 | 35.29 | 37.99 | 32.22 |
| 化学工业 | 0.681 | 0.790 | 0.963 | 0.866 | 0.941 | 15.19 | 15.89 | 12.83 | 12.82 | 12.09 | 13.90 |
| 装备制造业 | 0.761 | 0.765 | 0.443 | 0.357 | 0.275 | 26.56 | 30.40 | 32.73 | 27.45 | 25.62 | 28.37 |

资料来源：联合国商品贸易统计数据库合并与测算结果。

7. 中印产业内贸易以矿产业为主

印度是软件、通信服务业大国，制造业基础较为薄弱。中印两国优势互补，商品贸易产业主要为矿产业及装备制造业。矿产业产业内贸易显著，但贸易规模却在逐渐减小，贸易额比重从 2003 年的 44.45% 降到 2012 年的 23.6%。总体上，矿产业是中印贸易的第一大产业；但矿产业贸易逐渐被装备制造业所取代，2012 年中印装备制造业贸易额比重达到 37.48%，贸易规模逐年递增，但装备制造业贸易以产业间贸易为主，主要为中国向印度大规模出口机电产品及运输设备等。中印产业内贸易显著的产业还有化学工业与皮革及纺织工业，但相对于矿产业与装备制造业仍是小规模贸易的产业。因此装备制造业将是中印贸易的第一大产业，而矿产业是中印产业内贸易的第一大产业（见表5.1-10）。

表5.1-10　2003~2012年中印GL指数和贸易比重较高的产业

| 产业 | GL指数 | | | | | 贸易额占贸易总额比重(%) | | | | | |
|---|---|---|---|---|---|---|---|---|---|---|---|
| | 2003年 | 2006年 | 2008年 | 2010年 | 2012年 | 2003年 | 2006年 | 2008年 | 2010年 | 2012年 | 平均 |
| 矿产业 | 0.327 | 0.603 | 0.501 | 0.564 | 0.814 | 44.45 | 38.02 | 41.03 | 33.43 | 23.63 | 37.66 |
| 化学工业 | 0.926 | 0.735 | 0.401 | 0.299 | 0.351 | 22.98 | 17.55 | 14.72 | 16.45 | 19.92 | 17.46 |
| 皮革及纺织工业 | 0.591 | 0.867 | 0.787 | 0.869 | 0.912 | 12.35 | 10.96 | 7.61 | 10.36 | 14.00 | 10.48 |
| 装备制造业 | 0.278 | 0.127 | 0.066 | 0.084 | 0.087 | 16.01 | 29.57 | 33.02 | 35.80 | 37.48 | 30.37 |

资料来源：联合国商品贸易统计数据库合并与测算结果。

8. 中巴产业内贸易以皮革及纺织工业为主

巴基斯坦工业基础薄弱，最大的工业部门就是棉纺织工业，此外还有机械制造业等。从中巴商品贸易可以看出中巴贸易的主要产业为传统劳动密集型的皮革及纺织工业与资本、技术密集型的装备制造业，平均贸易额比重分别约为32.51%与31%。皮革纺织业以产业内贸易为主，装备制造业表现为中国出口占优势的产业间贸易。中巴进行产业内贸易的产业还有矿产业，矿产业贸易额比重平均约为12.88%。中巴贸易中矿产业、皮革及纺织工业与装备制造业贸易稳定。中巴贸易以皮革及纺织工业与装备制造业为主，皮革及纺织工业产业内贸易水平显著（见表5.1-11）。因此，皮革及纺织工业也是中巴产业合作的重点领域。

9. 中国与老挝、缅甸的产业内贸易以矿产业为主

中老双边贸易总量较少，产业内贸易主要发生在农业、矿产业及化学工业领域，其中农业及化学工业贸易量小；矿产业贸易是中老贸易的第二大产业，贸易额占中老贸易总额的比重平均约24.98%，

表 5.1 – 11　2003 ~ 2012 年中巴 GL 指数和贸易比重较高的产业

单位：%

| 产业 | GL 指数 | | | | | 贸易额占贸易总额比重（%） | | | | | | |
|---|---|---|---|---|---|---|---|---|---|---|---|---|
| | 2003年 | 2006年 | 2008年 | 2010年 | 2012年 | 2003年 | 2006年 | 2008年 | 2009年 | 2010年 | 2012年 | 平均 |
| 矿产业 | 0.193 | 0.467 | 0.410 | 0.561 | 0.546 | 9.57 | 13.77 | 16.34 | 11.15 | 15.16 | 12.72 | 12.88 |
| 皮革及纺织工业 | 0.728 | 0.892 | 0.661 | 0.814 | 0.990 | 31.98 | 33.3 | 29.42 | 37.56 | 34.27 | 35.62 | 32.51 |
| 装备制造业 | 0.001 | 0.002 | 0.001 | 0.012 | 0.001 | 28.53 | 32.08 | 36.22 | 29.87 | 28.68 | 28.82 | 31.00 |

资料来源：联合国商品贸易统计数据库合并与测算结果。

并且有逐年递增的趋势；中老贸易规模最大的是装备制造业，但贸易规模逐年递减。因此，中老装备制造业、矿产业合作潜力巨大，但老挝经济落后，是典型的农业国。国内基础设施薄弱，需要进行援助，且人力资源水平较差，大部分劳动力素质较低，这也是中老合作的重要障碍。

中缅贸易中产业内贸易较为显著的有农业和矿产业，其中矿产业所占的份额较大，平均约为 24.9%；中缅贸易规模最大的产业是装备制造业，贸易比重平均约为 34.28%，矿产业及装备制造业的贸易量有逐年递增的趋势；缅甸虽是珍贵柚木的主要出口国，但木材及木材加工制造业在中缅贸易中所占的份额较少，并且贸易量有下降的趋势。

通过以上分析可以看出，在中国面向西南的东南亚、南亚的开放中，中国与新加坡、马来西亚、泰国、菲律宾的产业内贸易以制造业为主；与越南、印度尼西亚、印度、缅甸及老挝的产业内贸易以矿产业为主。中国与新、马、泰、菲制造业的产业内贸易，与越、缅、老、印、印尼矿产业的产业内贸易一定程度上反映了各国之间相对要素禀赋差异、生产力水平差异、对外直接投资对贸易的影响。不管是产业内贸易还是产业间贸易，矿产业及制造业都是中国与东南亚、南亚国家主要合作的产业。

### 三　中国面向南亚、东南亚开放的矿产业链

在国民经济行业分类中，矿产业只是生产资料部门，是装备制

造业的上游产业，由于中国在面向南亚、东南亚开放中矿产业和装备制造业产业贸易的显著性，此处将装备制造业作为矿产业链下游，做进一步的分析。

1. 矿产业链的总体贸易现状

从前面部分的分析可以看出，中国与经济发展层次较高、产业结构相似的新加坡、马来西亚等国的产业内贸易以装备制造业为主；与产业结构相似的越南、印尼、印度等国的产业内贸易以矿产业为主；虽与经济落后的老挝、缅甸等国以产业间贸易为主，但矿产业仍为中老、中缅主要的产业内贸易产业。就矿产业链而言，中国、新加坡、马来西亚、泰国及菲律宾处于矿产业链下游；越南、印尼及印度处于矿产业链中游；而老挝、缅甸处于矿产业链上游。

从中国与东南亚、南亚各国矿产业链上的产品贸易看，中国与新加坡、泰国、马来西亚、菲律宾、越南、印度、印尼及老挝的矿产业链贸易份额均占 60% 以上（见表 5.1 - 12）。因此，矿产业链在中国与东南亚及南亚贸易中具有重要的战略地位。而产业内贸易揭示了两国之间资源禀赋、规模经济、产业结构相似，技术相近等特征，产业内贸易显著使跨国产业在产业链纵向分离的不同国家进行集群与分工成为可能。

表 5.1 - 12　中国与各国矿产业链的贸易份额

| | 矿产业链贸易额占各国与中国总贸易额的比重（%） | | | | | |
| | 2003 年 | 2006 年 | 2008 年 | 2010 年 | 2012 年 | 平均 |
|---|---|---|---|---|---|---|
| 新加坡 | 75.76 | 80.99 | 80.79 | 80.26 | 76.66 | 79.10 |
| 泰国 | 64.45 | 66.24 | 69.13 | 61.80 | 59.56 | 64.72 |
| 马来西亚 | 73.37 | 75.78 | 71.48 | 76.06 | 71.71 | 74.11 |
| 菲律宾 | 85.05 | 88.93 | 86.28 | 77.88 | 74.75 | 83.23 |
| 越南 | 58.06 | 61.32 | 64.43 | 58.10 | 56.77 | 60.86 |
| 印度 | 60.46 | 67.59 | 74.05 | 69.23 | 61.11 | 68.03 |
| 印度尼西亚 | 52.46 | 58.72 | 62.77 | 62.74 | 63.60 | 60.58 |
| 老挝 | 78.41 | 70.50 | 75.07 | 65.74 | 69.91 | 70.75 |
| 缅甸 | 54.80 | 52.58 | 57.00 | 65.43 | 68.64 | 59.19 |

资料来源：联合国商品贸易统计数据库合并与测算结果。

2. 装备制造业的产业内贸易

中新装备制造业产业内贸易的领域主要为机电产品与仪器仪表。工业一直是新加坡发展的主导力量，比如机械制造业、一般制造业、电子电器制造业等。中新机电产品产业内贸易的竞争力指数[①]接近于零，产业内贸易显著，且贸易规模巨大，机电产品贸易额占中新总贸易额的比重平均达 52.36%；其次为运输设备贸易，运输设备贸易以产业间贸易为主，中国在中新运输设备贸易中具有显著的出口优势，且贸易规模在逐年增加（见附表 8）。

中泰装备制造业产业内贸易的领域主要为机电产品与仪器仪表。泰国加入东盟后，实行自由经济政策，电子工业等制造业在国内发展尤为迅速。从中泰装备制造业的产业内贸易现状可以看出机电产品贸易额占了中泰装备制造业贸易额的大部分，贸易额占中泰总贸易额的比重平均为 48.52%，泰国在中泰机电产品贸易中具有出口优势；中泰运输设备及仪器仪表贸易总量很小，中国在运输设备贸易中具有出口优势。

中马装备制造业产业内贸易的主要领域为机电产品与仪器仪表。机电产品贸易额占了中马装备制造业贸易额的大部分，贸易额占中马总贸易额的比重平均为 57.86%，马来西亚在中马机电产品贸易中具有出口绝对优势；中马运输设备及仪器仪表贸易总量很小，中国在运输设备贸易中具有出口绝对优势。这与两国基本的产业导向有关，如马来西亚电子制造业逐渐发展为国内重要的支柱产

---

① 在 Grubel 和 Lloyd（1975）指数基础上修定为：竞争力指数 $= \dfrac{X_i - M_i}{X_i + M_i}$，我们称之为竞争力指数。竞争力指数越接近于零，说明产业内贸易越明显，反之产业间贸易越明显；$-0.5 \leqslant$ 竞争力指数 $\leqslant 0.5$，以产业内贸易为主；$0.5 <$ 竞争力指数 $\leqslant 1$ 或竞争力指数 $< -0.5$，以产业间贸易为主。基于比较优势理论，竞争力指数 $>0$ 为报告国具有出口比较优势，竞争力指数 $<0$ 为合作国具有出口比较优势。报告国与合作国的含义是：中新、中马、中泰等，前者为报告国，后者为合作国，即中新、中马、中泰中的中国为报告国。

业，汽车产业是马来西亚最重要的战略性产业。

中菲装备制造业的产业内贸易以仪器仪表为主。近年来，中国大量向菲律宾出口机电产品、钢材、纺织品等，而菲律宾向中国的出口产业绝大部分为机电产品。从商品贸易的数据也可以看出机电产品贸易额占了中菲装备制造业贸易额的大部分，贸易额占中菲总贸易额的比重平均约为 67.8%，菲律宾在中菲机电产品贸易中具有出口优势；中菲运输设备及仪器仪表贸易总量很小，中国在运输设备贸易中具有出口优势。

因此，中新、中泰、中马与中菲装备制造业产业内贸易的产品主要为机电产品及仪器仪表，这与各国的出口产业政策导向有关。泰国、马来西亚在机电产品出口贸易中具有绝对优势。中国与新加坡、泰国、马来西亚、菲律宾的仪器仪表贸易总量均很小；运输设备贸易均为产业间贸易，且中国的运输设备在国际市场竞争中具有绝对优势。中国与新马泰菲机电产品的产业内贸易显著，从产业特点看是因为机电产业的产业链长、生产环节多、不同环节的技术含量相差悬殊，具备了生产环节分工形成产业内贸易的基础条件，此外机电产品多样化程度很高。

3. 矿产业的产业内贸易

中越矿产业的产业内贸易以矿产品为主。中越矿产品产业内贸易显著，但贸易规模逐年递减，贸易额所占比重从 2003 年的35.5% 降到 2012 年的 8.87%；中越贱金属及其制品贸易总量较大，但以产业间贸易为主，且中国在贱金属及其制品贸易中具有绝对的出口优势（见附表 9）；中越贸易的另一个特征是中越机电产品贸易总量逐年递增，到 2012 年，机电产品为中越主要的贸易产品，贸易额所占比重为 34.8%，且机电产品贸易逐渐由产业间贸易转变为产业内贸易。

中印尼矿产业的产业内贸易水平逐年递减，逐渐由产业内贸易向产业间贸易转变。2012 年，中印尼各产业均以产业间贸易为主；

印尼在矿产品贸易中具有出口优势，且贸易总量基本呈逐年递增趋势；而中国除矿产品外，在非金属矿物及其制品、贵金属矿物及其制品与贱金属矿产业及其制品方面均具有出口的比较优势；矿产品贸易与机电产品贸易是中印尼的主要贸易产品。

中印矿产业的产业内贸易以贱金属及其制品为主。中国在非金属矿物及其制品贸易中具有出口比较优势，但贸易总量很小；印度在矿产品贸易及贵金属矿物及其制品贸易中具有出口比较优势。中印矿产品贸易虽在初期贸易总量很大，但随着时间的推移，贸易总量迅速减少。中印贸易总量随之迅速增加的产品是机电产品，主要表现为中国向印度出口机电产品的规模迅速扩张，2012年机电产品贸易额所占比重达到33%。

中缅矿产业的产业内贸易以矿产品为主。缅甸是世界翡翠的主要出口国，在贵金属贸易中具有出口比较优势，竞争力指数趋向于−1；中国在非金属、贱金属矿物及其制品贸易中具有出口比较优势；贱金属贸易以产业间贸易为主，是中缅矿产业贸易的主要产业，且贸易规模有增加的趋势。中缅贸易中另一个主要的产业是装备制造业（机电产品与运输设备），中缅机电产品与运输设备贸易的竞争力指数为1，是完全的产业间贸易，中国具有绝对的出口优势。

中老矿产业的产业内贸易以贱金属及其制品为主。中老基本不存在贵金属贸易，非金属矿物及其制品贸易总量也极小；中老矿产品贸易以产业间贸易为主，老挝在矿产品贸易中具有出口比较优势，贸易规模大，逐年迅速扩张；中老贱金属及其制品贸易以产业内贸易为主；中老装备制造业贸易总量大，主要是机电产品与运输设备贸易，但贸易总量逐年递减。

综上所述，中越、中缅矿产业的产业内贸易以矿产品为主；中印、中老矿产业的产业内贸易以贱金属及其制品为主；中印尼矿产业逐渐由产业内贸易转变为产业间贸易。非金属矿物及其制品与贵金属矿物及其制品贸易总量均很小，且以产业间贸易为主。中国与印、越、缅、老、印尼的矿产业产业内贸易与各国间相对要素禀赋差异有关。装备制造业中的机电产品及运输设备也是这些国家主要的贸易产品，因为随着这些国家的经济发展，对机电产品、运输设备等的需求不断增加。

4. 分产品的产业内贸易

（1）中国与新马泰机电产品及仪器仪表①的产业内贸易。根据 HS2002 两位数的贸易数据，中新在机电产品、仪器仪表制造业产品与钟表及其零件方面仍以产业内贸易为主，说明中新两国在这些产品的专业化生产上具有很强的相似性。中新的仪器仪表贸易规模小，机电产品贸易规模大而且稳定，其中电气机械及器材制造业与电子及通信设备制造业产品的贸易总量大约为核反应堆、锅炉等通用设备制造业及专用设备制造业产品的两倍。因此电气机械及器材制造业、电子及通信设备制造业在中新贸易中占有重要的战略地位，同时也是中新产业合作的重要领域（见附表 10）。

中马机电产品产业内贸易较显著的是核反应堆及锅炉等通用设备制造业及专用设备制造业产品；贸易总量规模巨大的电气机械及器材制造业与电子及通信设备制造业产品以产业间贸易为主，贸易量稳定，贸易额所占比重高达 44.4%，马来西亚在此类产品的贸易中具有绝对的出口比较优势；中马的仪器仪表制造业产品产业内贸易显著，但贸易规模小且技术差距有扩大的趋势。因此，中马贸易以电气机械及器材制造业、电子及通信设备制造业产品贸易为

---

① 第十六类机电产品在国民经济行业分类体系中，包含了装备制造业中的通用设备制造业及专用设备制造业、电气机械及器材制造业与电子及通信设备制造业。其中第 84 章包含的是通用设备制造业及专用设备制造业，第 85 章包含的是电气机械及器材制造业与电子及通信设备制造业。第十八类仪器仪表包含了装备制造业中的仪器仪表制造业、钟表及其零件、乐器及其零附件。

主，其次为通用设备制造业及专用设备制造业产品。

中泰机电产品及仪器仪表产业内贸易除乐器及其零附件为产业间贸易外，其余产品在两位数贸易数据下均以产业内贸易为主，说明中泰两国在机电产品及仪器仪表的专业化生产方面具有一致性。但从各产品的贸易总量分析，泰国的电气机械及器材制造业、电子及通信设备制造业、通用设备制造业、专用设备制造业、仪器仪表制造业产品与钟表及其零件在出口贸易中具有比较优势。

因此，在两位数贸易数据下，中新、中泰机电产品贸易中的电气机械及器材制造业、电子及通信设备制造业、通用设备制造业、专用设备制造业产品、仪器仪表制造业产品与钟表及其零件仍以产业内贸易为主；中马机电产品贸易中的通用设备制造业、专用设备制造业产品以产业内贸易为主，但贸易规模最大的是电气机械及器材制造业、电子及通信设备制造业产品；中国与新马泰的乐器及其零附件贸易均以产业间贸易为主，而且中国在此类产品贸易中具有出口比较优势。另外，中国与新马泰贸易的主要产品是电气机械及器材制造业、电子及通信设备制造业产品，其次是通用设备制造业及专用设备制造业产品。

（2）中越、中缅矿产品的产业内贸易。根据 HS2002 版本下的两位数贸易数据，中越、中缅矿产品贸易的对象主要是矿物燃料及矿物油，其余产品贸易总量很小。中越矿物燃料及矿物油贸易以产业内贸易为主，但贸易总量规模在迅速减小；中缅矿物燃料及矿物油贸易以产业间贸易为主。中缅双边贸易中，缅甸在矿石矿灰贸易中具有出口比较优势且贸易规模在逐渐增加，而中国在矿物燃料贸易中具有比较优势（见附表11）。

（3）中印、中老贱金属及其制品①的产业内贸易。中印、中老

———

① 贱金属及其制品在国民经济行业分类中为贱金属矿产资源及其制品，还有装备制造业中的金属制品业。

的贱金属及其制品贸易在两位数贸易数据下均为产业间贸易。中印贱金属及其制品的贸易主要为钢铁及钢铁制品与铜及其制品的贸易，中国在钢铁及钢铁制品贸易中具有绝对的出口比较优势，印度在铜及其制品的贸易中具有出口比较优势。中老贱金属及其制品贸易的主要产品为钢铁及钢铁制品、铜及其制品与铝及其制品，中国除了铜及其制品贸易不具有出口比较优势外，其余均具有出口比较优势（见附表12）。

### 5.1.3 产业合作重点

中国西南边疆与东南亚、南亚的产业合作应在"海上丝绸之路"的战略基础上，依托沿线综合交通基础设施，昆明、南宁中心城市以及滇中城市群次中心城市，以国际贸易、生产要素自由流动及资源空间重构优化配置为动力，以节点城市产业园区为载体，以实现区域经济快速增长、区域经济一体化为目标，发展"一核多轴"的跨国经济产业带。在云南形成以昆明为核心，以楚雄、玉溪、曲靖为次中心的"一核三轴"多层次合作体系，同时形成空中（航空、信息高速公路等）丝绸之路、地上（公路、铁路客运货运等）丝绸之路、地下（石油、天然管道等）丝绸之路的立体经济网络。应以资源禀赋差异为基础，梯次合理布局节点城市重点发展的产业。云南作为中国与东南亚、南亚产业合作的重要桥头堡，是中国内地与周边东南亚、南亚国家产业合作的依托。应依托内地大市场以及已有的产业配套基础，合作建设装备制造业产业带、矿产业产业带、能源合作产业带，将云南重点发展成为装备制造业出口生产加工基地、珠宝玉石及贵金属生产基地、铜铁等矿产业生产加工基地、石化工业基地、商贸物流基地以及特色旅游服务基地。在云南形成装备制造业、矿产业、能源、商贸物流业、特色旅游业相互交错的立体产业合作网络。

## 一　矿产业

我国与东南亚南亚的矿产业合作主要是我国与印度、越南、缅甸、老挝、印度尼西亚的矿产资源开采与加工冶炼合作。印度拥有丰富的铁矿石资源，相应地印度钢铁工业是国内重要工业之一。但印度大部分的钢铁企业设备陈旧、技术落后。我国是制造业大国，是世界第一大钢铁生产国，需要进口大量的铁矿石。中国的制造业与印度薄弱的制造业基础形成优势互补格局，而我国相对先进的技术还可以改造印度本国陈旧的设备。不仅铁矿石，我国还需要印度、老挝、越南等地丰富的铜矿资源，缅甸的翡翠、镍矿。商品贸易中，中国与印度、越南、缅甸、老挝、印尼的产业内贸易以矿产业为主；其中，中印、中老产业内贸易以贱金属及其制品为主，中越、中缅则以矿产品为主；矿物燃料及矿物油、矿石矿灰、钢铁及钢铁制品、铜及其制品与铝及其制品等是我国与东南亚、南亚主要的矿产业产业内贸易产品。而在中国的矿产业分布中，矿产资源采选业主要分布在中部及东北部地区，矿产冶炼压延加工业主要集中于中部、东部及东北部的辽宁。西部地区基本不具备优势，但西部有较为丰富的矿产资源，应积极引进东部地区的先进技术，集中发展矿产业采选业及冶炼压延加工业，进一步对矿产资源进行勘探、开采及开发利用。东部地区应向西部地区转移出矿产业中上游生产环节，大力发展装备制造业，不断从两头在外的低附加值生产环节向高附加值环节转变。我国与东南亚、南亚的矿产业合作，应是以产业链深化分工为基础的中小企业集群，以合作建设产业园区为载体，依托各节点城市的区域产业特色和优势的矿产资源，在资源丰富的地区布局矿产资源采选业及初加工工业，而在相对发达的中心城市重点发展矿产业中游的冶炼压延加工业。我国中西部及东北部地区与印越缅老等国工业基础薄弱，需要引进相对发达地区——如我国东部地区、新加坡等国——先进的技术辅助矿产业发展。

## 二　能源产业

我国与东南亚、南亚的能源产业合作主要包括中缅油气管道、中巴能源走廊。应积极推动中国与印尼、文莱的石油及天然气合作，引进油气资源，在云南逐渐形成石化工业基地，并积极打造电力空中走廊，向东南亚南亚及中国内地输出电力资源，形成油气进口及电力输出交互网络。中缅油气管道包括原油管道和天然气管道，原油管道起点位于西海岸马德岛，天然气管道起点在皎漂港。原油管道经缅甸若开邦、马圭省、曼德勒省和掸邦，从云南瑞丽进入中国，在昆明安宁建设石油炼化基地，末站位于重庆。天然气管道最后进入广西，2013 年 7 月 28 日天然气管道（缅甸段）开始向中国输送天然气。中巴能源合作可以同时解决中国与巴基斯坦两国的能源短缺问题，同时使两国的经济合作上升到更高层次。中巴合作的重点在于沿海油气资源的勘探与开发，巴基斯坦沿海地区具有丰富的石油和天然气潜力，中国的技术优势和经验可以帮助巴基斯坦挖掘和生产油气资源。同时巴基斯坦地处中亚与中东之间，中巴能源走廊可以使中国直接从陆路进口石油和天然气，缓解马六甲困局。中巴能源走廊的建设还可以促进我国与中亚的能源合作，以及电力需求紧张问题。

## 三　生物产业

生物多样性是中国大西南与中南半岛、南亚次大陆最突出的特征，这一区域被誉为世界上三大资源富集地之一。多样性的生物资源及其适生环境是生物产业发展的基础，生物科技创新日新月异，生物产业是当今世界成长性最强的产业。应充分利用中国在生物医药制造、生物育种和生物服务方面的技术优势和企业管理优势，利用中国与中南半岛国家和孟印缅等国家的产业梯度和产业互补性，加强对这些国家生物产业的投资，重点在这些国家发展生物农业，通过合作形成生物全产业链和产业集群（详细模式见第 6 章）。

## 5.2　西北边疆桥头堡的重点合作产业

西北边疆出境通道以新疆为主，本节以新疆为重点分析西北边疆面向中亚开放桥头堡经济的产业合作重点。

### 5.2.1　西北边疆桥头堡经济中心的产业基础

#### 一　新疆的战略地位

从地理区位看，新疆地处亚欧大陆中心，是我国向西开放的重要门户，应充分发挥新疆的地缘优势，重建面向中亚开放的丝绸之路经济带，把新疆建成区域性国际商贸中心。依托中国内地大市场，基于新疆特色产业，充分发挥本地独特的区位优势，加大向西开放的力度，使新疆成为东联西出、西进东出的枢纽，建成我国区域性商品交易中心、物流中心、信息服务中心以及向西出口的商品加工制造业落地加工基地，即以新疆为中心，依托内地，以区域资源禀赋为基础，建设辐射中亚、欧亚的桥头堡。新疆在我国与中亚地区的产业合作中占据了重要的战略地位。新疆与中亚的贸易规模逐渐扩大，经济合作范围不再仅限于边境地区，已经发展到各自的经济辐射区。新疆与中亚各国逐步形成了多层次、多形式、多渠道的全面合作模式，进出口的商品结构也逐步向多样化、技术含量高的机电、机械设备等领域发展。虽然新疆与中亚的贸易合作取得了巨大进步，但新疆与中亚的贸易结构依然存在诸多问题：比如新疆目前出口的商品仍以技术含量及附加值较低的初级产品和劳动密集型产品为主；工业化水平较低，加工制造业不发达，对产品深加工能力弱，产业链短，特别是具有比较优势产品的加工深度不够；利用外资不足，技术升级和设备改造受到制约；边境贸易和转口贸易占据了新疆外贸的半壁江山，加工贸易发展不足。应充分发挥新疆桥头堡的辐射功能，逐步完善基础设施建设，加快调整产业结构，引进技术，将新疆建设成为石油化工生产基地、纺织业加工基地、装备制造业生产加工基地、农特食品精加工基地。促进中国（新疆）与中亚的贸易便利化，大力发展加工贸易，加强进口消化能力，使加工业在本地落地生产。

## 二　新疆的中心及次中心城市的产业特点

新疆是中国陆地面积最大的省级行政区。新疆与俄罗斯、哈萨克斯坦等 8 国接壤，是古丝绸之路的重要通道，也是第二座"亚欧大陆桥"的必经之路，具有重要的战略地位。新疆是中国经济发展较快的省区之一，GDP 总量一直稳居全国第 25 位。初步核算，2012 年，全年实现地区生产总值（GDP）7505.31 亿元，比上年增长 12%。其中，第一产业增加值为 1320.57 亿元，增长 7%；第二产业增加值为 3481.56 亿元，增长 13.7%；第三产业增加值为 2850.06 亿元，增长 12.3%。从三次产业结构上看，新疆的三次产业结构为 17.6：46.4：36，工业在新疆经济中占主导地位，服务业发展不足。[①] 农业方面，新疆盛产水果，包括葡萄和瓜类，此外还有棉花、小麦等；工业方面，新疆工业实力近年来显著增强，成为推动自治区经济发展的主导产业，目前已初步形成以石油天然气开采、石油化工为主导，包括煤炭、特色轻工、纺织、机电、电力等行业，具有新疆资源特色的工业体系。[②]

### 1. 乌鲁木齐

乌鲁木齐是新疆维吾尔自治区的首府，是联系南北疆、中国内地、中亚，甚至欧洲的交通总枢纽，丝绸之路的重要节点城市，位于第二座亚欧大陆桥经济带上。乌鲁木齐毗邻中亚各国，是东西商贸的重要枢纽，对中亚地区具有较强的辐射作用。据统计，乌鲁木齐 2013 年实现地区生产总值 2400 亿元，三次产业增加值分别为 27

---

① 数据来源：相应年份《中国统计年鉴》。
② 马向宏：《推进新疆新型工业化发展对策研究》，《现代经济信息》2014 年第 2 期。

亿元、930 亿元和 1443 亿元，按可比价格计算，比上年分别增长
6.2%、14.8%、15.3%。三次产业的比例为 1.1∶38.8∶60.1，三
次产业分别拉动经济增长 0.3 个、4.7 个、10 个百分点。目前，乌
鲁木齐已形成石化、冶金、纺织、机械制造、高新技术、建材、医
药、食品、轻工业、电子信息等产业优势，产业门类齐全，产业结
构合理，特别是石化、冶金等已经成为第二产业的支柱。乌鲁木齐
是中亚地区重要的进出口贸易集散地，第三产业也较为发达，包括
商贸物流、银行业、金融业以及其他服务业。[①]

　2. 克拉玛依

　克拉玛依市是以石油命名的城市，黑油山位于市区东北角。
克拉玛依是新中国成立后开采的第一个大油田，原油年产量上千
万吨。克拉玛依市除了石油外，还有天然气，石油和天然气油层
浅、储量大，原油质地优良，分布状况是横向连片，纵向叠合，
由多种油气层系和油藏类型组成，主要分布在准噶尔盆地腹部、
西北缘和南缘地区。其他矿产主要有天然沥青和沥青砂、煤炭、
金丝玉、食盐、石膏、芒硝、耐火材料、砂石等。其中天然沥青
和沥青砂储量丰富，沥青地质储量约为 2.5 亿吨。全市上下紧紧
围绕打造"世界石油城"的战略目标发展，2012 年实现地区生
产总值 810 亿元，三次产业增加值分别为 4.6 亿元、713 亿元和 92
亿元，按可比价格计算，比上年分别增长 5.4%、5.4%、11%。
三次产业的比例为 0.57∶88.07∶11.36。克拉玛依市是个以石化工
业为主的城市，基本没有农业，服务业增长迅猛。克拉玛依市规模
以上企业主要的工业产品有：天然原油、天然气、原油加工产品、
乙烯、石油沥青、液化石油气。以石化工业为主的产业规模和质量
不断提升，同时第三产业——比如金融、技术服务业等——发展迅
速。

---

① 2013 年乌鲁木齐《国民经济和社会发展统计公报》。

3. 吐鲁番

吐鲁番地区矿产资源丰富，现已探明有 65 种矿产，石油、天然气、煤炭、黄金、铁、铜、芒硝、花岗岩、钾硝石、钠硝石、膨润土等矿产储量大，品位高，极具开发价值和潜力。据统计，吐鲁番 2012 年实现地区生产总值 243.9 亿元，三次产业增加值分别为 33.8 亿元、156 亿元和 54.1 亿元，三次产业的比例为 11.8∶66∶22.2。工业是吐鲁番的支柱产业，尤其是矿产资源的开采，比如钠基膨润土。中石油的吐哈油田大部分开采区都位于吐鲁番境内。

4. 哈密

哈密地区矿产资源丰富，资源富集区大多位于铁路、公路沿线，开发条件好，已探明矿种 76 种，主要优势资源有煤、石油、天然气、铁、铜、镍、石材、芒硝、黄腐酸等。据统计，哈密 2012 年实现地区生产总值 274.6 亿元，三次产业增加值分别为 33.47 亿元、143.54 亿元和 97.61 亿元，按可比价格计算，比上年分别增长 7.3%、32.2%、14.5%。三次产业的比例为 12.2∶52.3∶35.5。哈密地区工业增长迅猛，已形成了以化工、电力、冶金、煤炭、建材、轻纺、制药、食品加工为主体的工业体系，工业在国民经济中占主导地位，具备了良好的工业发展基础。

5. 喀什

喀什地区是新疆面向中亚开放中南疆重要的次中心城市，是新疆连接吉尔吉斯斯坦、塔吉克斯坦的重要枢纽。2010 年被国务院确定为第六大经济特区，据统计，喀什 2012 年实现地区生产总值 517.3 亿元，三次产业增加值分别为 175.2 亿元、143.1 亿元和 199 亿元，按可比价格计算，比上年分别增长 6.6%、28%、17.5%。三次产业的比例为 33.9∶27.7∶38.4。农业和服务业是喀什地区的主导产业，比如以水果、坚果、畜产品等为主的农业，以商贸、旅游、交通、邮电等为主的服务业。

### 5.2.2   中国与中亚的产业内贸易现状

#### 一   总体产业内贸易现状

中国与中亚各国的商品贸易总体上以产业间贸易为主；从时间序列分析，中国除了与阿富汗、塔吉克斯坦的产业内贸易水平波动较大，与其他重要国家的产业间贸易水平稳定（如图 5.2 - 1 所示，详细数据见附表 13）。总体上，中国与中亚国家贸易总量不高（见表 5.2 - 1），这也是我国与中亚国家整体上以产业间贸易为主的原因之一。

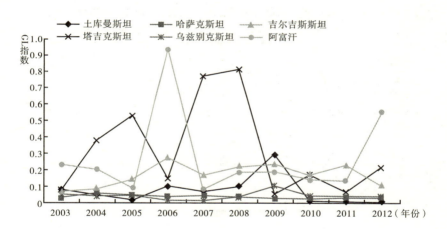

图 5.2 - 1   2003～2012 年中国与中亚各国综合 GL 指数

表 5.2 - 1   2003 年、2012 年中国与中亚各国总贸易额

单位：亿美元，%

| 国家 | 2003 年 | 2012 年 | 年均增长率 | 国家 | 2003 年 | 2012 年 | 年均增长率 |
|---|---|---|---|---|---|---|---|
| 哈萨克斯坦 | 32.92 | 256.77 | 25.6 | 乌兹别克斯坦 | 3.47 | 28.75 | 26.5 |
| 土库曼斯坦 | 0.83 | 103.72 | 71.0 | 塔吉克斯坦 | 0.39 | 15.91 | 51.1 |
| 吉尔吉斯斯坦 | 3.14 | 51.63 | 36.5 | 阿富汗 | 0.27 | 4.69 | 37.3 |

资料来源：联合国商品贸易统计数据库测算结果。

从各国的人均 GDP 水平看，哈萨克斯坦与土库曼斯坦的人均
GDP 水平均高于我国（见表 5.2 - 2）；三次产业结构上，服务业是
哈萨克斯坦的主导产业，其次是工业（见表 5.2 - 3）；商品结构
上，哈萨克斯坦主要出口矿产品（包括石油及石油产品），进口机
械、设备、交通工具、仪器和仪表。进出口商品结构的差异也是中
哈商品贸易以产业间贸易为主的原因之一，哈萨克斯坦经济以石
油、天然气、采矿、煤炭和农牧业为主，加工工业和轻工业相对落
后，与我国经济中主要的加工工业、轻工业正好互补。

表 5.2 - 2　2003 年、2012 年中国及中亚各国人均 GDP（现价美元）

单位：美元，%

| 国家 | 2003 年 | 2012 年 | 年均增长率 | 国家 | 2003 年 | 2012 年 | 年均增长率 |
|---|---|---|---|---|---|---|---|
| 哈萨克斯坦 | 2068 | 12116 | 21.7 | 吉尔吉斯斯坦 | 381 | 1160 | 13.2 |
| 土库曼斯坦 | 1286 | 6798 | 20.3 | 塔吉克斯坦 | 238 | 871 | 15.5 |
| 中国 | 1274 | 6091 | 19.0 | 阿富汗 | 198 | 687 | 14.8 |
| 乌兹别克斯坦 | 396 | 1717 | 17.7 | | | | |

资料来源：世界银行（WB ID）。

表 5.2 - 3　2003 年、2011 年中国及中亚各国的三次产业结构

单位：%

| 国家 | 2003 年 | | | 2011 年 | | |
|---|---|---|---|---|---|---|
| | 第一产业 | 第二产业 | 第三产业 | 第一产业 | 第二产业 | 第三产业 |
| 中国 | 12.8 | 46.0 | 41.2 | 10.0 | 46.6 | 43.4 |
| 哈萨克斯坦 | 8.4 | 37.6 | 53.9 | 5.5 | 40.2 | 54.3 |
| 土库曼斯坦 | 20.3 | 41.3 | 38.4 | 14.5 | 48.4 | 37 |
| 乌兹别克斯坦 | 33.1 | 23.5 | 43.4 | 18.9 | 32.6 | 48.3 |
| 吉尔吉斯斯坦 | 37.1 | 22.3 | 40.6 | 18.6 | 30.8 | 50.6 |
| 塔吉克斯坦 | 27.1 | 37.4 | 35.5 | 19.9 | 22.1 | 51.3 |
| 阿富汗 | 37.8 | 22.9 | 39.3 | 20.8 | 23.3 | 52.5 |

资料来源：世界银行（WB ID）。

工业虽是土库曼斯坦的主导产业，但土库曼斯坦是世界上最干旱的地区之一，丰富的天然气（世界第五）和石油资源储量使石油天然气工业成为国内的支柱产业，与我国的产品结构差异大。

其余的中亚国家——吉尔吉斯斯坦、塔吉克斯坦、乌兹别克斯坦和阿富汗——经济发展水平落后；三次产业结构中，农业占有很大的比重。经济发展层次差异、产业梯度及产品结构差异导致我国与中亚国家的贸易以产业间贸易为主。

**二 分国别的双边贸易现状**

1. 中哈双边贸易现状

多年以来，中哈贸易是以矿产业为主的产业间贸易，还有皮革及纺织工业和装备制造业产品的贸易，以产业内贸易为主的化学工业贸易规模很小。中哈矿产业贸易规模最大，贸易额占中哈贸易总额的比重近几年始终保持在 50% 以上；其次是皮革及纺织工业，但皮革及纺织工业贸易总量有逐渐减少的趋势（如图5.2-2所示，详细数据见附表14）。哈萨克斯坦拥有丰富的自然资源，尤其是石油、天然气、矿石、煤炭，对世界的出口商品中大部分为矿产品（包括石油和石油产品）；哈萨克斯坦工业有冶金、煤炭、石油等，其中加工工业及轻工业基础薄弱，装备制造业大部分靠进口，如机械设备、交通工具、仪器仪表等；哈萨克斯坦的工业有严重的资源偏向性，严重依赖能源原材料产业。哈萨克斯坦在矿产业贸易中具有绝对的出口比较优势，而我国在中哈贸易中占有绝对出口优势的是皮革及纺织工业与装备制造业。

中哈贸易主要是以矿产品与贱金属及其制品贸易为主的矿产业贸易，以纺织原料与鞋帽伞等成品贸易为主的皮革及纺织业贸易，以及以机电产品和运输设备贸易为主的装备制造业贸易。中哈两国贸易逆差较为严重，多年以来都是以产业间贸易为主，其中中国对哈萨克斯坦出口工业制成品，比如服装及鞋帽等纺织制成品、钢铁制品、机电产品及运输设备等；哈方对我国出口能源、原材料、钢

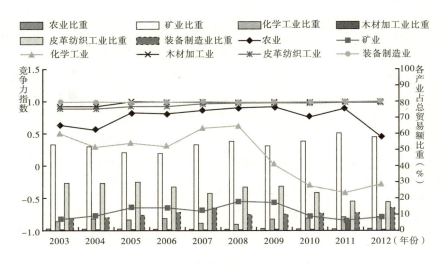

**图 5.2 - 2　2003 ~ 2012 年中哈各产业竞争力指数及贸易比重**

注：竞争力指数大小介于（-1，1）之间，大于 0 表示中国出口有比较优势，小于 0 表示哈萨克斯坦出口有比较优势；竞争力指数介于（-0.5，0.5）之间表示为产业内贸易，大于 0.5 或小于 -0.5 表示为产业间贸易。

铁、铜及其制品等矿物初级产品，尤其是石油、天然气等的矿物油及矿物燃料。哈方对我国出口的商品结构的单一性，与哈萨克斯坦本国以石油、天然气等能源初级产品出口为主要经济支柱的产业特点有关。

中哈贸易主要是以新疆为主导的边境贸易，加工贸易发展严重滞后于全国的平均水平。中哈每年在新疆过货的外贸达 90% 左右，其中主要通过阿拉山口和霍尔果斯两个口岸。新疆是中哈贸易最主要的承载区，占绝对的优势地位。但新疆属于我国西部欠发达地区，工业化水平较低，有竞争力的企业较少。因此，新疆的经济发展水平、产业结构、基础设施及政治稳定性等逐渐成为制约中哈贸易持续有效发展的瓶颈。

2. 中土双边贸易现状

中土贸易是以矿产业贸易为主的产业间贸易。多年以来，两国产业内贸易现象并不明显，基本是矿产业的产业间贸易，贸易规模逐年扩张。2012 年，矿产业的贸易总额达到两国双边贸易总额的

88%；装备制造业等其余产业的贸易总量逐年递减。2003 年以来，中土矿产业贸易由中方出口占比较优势转变为土方出口占比较优势（如图 5.2 – 3 所示）。土库曼斯坦在中亚五国中经济发展水平仅次于哈萨克斯坦，拥有丰富的天然气和石油资源。因此，石油和天然气工业是土国的支柱产业，国内经济主要依靠天然气出口。20 多年的贸易往来历史中，贸易结构上，土方从进口纺织品、食品等日用轻工产品向机械设备、运输工具、轻工业产品转变。中土天然气双边合作与贸易大大加速了中土的双边贸易总量；2009 年 12 月，从土库曼斯坦出发经乌兹别克斯坦、哈萨克斯坦到中国的天然气管道正式运营，使 2010 年以来中土矿产业贸易总额大幅度提升，并表现为土方的出口优势。

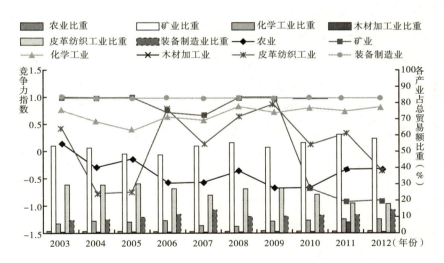

**图 5.2 – 3　2003 ~ 2012 年中土各产业竞争力指数及贸易比重**

注：竞争力指数大小介于（– 1，1）之间，大于 0 表示中国出口占比较优势，小于 0 表示土库曼斯坦出口占比较优势；竞争力指数介于（– 0.5，0.5）之间表示为产业内贸易，大于 0.5 或小于 – 0.5 表示为产业间贸易。

自中国—中亚天然气管道建成以来，中土贸易由原来以装备制造业贸易为主转变为以矿产业贸易为主，其中以天然气为主的矿物燃料及矿物油贸易占到中土贸易总额的 90% 左右。但不管是装备制造业贸易还是矿产业贸易，多年来均是以产业间贸易为主。商品贸易结构上，中国主要从土库曼斯坦进口天然气等矿物燃料及矿物油等初级能源原材料产品，出口钢铁制品、机电产品及运输设备等制成品。

中土两国在产品结构及经济发展层次上具有很大的互补性。比如我国是能源消耗大国，而土库曼斯坦是能源富余国家；土国是棉花出口大国，但棉花的深加工滞后；土国养蚕业十分发达，但丝绸工艺落后；而我国在纺织业、丝绸行业拥有先进的技术，可以合作生产，同时还可以带动纺织设备的出口。新疆依托其特殊的地缘优势，在中土贸易中扮演着重要的角色，是中土贸易合作的重要节点城市。

3. 中吉双边贸易现状

中吉贸易是以皮革及纺织工业为主的产业间贸易。多年来，中国与吉尔吉斯斯坦的产业内贸易现象不明显，以产业间贸易为主。皮革及纺织工业是中吉贸易的主要产业，且贸易总量逐年递增。在金融危机的冲击下，中吉在农业、矿产业、化学工业、装备制造业等产业方面的贸易均大幅度减少，而中吉皮革及纺织工业贸易仍保持上升态势。2008 年，随着其他产业贸易的恢复，皮革及纺织工业贸易量稍有降低，然后继续增长但增长速度逐渐趋缓，贸易额占总贸易额的比重基本保持在 70% 以上。2005 年以后，中吉贸易均以产业间贸易为主，除了矿产业，其余产业基本是完全的产业间贸易，而且均表现为中国的出口优势（如图 5.2 - 4 所示）。对于吉尔吉斯斯坦而言，中国是吉尔吉斯斯坦的技术依靠，工业产品和深加工产品的产业基地。吉国工业基础薄弱，主要生产原材料，主要有采矿、电力、燃料、化工、有色金属、机械制造、木材加工、建筑、轻工、食品等部门，尤其是采矿、电力及木材加工业所占的比重最大。吉尔吉斯斯坦有色金属资源丰富，比如锑矿储量丰富，且品位高。吉尔吉斯斯坦是个以农业为主的国家，尤其是种植业。

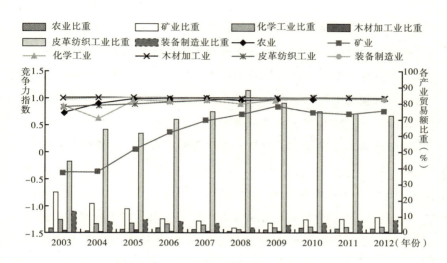

图 5.2 - 4　2003 ~ 2012 年中吉各产业竞争力指数及贸易比重

注：竞争力指数大小介于（-1，1）之间，大于 0 表示中国出口占比较优势，小于 0 表示吉尔吉斯斯坦出口占比较优势；竞争力指数介于（-0.5，0.5）之间表示为产业内贸易，大于 0.5 或小于 -0.5 表示为产业间贸易。

　　中吉贸易结构较为单一，而且产品的技术含量不足，多为纺织品等传统劳动密集型产品，装备制造业等高技术含量的产品贸易较少。中吉以皮革及纺织工业为主的产业间贸易产品主要是纺织原料及纺织制品，还有鞋帽伞等成品；以非金属矿物及其制品、贱金属及其制品贸易为主的矿产业贸易和以机电产品、运输设备为主的装备制造业贸易在经历了 2008 年金融危机后贸易总量均有少许增加。在贸易的商品结构中，中吉贸易基本为中国占出口优势的完全产业间贸易。纺织工业方面，中国大规模出口皮革制品、棉花、化学纤维、工业用纺织制品、针织物、非针织物及其他纺织制品，还有鞋靴等成品及零附件，尤其是针织服装的贸易总量最大；其他领域的贸易商品主要是塑料、玻璃、钢铁及其制品、通用及专业设备、电机电器设备及通信设备、车辆等。

　　新疆与吉尔吉斯斯坦水土相连，在上海合作组织高层及两国政府的共同推动下，新疆与吉尔吉斯斯坦经贸合作日益密切。中亚五国中，吉尔吉斯斯坦是新疆的第二大贸易伙伴，新疆有中国与中亚贸易的重要通关口岸；应充分发挥新疆的地缘优势，加强与吉尔吉斯斯坦的双边经贸合作。但新疆同吉尔吉斯斯坦一样，市场容量有限，发育程度不高，工业化水平落后。要使中国与吉尔吉斯斯坦进行更深入的产业合作，必须借助国内东部等较为发达地区的经济力量，在新疆大力发展加工贸易，带动新疆以及吉尔吉斯斯坦的经济发展。

### 4. 中塔双边贸易现状

中塔贸易是以皮革及纺织工业产品贸易为主的产业间贸易。多年来，中塔贸易除了矿产业贸易在部分年份表现出产业内贸易现象，其余产业的贸易均表现为中国占出口优势的产业间贸易，尤其是装备制造业、皮革及纺织工业、化学工业、农业等几乎为完全的产业间贸易。受 2008 年金融危机的影响，中塔贸易大幅度减少，但 2010 年以后有所回升，尤其是皮革及纺织工业贸易迅速恢复。作为中国与塔吉克斯坦主要的贸易产业，2008 年以后，该产业的贸易额比重一直维持在 60% 左右。中塔除了主要的皮革及纺织工业贸易，还有矿产业及装备制造业贸易，但矿产业及装备制造业的贸易总量在逐年递减，2004 年从 40% 左右的占比降到近年来的 10% 左右（如图 5.2 - 5 所示）。我国是传统的劳动密集型纺织工业大国，同时也是机电产品加工贸易大国，但中塔贸易多为传统的劳动密集型的纺织工业贸易。塔吉克斯坦经济基础薄弱，工业发展不足，对产品的需求主要集中在日用消费品、服装等初级产品方面。

在贸易的商品结构方面，中塔贸易经历了四个不断转变与发展的阶段。塔国从最初进口轻工业产品不断向进口纺织服装、机电产品、机械设备等多元化商品转变。随着中塔双边贸易合作的深入，中国对塔出口的商品结构不断优化，出口的商品主要有轻纺产品、机电产品以及高新技术产品等。根据对联合国商品贸易统计数据

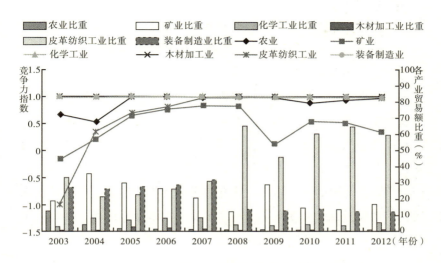

**图 5.2－5 2003～2012 年中塔各产业竞争力指数及贸易比重**

注：竞争力指数大小介于（－1，1）之间，大于0表示中国出口占比较优势，小于0表示塔吉克斯坦出口占比较优势；竞争力指数介于（－0.5，0.5）之间表示为产业内贸易，大于0.5或小于－0.5表示为产业间贸易。

的计算，2008～2012年，中国向塔吉克斯坦出口商品中出口额排在前10位的有：针织或钩编服装、鞋类产品、非针织或钩编服装、其他纺织制品、车辆、电器及电子设备、铝及其制品、玻璃、塑料及其制品、矿石矿灰矿渣，其中纺织服装和鞋类产品贸易额比重最大。中塔贸易除矿产业外几乎为完全的产业间贸易，中国从塔国进口的主要商品有矿产品、贱金属等，其中矿石矿灰和粉煤灰、棉花、铝及其制品的进口总量最大。

新疆凭借其地缘优势，成为中国与中亚国家合作的桥头堡。新疆与塔吉克斯坦的边境贸易占了中塔贸易的主要部分，其中卡拉苏—库勒买口岸是中塔两国贸易的重要通道，双边贸易60%以上均通过该口岸进行。中国—亚欧博览会和喀什贸易投资洽谈会是促进中塔经贸合作的重要平台。

5. 中乌双边贸易现状

中乌贸易首先是以皮革及纺织工业、装备制造业为主的产业间贸易，其次是化学工业和矿产业贸易。中国在改革开放后，在机械设备、信息通信、纺织工业等方面在国际市场上均具备了一定的比较优势。而乌兹别克斯坦在石油、煤炭、天然气、铜、棉花、矿产资源等方面的独特优势使乌国成为世界棉花的主要出口国。乌国内的四大支柱产业是"四金"：黄金、白金（棉花）、黑金（石油）、蓝金（天然气），但乌国加工工业落后，工业结构较为单一。因此，中乌皮革及纺织工业贸易是以乌国出口为主的产业间贸易；矿产业贸易从乌国的出口占比较优势逐渐转变为中国的出口占比较优势，矿产业贸易在金融危机之后逐渐恢复；装备制造业也是中乌贸易的主要产业，主要是中国向乌国出口机械设备等产品；中乌化学工业贸易在 2010 年达到小高峰以后贸易总量在逐年减少，2011 年及 2012 年，中乌的化学工业贸易以产业内贸易为主（如图5.2－6所示）。

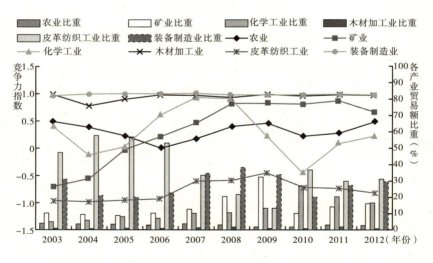

**图 5.2－6　2003～2012 年中乌各产业竞争力指数及贸易比重**

注：竞争力指数大小介于（－1，1）之间，大于 0 表示中国出口占比较优势，小于 0 表示乌兹别克斯坦出口占比较优势；竞争力指数介于（－0.5，0.5）之间表示为产业内贸易，大于 0.5 或小于 －0.5 表示为产业间贸易。

　　中乌贸易中，乌国除了在纺织原料及其制品、矿产品、化学工业及其相关制品方面具有出口优势外，在其余产品如非金属矿产业及其制品、贱金属及其制品、机电产品及运输设备等方面均不具备优势。中乌的植物产品贸易以产业内贸易为主，比如咖啡、茶等茶类的产业内贸易。中乌贸易前十位的产品有：棉花、机器机械等通用及专用设备、无机化学品及贵金属同位素等的有机及无机化合物、电机电器设备、钢铁制品、塑料及其制品、钢铁、车辆、橡胶及其制品、仪器仪表等，其中乌国有出口优势的是棉花和无机化学品。乌兹别克斯坦具有出口优势的其他产品还有矿物燃料及矿物油、肥料等。

　　中乌贸易中，乌国只在棉花、矿产资源等初级产品的贸易中具有比较优势，而在资本、技术密集型的装备制造业等产品的贸易中不具备竞争优势。随着乌国经济的发展，乌国对机电产品及运输设备的需求越来越大。我国是加工业及纺织工业大国，与乌国具有独特优势的棉花及矿产资源形成优势互补。新疆作为中国与中亚产业合作的桥头堡，在中乌产业合作及经贸合作中占有重要的战略地位，但新疆与乌国的产业结构具有同构性，比如同是该区域棉花生产的主要地区，对中乌产业合作有一定的消极影响。

　　综合以上分析发现，中国与中亚各国的贸易是以矿产业、皮革纺织工业、装备制造业为主的产业间贸易，其中与哈萨克斯坦、土库曼斯坦是以矿产业为主的产业间贸易，与吉尔吉斯斯坦、塔吉克斯坦是以皮革及纺织工业为主的产业间贸易，与乌兹别克斯坦的贸易除了皮革及纺织工业外还有装备制造业的贸易。中国—中亚的贸易结构单一，互补性强，中亚国家主要出口矿产资源、棉花等初级产品，我国则主要出口资本、技术密集型的机电产品及纺织制品。中亚各国的经济具有严重的资源偏向性，比如哈萨克斯坦出口的商品主要为石油、天然气的矿物油及矿物燃料产品，土库曼斯坦的出口商品以天然气为主。中吉、中塔贸易结构较为单一,而且产品的技术含量不足,多为纺织品等传统劳动密集型产品,装备制造业等高技术含量的产品贸易较少。吉尔吉斯斯坦、塔吉克斯坦的国内经济发展水平决定了其需求以技术含量低的传统劳动密集型的纺织制品为主。中塔贸易从皮革纺织工业、矿产业、装备制造业并重逐渐转变为以皮革纺织贸易为主的贸易模式。而乌兹别克斯坦是世界主要的棉花出口国,多年以来,中乌贸易逐渐发展为纺织业、装备制造业、矿产业、化学工业并重的贸易模式。中亚独具特色的自然资源优势(棉花、石油、天然气等)与我国在资本、技术密集型的装备制造业、纺织工业等方面的优势形成优势互补。随着中亚各国经济的发展,中亚对我国机电产品及运输设备的需求越来越大。新疆独特的区位优势使新疆与中亚各国的边境贸易在中国与中亚各国的贸易中占有重要的战略地位。

### 5.2.3 产业合作重点

中国与中亚的产业合作重点是以"丝绸之路经济带"为核心推进新疆与中亚的产业合作,在新疆形成以乌鲁木齐为中心,以次中心城市和边境口岸为依托,向中亚国家辐射的多层次、全方位的路带经济网络,同时形成空中(航空、信息高速公路等)丝绸之路、地上(公路、铁路客运货运等)丝绸之路、地下(石油、天然管道等)丝绸之路的立体经济网络。以资源禀赋差异为基础,梯次合理布局节点城市重点发展的产业。新疆作为中国与中亚产业合作的重要桥头堡,在依托内地大市场以及已有的产业配套基础,合作建设装备制造业产业带、能源合作产业带、纺织工业产业带时,应重点发展成为装备制造业落地生产加工基地、石化工业基地、纺织工业加工出口贸易基地、商贸物流基地以及特色旅游服务基地。在新疆形成装备制造业、矿产业、纺织、能源、商贸物流业、特色旅游业相互交错的立体产业合作网络。

## 一　能源产业

中国与中亚的能源贸易在双边贸易中占有重要地位，并且新疆是中国—中亚产业合作的重要桥头堡，也是我国重要的战略资源储备区。中国与中亚的产业合作主要是以新疆为核心的能源合作，是基于"空中走电、地上走煤、地下走油"的立体能源合作国际产业带建设；是基于中亚国家能源优势，落实能源资源输送协议，扩建中国—中亚能源资源跨国原油输送管道（A、B、C线），包括中国—哈萨克斯坦原油及天然气管道、中国—土库曼斯坦天然气输送管道、中国—乌兹别克斯坦天然气输送管道；加快建设喀什—瓜达尔港（巴基斯坦）—霍尔木兹海峡—迪拜的中巴能源资源的铁路运输通道。① 把喀什打造成中国陆路最大能源进口铁路枢纽和中亚矿产资源输入的重要通道节点，充分发挥阿拉山口口岸的铁路、公路、航空、管道四位一体的交通枢纽作用，加强口岸基础设施建设，增强换装过货能力。

## 二　装备制造业

我国与中亚的贸易除了能源矿产业贸易外，还有贸易量较大的装备制造业的贸易。虽然中亚五国在装备制造业贸易中不具备优势，需求也不是很大，但是随着中亚五国经济的发展，它们对机电产品等装备制造业产品的需求会越来越大，因此中亚是我国未来机电产品的主要供应市场之一。我国与中亚的装备制造业贸易是以中国出口为主的产业间贸易，尤其是机电产品的贸易。装备制造业合作产业带，可在新疆形成以乌鲁木齐为核心，南疆以喀什地区为次中心，北疆以克拉玛依市、吐鲁番地区、哈密地区为次中心的装备制造业生产网络。乌鲁木齐是新疆的经济中心，可着重发展装备制造业核心部分，大力发展装备制造业加工贸易，克拉玛依市、吐鲁

---

① 程中海：《西向开放战略下新疆与中亚经贸国际大通道建设与战略实施》，《对外经贸实务》2013 年第 10 期。

番地区等工业城市可重点发展装备制造业中游零部件生产的加工制造环节，在喀什地区、伊犁可重点发展商贸物流以及上游生产环节产品的出口加工贸易。

### 三 纺织工业

我国与中亚的贸易除了能源矿产业贸易、装备制造业贸易外，还有贸易量较大的纺织工业贸易。虽然中亚五国在纺织工业贸易中不具备优势，但源于中亚经济基础的薄弱，对我国传统纺织工业产品的需求量很大。随着中亚五国经济的发展，他们对纺织产品的需求量将会越来越大，因此中亚不仅是我国能源的战略储备地区，未来机电产品的主要供应市场之一，还能给我国的纺织工业产品提供巨大的原料供给和成品需求市场，比如乌兹别克斯坦的棉花供应。要在新疆形成传统纺织工业的出口加工贸易基地，可基于成本以及地区经济发展的层次在乌鲁木齐中心城市以及南北疆次中心城市布局生产纺织业产业链不同的生产环节。乌鲁木齐、哈密地区已经形成轻工、轻纺等工业体系，应着重大力发展该地区的纺织业出口加工贸易。

## 5.3 东北边疆桥头堡的重点合作产业

基于黑龙江被确定为中国面向东北亚开放中的桥头堡和枢纽站，本节重点分析黑龙江桥头堡经济的产业合作。

### 5.3.1 东北边疆桥头堡经济中心的产业基础

#### 一 黑龙江的战略地位

黑龙江地处东北亚经济区的中心位置，具有独特的地缘优势，与俄罗斯的边境线长达 3000 多千米，是我国面向东北亚开放的重要门户。依托黑龙江特殊的区位优势以及特色资源禀赋，可把黑龙江建设成为辐射东北亚的桥头堡。加强黑龙江沿边开放带建设，可以聚集全国的资源优势来参与面向东北亚的开放，加速将黑龙江建设成为东北亚经济区的国际性区域中心。须充分发挥黑龙江的桥头堡辐射带动功能，着力打造黑龙江面向东北亚的"六大基地"中心：以机电制造为基础的装备制造业基地，发展加工贸易；以石油、天然气、煤炭为基础的石油化工基地，发展矿产业贸易，使黑龙江成为全国资源的聚宝盆；基于黑龙江资源优势，打造绿色食品基地，供应内地以及整个东北亚的米袋子；充分发挥黑龙江区位优势，打造国际性商贸物流基地；以高素质低成本为主要优势的劳务输出基地；休闲度假旅游基地。应依托第一条亚欧大陆桥，发挥关键节点城市的带动作用，构筑以哈尔滨为中心，铁路、公路、航运、航空、管道等运输方式有效衔接、相互补充的国际经贸产业带，合理梯次布局特色产业，使产业链合理分工、相互联动。

## 二　黑龙江省中心及次中心城市的产业特点

黑龙江省拥有丰富的矿产资源、土地资源、森林资源、水资源等，是东北亚地区经济发展的资源基地。据统计，2012 年，黑龙江省全省完成地区生产总值 13691.58 亿元，人均生产总值为 35711 元，三次产业结构为 15.4∶44.1∶40.5，全省实现第一产业增加值 2113.66 亿元，第二产业增加值 6037.61 亿元，第三产业增加值 5540.31 亿元。黑龙江农业经济占有较大比重。黑龙江凭借其优势的森林资源、水资源及土地资源，形成了以畜牧业、种植业为主的农业经济，黑龙江还是中国东北部重要的粮食生产基地。不过黑龙江经济还是以工业为主导，拥有雄厚的工业基础，多年来逐步形成了以煤炭、木材、石油、机械、冶金、化工、食品、纺织、医药、电子、汽车和军工等为主的工业体系。黑龙江是东北亚的中心区域，商贸物流、旅游、金融等服务业发展迅速。

1. 哈尔滨

哈尔滨是黑龙江省的省会，副省级城市，中国东北部的政治经济文化中心。哈尔滨地处东北亚中心位置，被誉为亚欧大陆桥的明珠，是第一条亚欧大陆桥和空中走廊的重要枢纽。据统计，哈尔滨2013年实现地区生产总值4550.1亿元，人均GDP达到45810元。三次产业增加值分别为506.8亿元、1638.9亿元和2404.4亿元，三次产业结构为11.1∶36.1∶52.8，对地区生产总值增长的贡献率分别为9.9%、42.2%、47.9%。第三产业在全市的地区生产总值中占有绝对比重，已经形成以商贸、旅游、金融、银行以及其他服务业为主导的经济体系。农业方面，哈尔滨地域广阔，土地肥沃，雨水充沛，是中国重要的商品粮生产基地，是发展食品加工业和农业经济的理想地点。哈尔滨拥有中国最肥沃的黑土地，适合种植各种食用和纺织用农作物，比如大豆、马铃薯、亚麻、甜菜等。工业方面，哈尔滨已形成装备制造、医药、食品、石化等四个主导产业，以及新能源、新材料、新型环保、生物、新型装备制造、现代装备制造等六大新兴产业，2012年实现增加值分别为562.4亿元、409.3亿元。

2. 齐齐哈尔

齐齐哈尔是我国重要的装备工业基地，也是国家振兴东北老工业基地战略实施的重点城市之一。齐齐哈尔地处哈大齐工业走廊之内，工业基础雄厚，装备制造业优势尤为突出。重工业还有机床制造、铁路机车制造、大型农机具制造和兵工业制造。近些年来，齐齐哈尔依托生态、资源优势，大力发展食品加工业、家具行业。高新技术产业方面，由小到大、由强到弱，初步形成了机电一体化、新能源、电子信息、生物医药、绿色食品等产业群。农业方面还有以饲养奶牛、黄牛、东北细毛羊为主的畜牧业。

3. 牡丹江

牡丹江作为黑龙江第三大城市，是黑龙江东部最大的中心城市。初步统计，2012年全市实现地区生产总值1092.7亿元，同比增长14.1%（含绥芬河），不含绥芬河实现981.4亿元。其中：第一产业完成增加值 189.9 亿元，比上年增长 15.7%；第二产业完成增加值 422.0 亿元，比上年增长 16.1%；第三产业完成增加值 369.5 亿元，比上年增长 11.2%，三次产业结构为 19.3:43.0:37.7。农业在经济中占有较大的比重，以水稻、玉米、大豆、绿色有机食品、食用菌等生产为主，还有畜牧业。工业方面截至 2012 年末，全市规模以上工业企业户数达到 410 户；实现增加值 204.3 亿元，比上年增长 23.3%；实现主营业务收入 729 亿元，比上年增长 23.3%；实现利税总额 77.7 亿元，比上年增长 22.6%；实现利润总额 42.4 亿元，比上年增长 25.6%。

4. 佳木斯

佳木斯是黑龙江省的第四大城市，是黑龙江省东部的政治、经济、科技、文化、交通中心，地处东北亚经济圈的中心位置，通过江海联运，可连接蒙古国、俄罗斯、日本、韩国、朝鲜和东南亚各国。佳木斯产业基础雄厚，土地资源、能源、矿产资源丰富，工业门类齐全，逐步形成了绿色食品、机械制造、医药化工三大支柱产业，承接产业转移的能力较强。2011 年，国民经济保持平稳较快增长，经初步核算，全市实现地区生产总值（GDP）625.3 亿元，按可比价格计算比上年增长 14.2%，其中，三次产业增加值分别为 189.2 亿元、166.2 亿元、269.9 亿元，三次产业结构为 30.2:26.6:43.2。

5. 资源型地区

黑龙江的资源型地区有大庆市、鸡西市、双鸭山市、七台河市、伊春市、大兴安岭六个。大庆是中国的第一大油田，形成以石油、化工为支柱产业的资源型工业城市，具有发展装备制造、新材料以及以服务外包为主的高端服务业的产业基础；伊春有世界最大的红松原始林，被称为天然氧吧；鸡西是中国重要的煤炭生产基地，是东北最大的煤城，也是兼有机械、装备制造、冶金、电力、化工、建材等门类的工业城市；双鸭山与鸡西毗邻，双鸭山煤矿是全国十大特大煤矿之一；七台河市有中国三大保护性开采煤田之一，是以煤炭和木材加工工业为主导的资源型城市；大兴安岭是中国东北部著名山脉，也是中国最重要的林业基地之一。

### 5.3.2　中国与东北亚产业内贸易现状

#### 一　总体产业内贸易现状

综合分析我国与东北亚中日本、蒙古国及俄罗斯总体的产业内贸易现状，数据结果显示，我国与日本的商品贸易产业内贸易水平显著，而与蒙古国及俄罗斯的商品贸易总体上以产业间贸易为主（如图5.3-1）。从上文分析，我国与东南亚、南亚及中亚的产业内贸易现状与各国的经济发展层次、出口商品结构及三次产业构成有关。同理，东北亚也是如此，中日产业内贸易水平显著与中日两国之间的出口商品结构、经济发展层次及三次产业构成有关。日本自1960年代末期起至今一直是世界资本主义第二号经济强国，具有很强的科研能力、雄厚的工业基础和先进的制造业技术。日本经济高度发达，其人均国内生产总值超过40000美元稳居世界前列，是全球最富裕、经济最发达和生活水平最高的国家之一。日本还是中国在周边25国的第一贸易伙伴，2012年，中日贸易额达到3296.6亿美元，占中国与周边25国总贸易额的1/3左右。日本的第三产业，特别是银行业、金融业、航运业、保险业及商业服务业对GDP贡献最大，占全国GDP的72.7%。日本的主要工业包括钢铁、汽车、造船、电子电器、化工、纺织和食物加工等，汽车工业是日本的"支柱产业"，其产业链跨越制造业、服务业；电子机械是日本的第二大支柱产业，包括洗衣机、电冰箱、灯光设备以及个人电脑等多个范畴。农业方面，实行小型机械化，推动农业现代化，农民收入稳定。商品结构方面，日本主要出口的商品包括汽车、半导体、钢铁、塑胶、化工产品等，而主要进口的产品则是化石能源、机械、影音产品和纺织品等。

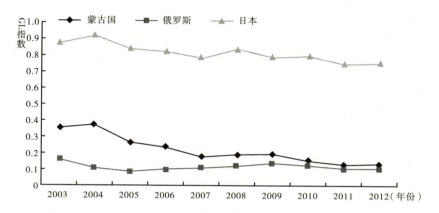

图 5.3 - 1　2003 ~ 2012 年中国与东北亚各国综合 GL 指数

资料来源：联合国商品贸易统计数据库合并和测算结果。

　　中国与俄罗斯的商品贸易以产业间贸易为主。俄罗斯的第三产业对 GDP 贡献最大，占全国 GDP 的 59%；俄罗斯属于中高收入水平国家，人均 GDP 水平过万美元。但在出口商品结构上，虽然中俄贸易总量巨大，但俄罗斯过度依赖天然资源的出口，占总出口 80% 的是石油、天然气、金属以及木材。俄罗斯作为世界最大的石油和天然气输出国，与我国主要出口机电产品的商品结构差异较大，这也导致了中俄产业间贸易的现状。相对于中国、日本及俄罗斯，蒙古国经济较为落后，属于中低收入水平国家，人均 GDP 仅为我国的 1/2 左右。中蒙贸易总量小，并且以产业间贸易为主，这与蒙古国自身的产业结构、出口商品构成、产业发展梯度相关。蒙古国经济以畜牧业和采矿产业为主。蒙古国拥有极丰富的矿产资源，我国巨大的市场需求，导致我国对蒙古国的矿产需求巨大。出口商品结构方面，蒙古国主要出口矿产品、纺织品和畜产品等；进口机器设备、食品等。中蒙之间的贸易主要为蒙古国出口初级的畜产品和矿产品，进口食品及机器设备，是典型的垂直型产业间贸易（见表 5.3 - 1、表 5.3 - 2、表 5.3 - 3）。

表 5.3 - 1　2003 年、2012 年中国与东北亚各国总贸易额

单位：亿美元，%

| 国家 | 2003 年 | 2012 年 | 年均增长率 |
|---|---|---|---|
| 日本 | 1335.57 | 3294.6 | 10.6 |
| 俄罗斯 | 157.58 | 891.3 | 21.2 |
| 蒙古国 | 4.40 | 66.0 | 35.1 |

资料来源：联合国商品贸易统计数据库测算结果。

表 5.3 - 2　2003 年、2012 年中国及东北亚各国人均 GDP

单位：美元，%

| 国家 | 2003 年 | 2012 年 | 年均增长率 |
|---|---|---|---|
| 日本 | 33691 | 46720 | 3.7 |
| 俄罗斯 | 2976 | 14037 | 18.8 |
| 中国 | 1274 | 6091 | 19.0 |
| 蒙古国 | 646 | 3673 | 21.3 |

资料来源：世界银行（WB ID）。

表 5.3 - 3　2003 年、2011 年中国及东北亚各国的三次产业结构

单位：%

| 国家 | 2003 年 | | | 2011 年 | | |
|---|---|---|---|---|---|---|
| | 第一产业 | 第二产业 | 第三产业 | 第一产业 | 第二产业 | 第三产业 |
| 中国 | 12.8 | 46.0 | 41.2 | 10.0 | 46.6 | 43.4 |
| 日本 | 1.4 | 28.9 | 69.7 | 1.1 | 26.2 | 72.7 |
| 俄罗斯 | 6 | 33 | 61 | 4 | 37 | 59 |
| 蒙古国 | 20.8 | 28.4 | 50.8 | 14.5 | 36.3 | 49.2 |

资料来源：世界银行（WB ID）。

## 二　分国别的产业内贸易现状

### 1. 中日产业内贸易现状

中日产业内贸易以装备制造业为主。多年以来，中日贸易均以产业内贸易为主，除了农业和皮革及纺织工业，其余如矿产业、化学工业、木材加工业及装备制造业贸易均是产业内贸易，尤其是装

备制造业的产业内贸易。装备制造业是中日贸易的主要产业，占中日贸易总额的比重在55%左右；矿产业、化学工业、皮革及纺织工业也是中日重要的贸易产业（见表5.3-4）。日本经济高度发达，是全球经济最发达的国家之一。从三次产业结构看，日本是个基本没有农业的国家，工业是日本的支柱产业，第三产业对GDP的贡献最大。日本的工业涵盖了钢铁、汽车、电子电器等产业，汽车工业是日本最重要的支柱产业，此外还有电子电器制造业。我国经过多年的经济发展，机器机械加工制造、电子电器制造业在国际市场上均具备了一定的竞争优势。中日两国经济发展层次、产业结构及出口商品结构的相似性使中日两国在矿产业、装备制造业等方面表现出显著的产业内贸易现象。

表5.3-4 2003~2012年中日GL指数和贸易比重较高的产业

| 产业 | GL指数 | | | | | 贸易额占贸易总额比重(%) | | | | | |
| --- | --- | --- | --- | --- | --- | --- | --- | --- | --- | --- | --- |
| | 2003年 | 2006年 | 2008年 | 2010年 | 2012年 | 2003年 | 2006年 | 2008年 | 2010年 | 2012年 | 平均 |
| 矿产业 | 0.86 | 0.78 | 0.75 | 0.62 | 0.71 | 11.5 | 13.2 | 15.5 | 12.3 | 11.9 | 12.9 |
| 化学工业 | 0.48 | 0.57 | 0.61 | 0.55 | 0.59 | 9.6 | 11.6 | 12.3 | 12.6 | 12.7 | 11.8 |
| 木材加工业 | 0.66 | 0.76 | 0.86 | 0.94 | 0.76 | 1.8 | 1.7 | 1.5 | 1.6 | 1.7 | 1.7 |
| 皮革纺织工业 | 0.35 | 0.30 | 0.26 | 0.25 | 0.22 | 15.3 | 12.3 | 10.7 | 10.1 | 10.9 | 11.9 |
| 装备制造业 | 0.63 | 0.67 | 0.68 | 0.64 | 0.75 | 55.2 | 54.8 | 54.2 | 57.5 | 56.0 | 55.5 |

资料来源：联合国商品贸易统计数据库合并与测算结果。

中日贸易过程中，中方除了在纺织原料及纺织制品（如非针织或钩编服装、针织或钩编服装）方面具有竞争优势外，其余产品均无竞争优势，中日贸易存在中方的贸易逆差。中日贸易额排前10位的产业有：电机设备、通用及专业设备、仪器仪表、车辆及其零件、塑料及其制品、钢铁制品、针织或钩编服装、有机化学品、非针织或钩编服装及矿物油或矿物燃料。中日贸易主要是装备制造业的产业内贸易（电机设备、通用及专用设备、仪器仪表及运输设备），中日装备制造业产业内贸易之所以发生是因为存在产品异质性、规模报酬的递增以及日本对华的直接投资。同时，中日装备制造业贸易水平的高低在很大程度上反映了相对要素禀赋的差异。由于中日两国生产力水平差距的存在，中国对日本的出口多为低附加值产品，而日本对中国的出口则以高附加值产品为主，这种国际分工差异导致中日贸易产生了逆差。中日机电产品的产业内贸易水平显著，机电产品产业也是中日装备制造业产业内贸易的主要产业。从产业特点看，机电产业的产业链长、生产环节多，不同环节的技术含量相差悬殊，具备了生产环节分工形成产业内贸易的基础条件。此外机电产品多样化程度高，中日之间无论是成品产业内贸易、成品—零部件产业内贸易还是零部件—零部件产业内贸易均存在较大的空间，尤其是成品之间的产业内贸易。因为中国的高端技术有待发展，装备制造业国际分工中中国的产业链位置还有待提升。

　　2. 中俄双边贸易现状

　　中俄在总体上以产业间贸易为主；矿产业、装备制造业与皮革及纺织业是中俄主要的双边贸易产业，但这些产业的贸易均是产业间贸易，尤其是装备制造业与皮革及纺织业几乎为完全产业间贸易；中俄化学工业贸易以产业内贸易为主，但化学工业贸易规模很小，且贸易总量在逐渐减少（见表5.3 – 5）。俄罗斯拥有世界最大的矿产和能源储量，是世界最大的石油和天然气出口国。俄罗斯的经济以采矿产业的初级加工业为主，商品出口的80%是初级加工的矿产资源，这也说明俄罗斯的经济具有严重的资源偏向性。中俄经济具有很强的互补性，中国在一定程度上为俄罗斯提供技术支撑，中国的机器机械及电子电器产品在俄罗斯有很大的市场需求，而中国高速发展的市场经济也需要俄罗斯丰富的矿产及能源资源。优势互补的中俄市场是中俄经贸合作与发展的重要支撑。

表 5.3 – 5  2003 ~ 2012 年中俄 GL 指数和贸易比重较高的产业

| 产业 | GL 指数 | | | | | 贸易额占贸易总额比重(%) | | | | | |
| | 2003年 | 2006年 | 2008年 | 2010年 | 2012年 | 2003年 | 2006年 | 2008年 | 2010年 | 2012年 | 平均 |
| --- | --- | --- | --- | --- | --- | --- | --- | --- | --- | --- | --- |
| 矿产业 | 0.13 | 0.27 | 0.49 | 0.35 | 0.24 | 31.5 | 38.2 | 35.1 | 37.5 | 44.6 | 37.4 |
| 化学工业 | 0.30 | 0.65 | 0.88 | 0.80 | 0.99 | 11.0 | 9.7 | 9.7 | 10.1 | 8.1 | 9.7 |
| 皮革纺织工业 | 0.01 | 0.01 | 0.01 | 0.00 | 0.00 | 22.7 | 20.2 | 16.8 | 16.6 | 14.0 | 18.0 |
| 装备制造业 | 0.92 | 0.09 | 0.06 | 0.06 | 0.03 | 14.7 | 14.4 | 22.1 | 21.2 | 21.4 | 18.8 |

资料来源：联合国商品贸易统计数据库合并与测算结果。

中俄矿产业贸易主要是贱金属及其制品的产业内贸易和矿产品的产业间贸易，贱金属贸易总量在递减，矿产品贸易总量在逐年递增。中俄贸易中，中国具有竞争优势的是皮革、纺织原料及制品、鞋类制品、机电产品及运输设备等，俄罗斯在化学工业、塑料橡胶及其制品、木及木制品、矿产品等原材料及其初加工产品的贸易中占有独特的竞争优势。这也说明了俄罗斯加工业的落后，主要依靠原材料的出口带动经济增长，需要我国加工制造的产品满足国内生产生活需求。中俄贸易排前十位的产品有：矿物油及矿物燃料、通用及专用设备、电机设备、木及木制品、针织或钩编服装、鞋类产品、非针织或钩编服装、矿石矿砂矿灰、镍及其制品、车辆及其零附件，其中矿物油及矿物燃料的贸易额占中俄总贸易额的比重达到 33% 左右。我国具有出口优势的是一些纺织类产品及机电运输设备产品，但这些产品贸易额没有中俄矿产业贸易量大，因此中俄贸易存在中方的贸易逆差。

3. 中蒙双边贸易现状

中蒙双边贸易主要是矿产业的产业间贸易，中蒙矿产业贸易占中蒙贸易总额的 70% 左右。蒙古国的矿产资源极为丰富，除了矿产业外，蒙古经济还有畜产品、皮革的初加工工业。我国作为蒙古国主要的贸易伙伴，对矿产的巨大需求，极大地带动了蒙古国矿产业经济的增长。蒙古国对我国的装备制造业产品、纺织品的需求也越来越大（见表5.3-6）。

表5.3-6 2003~2012年中蒙GL指数和贸易比重较高的产业

| 产业 | GL指数 | | | | | 贸易额占贸易总额比重（%） | | | | | |
|------|--------|--------|--------|--------|--------|--------|--------|--------|--------|--------|--------|
| | 2003年 | 2006年 | 2008年 | 2010年 | 2012年 | 2003年 | 2006年 | 2008年 | 2010年 | 2012年 | 平均 |
| 矿产业 | 0.18 | 0.14 | 0.51 | 0.17 | 0.23 | 58.6 | 74.4 | 81.7 | 67.3 | 65.3 | 69.5 |
| 皮革纺织工业 | 0.81 | 0.62 | 0.34 | 0.35 | 0.26 | 25.4 | 7.6 | 8.5 | 10.4 | 13.0 | 13.0 |
| 装备制造业 | 0.01 | 0.00 | 0.04 | 0.00 | 0.00 | 6.7 | 10.0 | 2.1 | 15.4 | 14.8 | 9.8 |

资料来源：联合国商品贸易统计数据库合并与测算结果。

中蒙两国贸易结构单一，中国主要向蒙古国出口工业制成品，而蒙古国向中国出口能源矿产原材料，因此两国贸易具有很强的互补性。蒙古国具有出口优势的矿产品贸易，比如矿石矿灰矿渣和矿物油及矿物燃料的贸易，是中蒙两国矿产业产业间贸易的主要产品。中蒙的矿石矿灰矿渣和矿物油及矿物燃料贸易额占中蒙贸易总额的60%左右。同时，蒙古国对华制成品的需求越来越大，如纺织制品（针织或钩编服装及其他针织制品）、钢铁及其制品、电机设备、通用及专用设备制品、车辆及其零附件。我国的矿产资源较为短缺，因此我国应加强与矿产资源丰富国家的矿产及能源资源方面的合作，以市场、技术、资金等换取资源，实现共同发展。

综合以上分析发现，中国与东北亚的贸易中，除了中日贸易是以装备制造业为主的产业内贸易，与俄罗斯、蒙古国的贸易均是以矿产业贸易为主的产业间贸易。产品异质性、规模报酬的递增以及日本对华的直接投资使中日之间呈现出显著的装备制造业产业内贸易的现象，尤其是电机设备、通用及专用设备的贸易。由于中日两国生产力水平差距的存在，中国对日本的出口多为低附加值产品，而日本对中国的出口则以高附加值产品为主，中日缺乏成品之间的产业内贸易，中国的高端技术水平有待发展。俄罗斯加工业落后，主要依靠原材料（矿物油及矿物燃料）的出口带动经济增长，需要我国加工制造的产品来满足国内生产生活需求。蒙古国矿产资源丰富，中蒙贸易主要是矿石矿灰矿渣和矿物油及矿物燃料的贸易。俄罗斯、蒙古国经济具有严重的资源偏向性，绝大部分出口商品为矿产资源原材料，同时两国对我国电机设备、通用及专用设备等装备制造业产品需求越来越大。

### 5.3.3　产业合作重点

中国边疆与东北亚的产业合作可依托第一亚欧大陆桥以及沿线综合交通基础设施，以哈尔滨为中心城市，以齐齐哈尔市、牡丹江市、佳木斯市为次中心城市，以国际贸易、生产要素自由流动及资源空间重构优化配置为动力，为实现区域经济快速增长、区域经济一体化，将黑龙江发展成为面向东北亚开放的"一核多轴"的跨国经济产业带。在黑龙江同时形成空中（航空、信息高速公路等）、地上（公路、铁路客运货运等）、地下（石油、天然管道等）的三维立体经济网络，以资源禀赋差异为基础，梯次合理布局节点城市重点发展的产业。黑龙江作为中国与东北亚产业合作的重要桥头堡，是中国内地向东北亚开放的重要依托。可依托内地大市场以及已有的产业配套基础，合作建设装备制造业产业带、冶金矿产业产业带、能源合作产业带，将黑龙江重点发展成为装备制造业落地生产加工基地、冶金矿产业加工基地、石化工业基地、商贸物流基地以及特色旅游服务基地，形成装备制造业、矿产业、能源、商贸物流业、特色旅游业相互交错的立体产业合作网络。

#### 一　能源产业

我国与东北亚的能源贸易主要是中俄、中蒙的能源矿产业贸易。而黑龙江作为中国与东北亚产业合作的重要桥头堡，是我国能源资源的重要储备区之一。因此，我国与东北亚的能源矿产业合作是指以黑龙江为核心的中国—东北亚能源通道的建设与完善，落实能源资源输送协议。中国—东北亚能源通道包括：中俄原油管道、中蒙能源国际产业带。中俄原油管道起自俄罗斯远东管道斯科沃罗季诺分输站，经中国黑龙江省和内蒙古自治区，止于大庆末站。管道全长 999.04 千米，俄罗斯境内 72 千米，中国境内 927.04 千米。双方协定俄罗斯通过中俄原油管道每年向中国供应 1500 万吨原油，于 2010 年 11 月 1 日进入试运行阶段，2012 年 9 月正式签约。中蒙能源国际产业带主要针对中国与蒙古国石油领域的合作勘探开采。蒙古国与中国产油盆地在地质方面存在许多相似点，如东蒙古盆地的塔木查干和东戈壁与中国的阿尔善和海拉尔盆地很相似。中石油与蒙古国的合作还包括提炼、运输及储存设施，因此，中蒙能源合作还应该加快原油输送管道的建设。中蒙除了要大力推进石油能源领域的合作，还应积极促成煤炭资源的合作。

## 二 装备制造业

我国与东北亚的装备制造业贸易主要是我国与日本、韩国装备制造业的产业内贸易。黑龙江作为我国面向东北亚开放的桥头堡，在中日贸易中具有重要的战略地位。可在黑龙江有梯次地布局装备制造业的不同生产加工制造环节，大力发展出口加工贸易。首先以哈尔滨为中心，布局装备制造业下游生产加工制造环节。哈尔滨已经发展了作为主导产业的装备制造业，以及新能源、新材料、新型环保、生物、新型装备制造、现代装备制造六大新兴产业，已经具备足够的产业配套基础发展面向东北亚开放的装备制造业生产基地。其次以齐齐哈尔市、牡丹江市、佳木斯市为次中心，与哈尔滨中心城市形成"一核三轴"的装备制造生产体系，比如齐齐哈尔以机床制造、铁路机车制造、大型农机具制造、军工装备制造为主形成的机电一体化装备制造体系，佳木斯市的机械制造等。资源丰裕的大庆、鸡西、双鸭山、七台河、伊春等资源型城市，可为装备制造业工业体系提供能源矿产、冶金矿产资源。全省可形成装备制造业、冶金矿产业相互互动的工业体系。

## 5.4 结论与启示

在中国的沿边开放进程中，西南边疆的云南省具有中国面向东南亚、南亚开放重要桥头堡的战略地位，西北边疆的新疆维吾尔自治区具有中国面向中亚开放桥头堡的战略地位，东北边疆的黑龙江省具有中国面向东北亚开放桥头堡的战略地位。作为中国西南出境大通道上重要交通枢纽的昆明是西南边疆桥头堡经济中心，作为中国西北出境大通道上重要交通枢纽的乌鲁木齐是西北边疆桥头堡经济中心，作为中国东北出境大通道上重要交通枢纽的哈尔滨是东北边疆桥头堡经济中心。通过产业内贸易分析得出：中国与东南亚、南亚的重点合作产业是矿产业集群和能源产业集群，中国与中亚的重点合作产业是能源产业集群、装备制造业集群和纺织业集群，中国与东北亚的重点合作产业是能源产业集群和装备制造业集群。

# 6 案例：沿中老铁路的产业 集群空间布局

中老铁路是泛亚铁路中通道，是中国面向西南开放的重要干线，是一条具有国际、城际通道功能和旅游功能的快速铁路干线，北起中国昆明，南至老挝万象，设计全长 971.313 千米，其中，昆明—玉溪 55.4 千米，已于 1993 年建成通车；玉溪—磨憨 503.913 千米，于 2004 年纳入国家铁路网中长期规划，2010 年国家发展和改革委员会委托中资公司对该项目建议书进行评估，2011 年商务部委托中资公司编制可行性研究报告；磨憨—万象的老挝段 412 千米，2009 年中国铁道部与老挝铁道部签署了合作备忘录。整体上，中老铁路建设正在各方努力下积极推进。本章以正在筹建中的中老铁路为依托，根据区域发展差异和产业梯度，充分分析中心城市和次中心城市的产业基础和功能定位，以及如何沿中老铁路布局产业集群中的不同环节，以此为案例进一步阐述中国边疆推进桥头堡经济中心快速成长的产业集群模式。

## 6.1 国际经济合作中的产业集群

随着竞争方式从对抗竞争向合作竞争转变，联盟和集群成为最新的合作竞争方式。迈克尔·波特（M. E. Porter）在《集群竞争》一书中指出："集群是指在某一特定领域内互相联系的、在地理位置上集中的公司和机构的集合。集群包括一批对竞争起重要作用的、相互联系的产业和其他实体。集群还经常向下延伸至销售渠道和客户，并从侧面扩展到辅助性产品的制造商，以及与技能技术或投资相关的产业公司。最后，许多集群还包括提供专业化培训、教育、信息研究和技术支持的政府和其他机构——例如大学、标准的制定机构、智囊团、职业培训提供者和贸易协会等。"① 从合作范围看，集群一般限制在某一个特定的地理范围内，但联盟可以在世界范围内任意选择合作伙伴。

对于产业集群，国际经济学家克鲁格曼和维纳布尔斯（Paul Kurgman and Anthony J. Venables，1999）认为，产业在地理上形成集群是波特竞争优势理论的核心。他们所建立的产业集群理论模型将产业内联系与产业间联系作为决定产业集群形成的重要参数，分析得出的结论是：当产业间的关联效应强于产业内的关联效应时，无论冰山运输成本如何变化，聚集都是无法维持的，相反，当产业内的关联效应强于产业间的关联效应时，产业在地理上的集中对于一个足够小的运输成本是可以维持的。② 他们还通过数值模拟，得出了各国经济发展水平与产业扩散之间关系的一般规律，即随着各国经济发展水平的提高，产业扩散的一般规律是：劳动密集程度高的产业先扩散、上游产业先扩散、产业关联度低的产业先扩散。赫尔普曼和克鲁格曼（Helpman and Kurgman，1985）在研究影响产业内贸易的国家特征时指出，相关要素禀赋和市场容量的相似性与产业内贸易水平正相关。克鲁格曼认为，欧洲的众多国界导致了较高的实际贸易成本，从而阻碍了欧洲整个大陆层面的产业集群，逐渐推进的欧洲市场一体化进程会打破欧洲多产业地理模式的对称局面，最终产生美国式的集中模式。

---

① Porter. Competitive Advantage of Nation. *Harvard Business Review*，1991，（2）.
② 藤田昌久、保罗·克鲁格曼、安东尼·J. 维纳布尔斯：《空间经济学——城市、区域与国际贸易》，中国人民大学出版社，2005。

因此,集群是既独立自主又彼此依赖,既具有专业分工、资源互补,又维持着一种长期的、非特定合约的企业在一定地域范围内的集聚,是在特定领域中由一群在地理上集中且有相互关联性的企业、专业化供应商、服务供应商、相关产业的厂商和相关机构构成的群体(见图6.1-1)。因此,地域性聚集、专业性分工、非特定合约、关联性是产业集群这种合作模式的显著特征。20世纪中期以来,国内外许多专家、学者提出和发展了一系列产业集群理论,主要有工业区位理论、地域生产综合体理论、区域比较优势理论、产品生命周期理论、产业区理论、产业集群创新理论、产业集群技术创新理论等。

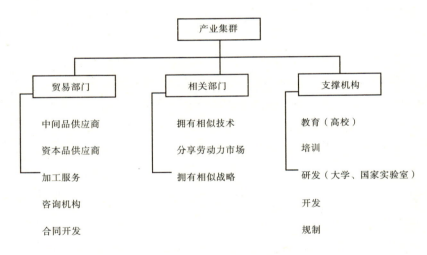

**图 6.1-1  产业集群的基本形态**

虽然中国周边国家发展差异大,但与中国边疆省份都存在明显的产业梯次和发展程度差异,具有形成纵向、跨地域、跨国境产业集群的良好条件,消解边界屏蔽,很容易形成产业集群。目前各边疆省份都提出了产业集群化发展的前景,但还局限在本地园区的小聚集概念上,没有与区外、境外国家建立关联和产业分工的思想。因此,《国务院关于支持云南省加快建设面向西南开放重要桥头堡

的意见》专门在加快推进昆明—河内经济走廊建设中提出："重点
发展以现代物流、矿产开采加工为主的产业集群，与南宁—河内经
济走廊、环北部湾经济圈协调互动、合作发展"；在推进大湄公河
次区域合作中，"重点发展以农林产品深加工、生物产业、商贸旅
游服务业为主的产业集群"。

## 6.2  中老铁路沿线各地产业发展现状及趋势

中老铁路境内段沿线地区经济发展差异大，区域产业极差显
著，沿铁路南北走向，产业梯次分布明显，昆明市的产业发展程度
较高，产业体系完备，玉溪次之，西双版纳和普洱较弱，便于开展
产业链分工，形成产业集群和沿边产业带。

### 6.2.1  昆明市已经形成较为发达、完备的产业体系

昆明市是云南省经济、政治、文化中心和云南省唯一的大城
市，昆明市交通便利，已形成四通八达的立体交通网络，拥有国
际、国内和地区空中航线 200 多条，新投入使用的昆明新国际机
场，设计年吞吐量 6500 万人次，为我国第四大门户枢纽机场。目
前成昆铁路、沪昆铁路、南昆铁路、内昆铁路等 8 条铁路交会，未
来将形成中缅、中越、中老、中缅印 4 条出境铁路，构筑起"八
出省、四出境"的铁路大通道。6 条公路干线辐射云南全省，4 条
国道通向川、黔和越、老、缅。通过中老铁路与中南半岛国家相
连，走向东南亚、南亚，将使昆明成为中国面向西南开放的国际化
门户和桥头堡城市。

昆明市在云南省经济社会发展中居于龙头地位，2011 年昆明市
地区生产总值为 2509.58 亿元，占全省的 28.7%，人均生产总值
38831 元，进出口贸易占全省的 70% 左右，全社会固定资产投资占全
省的 30% 以上，集中了全省 90% 以上的科研机构、高等院校，以及

70%以上的专业技术人员。在全省发挥着经济发展的辐射带动作用。昆明资源丰富，大气环境、水环境、土壤环境、山体环境、生物环境五大环境条件优越。磷、盐等矿产资源丰富，磷矿蕴藏量约为46亿吨，昆阳磷矿为全国三大磷矿之一，盐矿储量约为138亿吨，居全国内陆盐矿第2位。昆明民族文化资源丰富，为全国首批24个历史文化名城之一，现有16个国家级和39个省级文物保护单位，是云南多民族文化特色表现最集中、最典型的地区。

昆明市已经形成了较为发达、完备的产业体系。农业现代化水平相对较高，形成了粮食、烤烟、花卉、蔬菜、畜牧、林果等优势产业；2010年昆明市实现农业总产值200.7273亿元，占全省农业产值的11.08%。随着城市规模的进一步扩大，农业在昆明市整体经济中的比重不断下降，但现代农业、都市农业发展程度不断提高。昆明市是云南省工业最发达的地区，已成为云南省最重要的工业生产研发基地和西南地区重要的工业城市之一。2011年工业增加值占全省的26.4%，已经形成了以卷烟、有色冶金、黑色冶金、机电、化工、医药、能源、建材八大行业为主，涵盖37个工业大类的工业体系。在农业和工业的带动下，昆明市的服务业得到快速发展，2011年昆明市第三产业增加值占全省的36.2%，是云南省服务业规模最大的地区，服务业形成了以旅游、商贸、物流和文化产业等为支柱的特色明显、优势互补的发展格局。

昆明市在云南省经济发展中的核心地位和科技、信息、人才等的优势，未来将在现代物流、总部经济、研发、金融、信息、高端装备制造等产业发展中形成对其他州（市）乃至GMS国家产业发展的重要辐射和带动作用。

## 6.2.2 玉溪市正在成为重要的产业转移承接地

玉溪市位于云南省中部，东北和北面接昆明市，东南和南面与红河州相邻，西南和西面连普洱地区，西北靠楚雄州。依托中老铁路，玉溪作为中老铁路昆明以南最重要的运输物流中心、中老铁路国内段重要的次中心城市和重要的交通枢纽，有着至关重要的作用。玉溪市是云南省经济相对发达的地区，2011 年玉溪市生产总值为 876.6 亿元，占全省的 10%，人均生产总值为 37913元。玉溪市产业开发程度较高，随着我国东部向西部转移产业步伐的加快和昆明城市规模扩大推动下的产业向外扩散，玉溪市由于具有良好的产业配套条件而正在成为云南省重要的产业转移承接地。

玉溪市的农业相对发达，农业产业化程度较高，形成了粮食、烤烟、花卉、蔬菜、畜牧、林果等优势产业；2011 年玉溪市第一产业增加值占全省的 5.7%，种植业和畜牧业是农业的主体。玉溪市的工业经济步入了快速发展轨道，基本建成了以烟草及配套、食品加工为主的特色轻工业，以钢铁、建材、磷化工为主体的重化工业，以新材料、装备制造、生物医药为主的新兴产业。玉溪市现有红塔、研和与通海五金机电三个重点工业园区，以及易门、华宁、澄江、峨山移民再就业、元江、江川、新平等七个工业园区，形成了分工合理、科学规划、层次分明的产业格局。玉溪以旅游、批发零售、交通运输、仓储及邮政业、物流、房地产等为代表的服务业也在快速发展。

玉溪市凭借不断增强的产业基础和良好的生产要素条件，未来将成为重要的制造业基地，尤其是现代物流、装备制造、新材料、日用消费品工业将得到长足发展。

### 6.2.3　普洱市是我国重要的林区和普洱茶基地

普洱市东临红河、玉溪，南接西双版纳，西北连临沧，北靠大理、楚雄。普洱市的江城、澜沧、孟连、西盟四个县与越南、老挝、缅甸接壤，国境线长 486 千米，有 2 个对外开放口岸、5条主要水陆干线、18 条通道通往周边国家，具有"一市连三国，一江通五邻"的区位特点，是我国面向西南开放桥头堡的重要前沿。普洱市是云南省重要的资源富集地，普洱市作为中国重要的林区和普洱茶生产基地，有热带雨林、准热带雨林、亚热带雨林、温带雨林，是驰名中外的普洱茶原产地，产业发展的资源条件优越。

虽然普洱市资源丰富，但总体上普洱市的产业开发程度不高，主要以茶产业、林产业为主，普洱市经济规模小，发展水平低，传统农业占比重较高，工业发展较为滞后。2011 年普洱市地区生产总值为 301.19 亿元，人均生产总值仅为 11795 元，不到昆明和玉溪的 1/3。普洱市的三次产业结构为 30∶36∶34，农业比重高，农业形成了粮食、林业、畜牧、茶叶等优势特色产业，2011 年普洱市农业总产值为 147.31 亿元，其中，种植业占 45.29%，林业占 24.60%，牧业占 24.11%，渔业占 3.66%。普洱市的工业以农林产品加工业为主，工业发展水平低。2011 年普洱市工业增加值为 69.82 亿元，仅占地区生产总值的 23.2%。近年来依托资源优势，普洱市积极发展生物制药、橡胶加工等产业，工业门类有所增加，形成了以茶叶加工、林加工、电力和矿产为主的工业体系。普洱市积极推进园区化战略，建立了普洱工业园区、景谷工业园区、景东工业园区、宁洱工业园区和澜沧县沿边工业园区。由于普洱市工业发展程度低，工业增加值比重不高，所以第三产业比重相对较高，2011 年第三产业增加值为 103.4 亿元，虽然占地区生产总值的 34%，但以传统服务业为主，现代服务业不发达。

普洱市由于丰富的自然资源，开发潜力大，被列为国家"桥头堡"绿色经济试验示范区。普洱市正在努力建设特色生物产业、国际性旅游度假休闲养生、清洁能源、现代林产业四大基地。

普洱市丰富的林业资源和种植条件，将成为未来木材加工、家具制造、绿色食品、保健品以及休闲养生等产业发展的重要条件。

### 6.2.4 西双版纳州是中国重要的热带雨林区和旅游度假胜地

西双版纳傣族自治州位于北回归线以南的热带北部边沿，东北、西北与普洱市接壤，东南与老挝相连，西南与缅甸接壤，紧邻泰国，全州国境线长 966.3 千米，占云南边境线总长的近 1/4。西双版纳是我国从陆路通往东南亚的门户，从景洪顺澜沧江而下可直达缅甸、老挝、泰国，同时可直达柬埔寨和越南。州内现有景洪港、磨憨口岸、西双版纳机场等水、陆、空 4 个国家一类口岸。中老铁路的修建将使西双版纳州在中国面向西南开放的桥头堡的战略格局中的地位进一步凸显。

西双版纳州是我国重要的热带雨林地区，生物资源、旅游资源富集，但产业开发程度低，经济发展相对滞后。2011 年西双版纳州完成生产总值 197.68 亿元，仅占全省的 5.1%，人均生产总值为 17310 元，高于普洱市但不到昆明市的 1/2。西双版纳州是云南省旅游开发最早的地区，目前仍然是中国的重要旅游度假胜地，旅游服务业在国民经济中占有重要地位，形成了西双版纳州特殊的"三、二、一"产业结构。2011 年西双版纳州三次产业结构为 29∶30∶41，现已形成旅游、橡胶、林业、电力等特色产业体系。农业形成了粮食、橡胶、林业、热带水果等优势产业，2011 年实现农业总产值 96.47 亿元，其中，种植业占 34.2%，林业占 54.3%，牧业占 7.1%，渔业占 4.4%。西双版纳州工业发展滞后，2011 年全部工业总产值为 67.23 亿元，以铁矿采选、精制茶加工、制糖、电力为主，同时特色食品加工、生物医药（傣药、南药）等新兴产业发展较快。目前正在推进景洪工业园区、磨憨工业园区、勐海工业园区建设，着力培育橡胶、茶叶、云麻加工、傣药、矿业深加工、绿色农特食品加工、进出口加工等产业。

西双版纳依托其独特的自然条件和人文地理条件，未来将成为旅游文化、生物医药、特色农产品深加工等产业的重点发展区。

## 6.2.5 中国与老挝的产业合作现状及趋势

### 一 老挝经济发展水平

1989 年以来，老挝一直保持着较快的发展速度。1989 年，老挝 GDP 为 82292.1 亿基普，人均 GDP 仅为 20.12 万基普；到 2009 年老挝 GDP 达到 291561.4 亿基普，人均 GDP 达到 461.33 万基普。1989 ~ 2009 年，人均 GDP 平均增长率达到 4.24%。2009 年，仍保持 GDP 增长率 7.59%。根据预测，到 2030 年老挝人均 GDP 可达到 2516.80 美元（1 美元 = 7968.5 基普），相当于 2007 年的中国人均 GDP 水平；到 2040 年，老挝人均 GDP 或可达到 4640.71 美元，相当于 2010 年中国的人均 GDP 水平。

老挝的农业与服务业增加值占 GDP 的比重较大，工业基础相对薄弱。到 2002 年，农业增加值占 GDP 的比重一直保持在 50% 以上，从 2004 年开始，农业占 GDP 比重急速下滑。2005 年，服务业迅速增长，其增加值占 GDP 比重达到 39.50%，而农业增加值所占比重下降到 36.42%，工业增加值占 24.08%。根据预测，老挝在未来 20 ~ 30 年，工业将不断发展，服务业稳步前进，农业继续保持其基础地位，从而形成"二、三、一"型产业结构。

老挝北部各省的经济以农业为主，90% 的人口从事农业生产；工业基础薄弱，工业企业规模较小，布局分散，以中小型企业、家庭式手工作坊为主，技术装备水平低，产品档次低，以资源型产品和初级产品居多；建设及发展资金主要来源于外援和投资合作。近年来，老挝北部服务业得到了较快发展，特别是琅勃拉邦省的服务业发展速度和水平较高，在北部和全国具有一定的示范带头作用。

### 二 老挝北部地区产业基础

农林牧业是老挝北部地区的主要产业，农业产值占 GDP 的比重为 58.25%，比全国平均水平高 27.15 个百分点。战略物资橡胶的种植集中在南塔、乌多姆赛、波乔等省，种植面积均达到 3.3 万公顷。

水能资源是老挝的最大资源，湄公河 60% 以上的水力资源蕴藏在老挝，全国有 60 多个水源较好的地方可以兴建水电站。目前老挝的电力产业主要集中在北部的丰沙里省。

老挝矿产资源丰富。其煤炭资源主要分布在北部的丰沙里省、中部的万象省和南部的沙拿湾省。其金属矿产主要集中分布在沙耶武里—琅勃拉邦—川圹—华潘一带和川圹—华潘—甘蒙—沙湾拿吉—阿速坡一带。其中，铜矿主要分布在老挝北部的南塔、乌多姆赛和丰沙里等省以及南部的占巴色、阿速坡一带和沙耶武里、万象省以及川圹—沙湾拿吉—阿速坡一带；金矿主要集中分布在八个片区，即波乔—南塔片区、乌多姆赛—琅勃拉邦片区、川圹—赛松本片区、华潘片区、万象盆地西沿片区、玻里坎赛片区、沙湾拿吉片区、阿速坡片区；铅锌矿主要分布于乌多姆赛省、琅勃拉邦省、万象省、赛松本特区和川圹省等中北部地区；铁矿主要集中在赛松本特区的帕莱地区和川圹省的富诺安地区；铝土矿主要分布在老挝南部波萝芬高原及阿速坡—色公之间的高原地带；锡矿矿点主要位于华潘—川圹—甘蒙—阿速坡一带。

老挝旅游业主要集中在首都万象与琅勃拉邦省。2009 年，首都万象酒店达 175 处，旅游景点达 187 处，饭店数量达 86 处，娱乐场所达 116 处。2009 年，琅勃拉邦省酒店达 41 处，旅游景点达 201 处，饭店数量达 113 处，娱乐场所达 8 处。

### 三 中国与老挝产业合作现状及趋势

#### 1. 总体贸易往来

中国对老挝的商品进出口贸易额自 1999 年来以较快的速度增长。根据预测，到 2030 年，中国对老挝的出口额将达到 64.48 亿美元，进口额将达到 94.35 亿美元；2040 年，中国对老挝的出口额将达到 138.73 亿美元，进口额将达到 207.44 亿美元。修建中老铁路，将进一步活跃中老之间的进出口贸易。

2. 农林业

中国从老挝进口的农林产品主要包括农业原材料、天然橡胶与类似树胶，以及软木与其他经济林木。根据预测，2030 年我国从老挝进口的农业原材料金额将可达 7.63 亿美元，进口天然橡胶及类似树胶将可达 0.73 亿美元，进口软木与林木将可达 5.88 亿美元；2040 年预计我国从老挝进口的农业原材料金额将可达 13.41 亿美元，进口天然橡胶及类似树胶将可达 0.95 亿美元，进口软木与林木将可达 10.34 亿美元。

3. 天然橡胶

中国与老挝之间的天然橡胶贸易，对中国的天然橡胶储备具有重要意义。2011 年，中国天然橡胶产量为 70.69 万吨，消费量为 350 万吨，进口量为 212 万吨，自给率达到 20.18%。从 2004 年起，自给率持续下降至 1/3 的战略安全警戒线以下。从东盟国家来看，泰国是东盟国家中橡胶产量最高的国家，2011 年产量达到 343 万吨；其次是马来西亚和越南；柬埔寨橡胶产量相对较低。老挝作为中南半岛上的一个内陆国家，是连接各国的交通枢纽。由此，中老铁路的修建，对于促进各国之间的商品流通将发挥举足轻重的作用。另外，随着海运成本的提高，铁路运输在不久的将来会成为货物运输的另一重要选择。

4. 矿业

中国对老挝金属与矿石的进口并不多，增长也较为缓慢。预计到 2030 年，中国对老挝矿石的进口额将达 86.13 万亿美元，2040年进口额将达到 80.81 万亿美元。当前老挝矿产开发极具潜力，中老铁路的修建对于老挝矿业产业布局具有重要意义。

5. 旅游业

旅游业是老挝经济发展的新兴产业。根据预测，2030 年，老挝入境客流量将达到 4843.77 万人，是 2010 年客流量的 20 倍；2040 年，老挝入境客流量将达到 22051.69 万人，是 2010 年客流量的 100 倍。目前，老挝的旅游业正致力于把北部地区的旅游业与周边邻国的旅游连接起来。具体来说，一方面，老挝将加强各省之间、北部各省与周边邻国之间的旅游合作，促进大湄公河次区域旅游业的整体发展；另一方面，老挝将其基础设施规划与旅游业的发展有机结合了起来。修建中老铁路，进一步完善基础设施，加强大湄公河次区域国家之间的联系，将大力推动老挝北部乃至老挝全国旅游业的发展。

## 6.3　产业空间布局思路

根据铁路沿线的地域特征、资源条件和未来铁路沿线的发展差异，可划分昆明—玉溪滇中产业片区、普洱—版纳滇西南产业片区、磨憨—勐腊—勐海进出口加工产业片区和老挝北部产业片区，重点布局现代物流业、旅游文化业、装备制造业、矿冶及材料产业、林产业、现代农业、生物产业、橡胶产业等八大产业集群，以中老铁路为主干，以沿线地区高速公路网为骨架，以产业园区为支撑，突出地域性聚集、专业化分工，增强关联性，强化配套产业发展。

### 6.3.1　昆明—玉溪滇中产业片区

按照滇中城市群的发展态势，未来 20~30 年内，昆明和玉溪两座城市将会连成一片，形成产业合理分工和紧密合作的城市群体。因此，应按照由内到外三个圈层和产业集群中的产业链条布局昆明—玉溪滇中产业片区。

以昆明城区为昆明—玉溪滇中产业片区第一圈层，包括五华区、盘龙区、西山区、官渡区、呈贡区，依托城区处于经济及地理中心的优势，以昆明高新区、昆明经开区、五华科技产业园、官渡工业园、海口工业园、呈贡工业园区为重点，布局各产业集群服务链，重点发展研发、信息、工业设计创意、总部经济、生产服务、商贸物流、金融、教育培训、旅游文化等都市型产业，为中老铁路沿线各地产业升级及经济发展提供技术支持和产业服务。

以安宁市、嵩明县、晋宁县、红塔区为昆明—玉溪滇中产业片区第二圈层，依托人力资本优势和市场规模优势，积极承接昆明城区的产业转移，以安宁工业园、晋宁工业园、杨林工业园、空港经济区、研和工业园为重点，布局各产业集群制造链，大力发展整车制造及汽车配件业、机床、铸造、电子电器设备等装备制造业、新型矿冶及新材料业、生物医药业、以果蔬为主的农特产品加工业、现代物流业、食品加工等日常消费品工业，带动中老铁路沿线各地的配套产业快速成长。

以昆明的富民、宜良、石林、寻甸、禄劝、东川和玉溪的通海、易门、华宁、新平、江川、澄江、元江等县（区）为昆明—玉溪滇中产业片区第三圈层。以各县（区）产业园区为重点，布局各产业集群精深加工链，重点是富民的钛材及钛白粉为主的钛产业、农特产品加工业，宜良的家具及绿色农特产品加工业，石林的旅游文化产业、轻工业及农特产品加工业，寻甸的褐煤系列深加工、精细磷化工及农特产品加工业，禄劝的以钛材及钛白粉为主的钛产业、精细磷化工、农特产品加工业，通海的五金加工、食品加工、彩印包装等产业，江川、澄江、华宁的磷化工业和食品加工业，易门的矿冶业、食品加工业，元江的镍产业、热区果品深加工和茉莉花香料香精加工等生物资源加工业。

## 6.3.2　普洱—版纳滇西南产业片区

按照滇西南次中心城市群的发展态势，未来20～30年内，思茅区、宁洱和景洪将会连接成为产业分工合理且紧密关联的城市群体，成为云南西南部重要的次中心城市群。因此，按照由内到外两个圈层和产业集群的产业链条进行布局。

以滇西南次级城市群中的景洪、思茅、宁洱为普洱—版纳滇西南产业片区第一圈层，以普洱工业园、宁洱工业园、景洪工业园为重点，布局各产业集群深加工链，重点发展茶叶深加工、咖啡精深加工、生物制药、绿色食品加工、林板材深加工、林化深加工、新型建材产业、橡胶深加工、制药业、绿色生态食品加工、旅游文化等产业，辐射和带动其他县的原材料生产、加工业发展。

以普洱的景谷、孟连、江城、镇沅、景东、墨江为普洱—版纳滇西南产业片区第二圈层，以各县产业园区为重点，布局各产业集群粗加工链，重点是墨江的林木材种植及加工、咖啡种植及加工、橡胶种植及加工，景谷的林木种植、林板及林浆纸一体化产业，孟连的生态茶叶种植及加工、橡胶种植及加工、制糖业，江城的生态茶叶种植及加工、橡胶种植及加工，镇远的生态茶叶种植及加工，以及各县以生态绿色食品为主的现代农业。

### 6.3.3 磨憨—勐腊—勐海进出口加工产业片区

随着次区域国际经济一体化的推进，未来 20～30 年内，依托边境经济合作区，将会形成围绕磨憨、勐腊、勐海等重要城镇的、独具特色的、商贸业和加工业发达的边境城市。因此，磨憨—勐腊—勐海进出口加工产业片区的产业布局要依托中老铁路磨憨站，发挥磨憨口岸、打洛口岸的区位优势和磨憨—磨丁跨境经济合作区、磨憨边境贸易区、磨憨工业园等的政策优势，利用境内外两种资源和两个市场，在勐腊和勐海布局出口加工园区和进口加工园区，发展商贸物流业，建设以机电产品装配出口加工业、日用消费品产业为主的出口加工基地，以黑色金属矿采选业、非金属矿采选业、橡胶加工业、热带农特产品加工业和医药制造业为主的进口加工基地。

### 6.3.4　老挝北部产业片区

境外中心城市：万象。万象作为老挝的首都，是中老铁路南段的中心城市。依托其丰富的矿产资源，万象应着力建立高新技术开发区，重点发展以金矿、铅锌矿为主的冶金工业和以钾盐、氯碱为主的化工业。同时，效仿硅谷与中关村，可在万象建立高新技术产业园，重点发展通信设备、计算机和其他电子设备制造业。

境外次中心城市：琅勃拉邦。琅勃拉邦地处老挝北部中心，利用其丰富的金矿与铅锌矿资源，可着重发展以金矿、铅锌矿为主的采选业、金属冶炼及延压工业，依托其中心位置，建立冶金、建材工业园区。依托琅勃拉邦悠久的历史文化和秀丽的自然风光，应建旅游中心，带动老挝北部世界文化遗产川圹省石缸平原、金三角、上湄公河沿岸、南乌江沿岸、南娥湖等旅游景区的建设与发展；构建工业与手工业加工中心，重点发展农林产品、旅游产品、纺织与服装、木雕、金银器、水果、刺绣、藤编、寮纸制作等加工业。同时配套发展物流运输业、仓储业与餐饮服务业。

铁路沿线：南塔、乌多姆塞。南塔省应依托其磨丁口岸的优越地理位置，以及其丰富的农林资源，重点布局以热带水果、无公害蔬菜为主的绿色食品产业，以及以林下产品加工为主的农业产业园区；同时重点发展以柚木、膏桐、竹藤等特色经济林木制产品加工和机电产品装配出口为主的南塔进出口加工园区，并建立与之配套的南塔物流园区。

乌多姆塞省应利用本省以及周边省份适宜的气候条件与地形条件，大量种植橡胶，并建立以橡胶制品高级研发为主的高新技术工业园。依托其丰富的矿产资源，乌多姆塞省应该优先发展以铜矿、金矿、铅锌矿为主的采选业和金属冶炼及延压工业；同时布局以起重运输设备、金属加工机械为主的通用设备制造业和以矿山、冶金、建筑专用设备为主的专用设备制造业。

辐射片区：丰沙里、波乔、沙耶武里、华潘、川圹。丰沙里省利用境内丰富的水利资源，应着重发展电力产业。同时为辅助电力产业的发展，丰沙里省应重点建设以泵、阀门、压缩机及类似机械与轴承、齿轮、传动和驱动部件等为主的通用设备制造业。同时，依托其境内丰富的煤炭资源，应大力发展煤炭开采和洗选业以及煤炭制品业。

波乔—沙耶武里片区应重点布局以铜矿、金矿为主的采选业，以钢铁为主的冶金工业，以机电产品为主的机械工业。同时，该片区依托其优越的地理位置，应大力发展湄公河沿岸旅游业。

华潘—川圹片区依托其丰富的矿产资源，应重点布局以铁矿、锡矿为主的采掘业，以钢铁为主的冶金工业以及建材业。在此基础上，该片区应建立以机电设备和汽车制造为重点的工业园区。

## 6.4 重点产业集群

按照以上空间层次，梯度布局各产业链不同环节，分工协作，可重点推进生物、现代物流、矿冶及新材料、装备制造、旅游文化、橡胶、林产业、现代农业等产业集群。

### 6.4.1 生物产业集群

生物产业内部行业众多，中老沿线区域生物资源多样，要依托各地的生物资源优势、各产业园区的生物产业基础和中心、次中心城市的生物技术优势，着力打造生物医药、生物化工、生物育种、生物服务、农特产品加工五条产业带，构建中老铁路沿线的生物产业体系。

生物医药产业带——在磨憨工业园布局南药药材、傣药药材进口加工业；在景洪工业园布局南药、傣药制造业；在普洱工业园布局以石斛、美登木、灯台叶、龙血树、云茯苓等药材开发为主的生物制药业，在红塔工业园布局以三七、除虫菊等药材开发为主的生物制药业，在澄江工业园和晋宁工业园布局生物医药产业（见图6.4－1）。

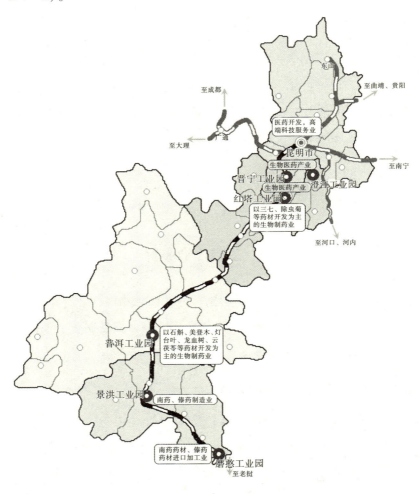

图 6.4－1 中老铁路（境内段）沿线生物医药产业带构建示意图

生物化工产业带——在景洪工业园布局发展橡胶废弃物利用生物肥料制造业，在普洱工业园布局发展松香深加工业，在景谷工业园布局发展林化工产业，在红塔工业园布局发展抗生素、生物农药

和有机酸等生物化工产业，在江川工业园布局发展环境保护领域的
生物化工产业，在晋宁工业园布局发展氨基酸、酶制剂等生物化工
业（见图 6.4 - 2）。

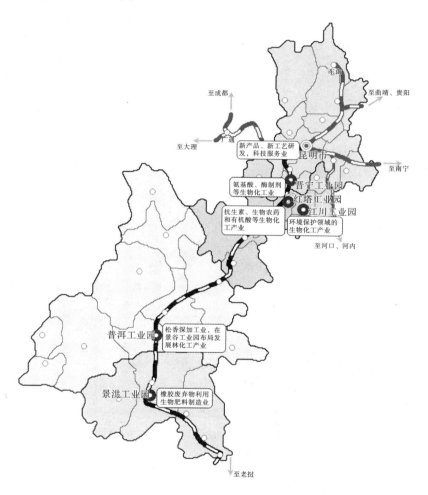

**图 6.4 - 2　中老铁路（境内段）沿线生物化工产业带构建示意图**

生物育种产业带——充分发挥中老铁路沿线区域生物多样性优
势和气候、海拔、地域多样性优势，大力培育和发展生物育种产
业。以勐仑、景洪为重点，依托中国科学院热作所，着力发展热带

水果、花卉、林木选育和热带畜禽、水产养殖品种繁育产业；以普洱、宁洱为重点，着力发展亚热带水果、花卉、林木选育和亚热带畜禽、水产养殖品种繁育产业；以玉溪、通海、易门为重点，着力发展温带水果、花卉、林木选育和温带畜禽、水产养殖品种繁育产业。在昆明依托中科院植物所、动物所，云南农大，西南林大，省林科院等科研机构，大力发展高原型、山地型、高原湖泊型生物品种选育和繁育产业（见图 6.4 – 3）。

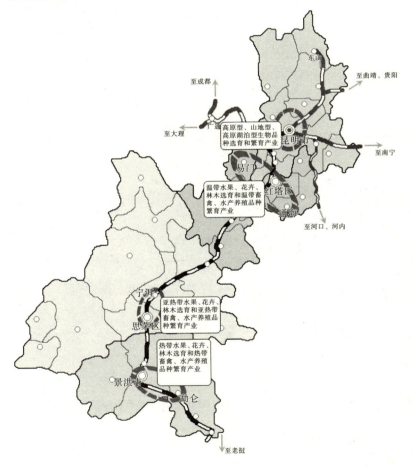

**图 6.4 – 3　中老铁路（境内段）沿线生物育种产业带构建示意图**

农特产品加工产业带——以晋宁工业园等为重点，在昆明布局饮料、食品加工等农副产品加工业；以红塔工业园为重点，在红塔区布局食品加工、农特产品加工业；以通海工业园为重点，在通海县布局发展以生态蔬菜制品为主的特色食品加工业；以易门工业园为重点，在易门县布局以野生食用菌为重点的绿色食品加工业；以华宁工业园为重点，在华宁县布局以绿色生态食品为主的特色食品加工业；以新平工业园为重点，在新平县布局以林果、蔬菜、野生菌保鲜、酱菜等为特色的农产品加工业；以江川龙泉山生态工业园区为重点，在江川县布局发展农产品出口加工业；以澄江工业园为重点，在澄江县布局发展以绿色食品开发为主的食品加工业；以峨山工业园为重点，在峨山县布局发展特色食品加工业；以元江工业园为重点，在元江县布局发展蔗糖精深加工、芦荟和茉莉花保健品系列、热带水果深加工产业（见图6.4-4）。

以普洱工业园为重点，在思茅区布局茶叶深加工、咖啡精深加工、绿色食品加工等农产品加工业；以景谷工业园为重点，在景谷县布局热区果品加工业；以宁洱工业园为重点，在宁洱县布局以茶叶深加工为重点的农产品加工业；以景东工业园为重点，在景东县布局农特产品深加工、林产品深加工、茧丝绸等产业；以景洪工业园为重点，在景洪市布局发展热带果品加工业；以勐海工业园为重点，在勐海布局云麻产品加工、茶叶加工、农林产品加工和其他农业产品加工业。以磨憨工业园为重点，针对境外市场，在磨憨布局发展以茶叶加工、热带水果加工、无公害蔬菜加工为主的绿色食品加工产业。其他县区积极发展有优势特色的农产品加工业。

生物服务产业带——以昆明为重点，发挥在昆明科研机构和生物科技研发人才的作用，创新体制机制，培育和发展生物技术服务企业，承接生物技术服务外包业务。

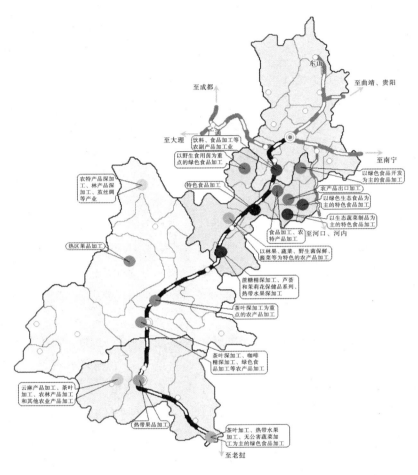

**图6.4 - 4　中老铁路（境内段）沿线食品加工产业带构建示意图**

## 6.4.2　现代物流业集群

立足未来需求，以中老铁路为主干，"十二五"期间规划建设、与铁路线交叉的高等级公路为支线，昆明为核心，玉溪、普洱、景洪为中心，交通节点和各县城为支撑，着力打造中老铁路沿线物流产业集群（见图6.4 - 5）。

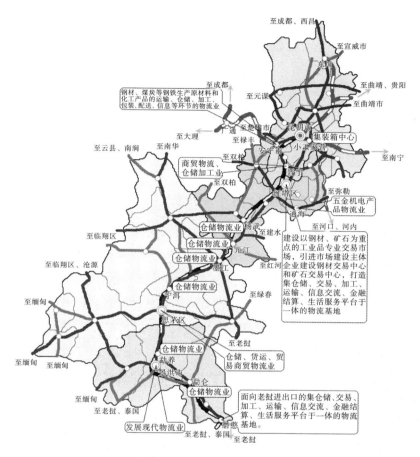

图 6.4 – 5　中老铁路（境内段）沿线物流产业集群构建示意图

在安宁重点布局钢材、煤炭等钢铁生产原材料和化工产品的运输、仓储、加工、包装、配送、信息等环节的物流业。

在晋宁重点布局发展商贸物流、仓储加工业。

在红塔区，依托玉溪西站，充分发挥研和工业园区的区位优势和交通优势，建设以钢材、矿石为重点的交易市场，打造集仓储、交易、加工、运输、信息平台于一体的物流基地，建设面向滇南、滇东南以及东南亚的区域性物流中心。

在通海重点布局发展五金机电产品物流业。

依托普洱站，在思茅区曼歇坝重点发展仓储、货运、贸易商贸物流业。

依托景洪站，在景洪市布局发展现代物流业。

依托磨憨站，在磨憨布局发展面向老挝进出口的集仓储、交易、加工、运输、信息交流、金融结算、生活服务平台于一体的物流基地。

### 6.4.3　矿冶及新材料产业集群

根据各地产业基础、优势品种和开发条件，沿中老铁路由北向南梯次布局矿冶科技研发—有色金属深加工—磷化工、石油化工—矿产冶炼—采选及进口加工冶炼业。以培育战略性新兴产业为契机，努力延伸矿冶产业链条，大力发展功能性新材料产业，提升云南矿冶业的附加值和产业规模（见图6.4-6）。

矿冶科技研发——发挥昆明在矿冶科技机构、高等院校、大型企业集团科研中心方面的聚集优势和人才聚集优势，在昆明布局矿冶科技研发和科技信息服务业，建设昆明有色金属产学研相结合的科技研发产业中心。

有色金属深加工——以国家重大战略、重大工程和未来抢占科技经济制高点的战略需求为导向，以功能性新材料研发和生产为重点，在昆明布局有色金属深加工业，以云铜集团、云冶集团为龙头，提高铜、铝精深加工能力，把昆明建成全国重要的铜、铝研发及深加工基地。以贵研铂业等企业为龙头，以建设云南国家锗材料基地等稀贵金属材料基地为契机，大力发展稀贵金属精加工及新材料产业。建设昆明有色金属深加工中心与稀贵金属精加工及新材料生产中心。

磷化工——以安宁工业园为重点，在提升壮大传统磷化工的基础上，加大力度发展精细磷化工；在海口工业园区进一步壮大磷化

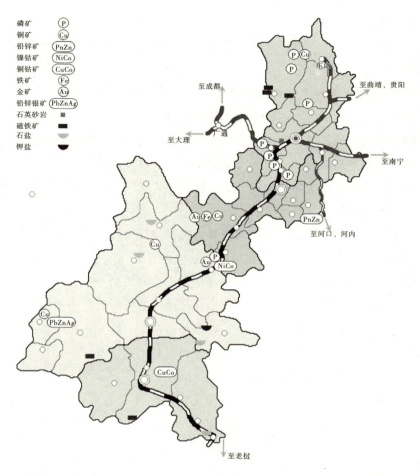

图 6.4－6　中老铁路（境内段）沿线矿冶产业集群构建示意图

工产业；以晋宁工业园为重点，在晋宁县境内依托丰富的磷矿资源，重点发展精细磷化工生产，引进和发展黄磷、食品级磷酸、电子级磷酸、饲料级磷酸氢钙、磷系阻燃剂、洗涤用品、塑料、水处理剂、涂料、造纸、冶炼添加剂等精细磷化工产品；以澄江工业园为重点，在澄江布局发展精细磷化工及其延伸产业以及新型建材、金属制品加工产业；以华宁工业园的盘溪、青龙、新庄为重点，在华宁县布局发展精细磷化工加工，建设高效、环保的磷化工研发生产基地。

石油化工——以园区化、规模化、集约化为导向，依托炼油和乙烯炼化一体化项目，发展石化中下游产业，延伸产业链。近期发展PX、PTA等基本有机原料，在昆明安宁培育我国重要的石油炼化基地。远期以中石油云南炼油项目为依托，以生产成品油为主，同时大力发展乙烯及深加工系列石化产品，延伸产业链，提高产业关联度和产品附加值。与云天化的化肥、氯碱产业相结合，推进石油炼化及配套化工项目建设。依托石油、天然气原料，在滇中地区建设我国石油炼化基地。

钾盐开发——在万象省的醒赫县投资建设钾盐、氯碱化工综合企业，对万象钾盐矿的产品进行深加工，使产业链不断向下游延伸。化工基地的建设，可带动北部化工企业的发展。

国内段沿线矿产采选冶——依托各地优势资源和矿山基础，布局发展矿产采选冶业。在安宁、红塔布局铁矿冶炼业；在峨山、新平布局铁矿采选业；在易门、新平布局铜矿采选冶业；在元江布局镍矿采选冶业；在磨憨布局矿产进口冶炼加工业。

国外段沿线矿产采选冶——加大勘查和开发力度，以铁、铜、铅、锌、金为发展重点，适当兼顾锰、锡、钼、钨、锑的金属矿产开发。

铁矿：优先开发川圹省富诺安（Phou Nhouan）铁矿、万象省帕莱（Pha Lek）铁矿；开展华潘省东部地区铁矿的勘查工作。在万象、川圹省投资建立钢铁冶炼企业。

铜矿：优先勘查南塔省银水山（Pha Yinshui）铜矿的深部和外围地区，扩大铜矿生产规模；对乌多姆赛省纳莫地区、川圹省北部地区、丰沙里省西部地区的铜矿资源进行勘查和开发。

铅锌矿和锡矿：优先开发万象省帕銮（Pha Louang）锌矿；开展万象省卡赛（Kaiso）锌矿的勘查，扩大生产规模，投资建设原矿选矿厂；重点勘查华潘省东部地区的铅锌矿；扩大华潘省会曾

（Houay Cheun）锡矿勘查开发规模，选择在乌多姆赛北部或川圹省北部、华潘省东部投资建设铅锌矿选冶企业，扩大生产规模。

铜金矿：加快富开（Phu Kham）铜金矿的开发；完成帕奔（Pha Beng）金矿建设工程；支持川圹省北部、万象省北部的小型矿山进行联合重组，形成规模效应，提高黄金产量。

### 6.4.4 装备制造产业集群

按照扩大总量、提升质量、突出特色、延伸领域的思路，增强装备制造业的综合竞争力。以昆玉产业带为重点，承接东部地区转移的适用机电产品技术和产品，做大汽车及内燃机、电力装备、机械基础件及零部件配套；做精大型数控机床、大型铁路养护机械；做强重化矿冶设备、自动化物流成套设备、新型农业机械和以生物资源加工为主的专用装备。以滇中制造业基地为中心，向外拓展产业链群，打造我国面向南亚和西亚地区的出口产品基地（见图6.4-7）。

装备制造科技研发——依托昆明理工大学等高校和科研机构，在昆明布局装备科技研发业，建设装备制造业科技研发中心，面向西南、东南亚、南亚和西亚的发展需求，大力引进先进技术、设备和人才，加快推进装备制造科技研发，为振兴和壮大云南省的装备制造业提供科技支撑。

专用设备制造业——以昆明经济技术开发区为重点，布局发展大型数控机床、电力装备及电工系列产品、自动化物流设备、铁路养护设备等重工机械装备，以及以智能、节能型烟叶深加工设备为主的烟草加工机械和以制糖成套设备为主的轻工机械设备，形成装备制造业聚集区。

光机电一体化——以海口工业园为重点，在提升机械、光学、兵器、仪器仪表、轴承等产业基础上，加快发展光机电一体化产业。

冶金设备制造业——以安宁工业园为重点，加快发展冶金及机

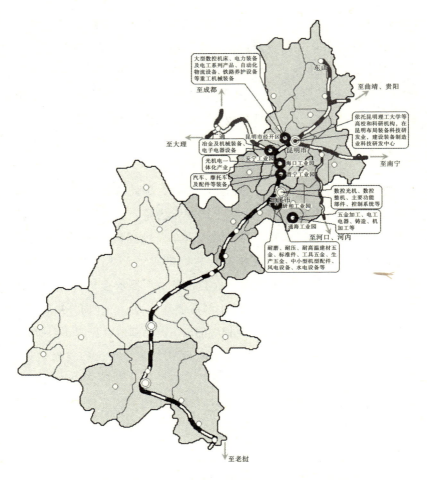

**图 6.4 - 7 中老铁路（境内段）沿线装备制造产业集群构建示意图**

械装备、电子电器设备制造业。

　　汽车及配件产业——以晋宁工业园为基础，重点发展汽车、摩托车及配件等装备制造产业，尽快形成汽车及配件装备制造业集聚区。

　　数控机床业——依托玉溪得天独厚的生铁、铸造、气候等优势，重点引进数控光机、数控整机、主要功能部件、控制系统等投资企业，打造"国内一流、国际先进"的数控机床产业。

五金机电业——以通海五金机电特色园区为重点，布局发展五金加工、电工电器、铸造、机加工等产业，把通海建成中国西部、面向东盟国家的五金机电产品制造中心和云南省五金机电产品的生产集散地；以研和工业园为重点，布局发展耐磨、耐压、耐高温建材五金，标准件，工具五金，生产五金，中小型机械配件，风电设备，水电设备等加工制造业，辐射和带动峨山、新平、江川等县的装备制造业发展以及普洱和景洪的装备制造业起步、成长。

### 6.4.5 旅游文化产业集群

以中老铁路为载体，构建"滇中—滇南—老北"无障碍旅游区，实行联合促销，资源共享，品牌共生，加强文化与旅游的深度融合。深化四州市与省内外其他区域的旅游合作，建立健全旅游文化产业市场网络。

昆明旅游文化产业——昆明加快五大旅游区建设，巩固提升中部"环滇池山水城市旅游区"和南部"大石林岩溶地貌旅游区"，深化建设西部"温泉养生乡村旅游区"和东部"高原草场康体旅游区"，全面启动北部"轿子雪山生态旅游区"。着力打造石林风景区、轿子山旅游区、大西山旅游区、安宁温泉旅游小镇、九乡风景区、阳宗海风景名胜区、环滇池旅游圈、世博新区和昆明西翥生态旅游区等景区。

玉溪旅游文化产业——玉溪立足抚仙湖—星云湖生态建设与旅游改革发展综合试验区，开发康体休闲度假旅游新产品，推进中心城区生态城市旅游、哀牢山—红河谷特色文化旅游新发展。

普洱旅游文化产业——围绕建设国际性旅游度假休闲养生基地，着力打造集休闲、度假、养生及民族文化于一体的文化旅游产业。加快构建以思茅—宁洱为中心，普洱绿三角、墨江北回归线旅游区、景景镇片区、江城片区多极带动的旅游发展格局，全力打造"曼妙普洱、养生天堂"。

西双版纳旅游文化产业——充分发挥地缘区位优势和自然风光、民族风情独特优势，提升旅游文化服务质量，按照"一大环线、二条精品线、三大旅游功能片区、四大旅游品牌"进行布局发展。进一步完善旅游交通沿线服务配套设施，加快旅游产品开发，提高接待服务水平，挖掘民族传统美食，构建特色旅游餐饮体系，挖掘深厚文化内涵，全面提升旅游文化品位。深度打造热带雨林、民族风情、边境跨境旅游、茶马古道源地等品牌，努力建设特色浓郁、游客向往的旅游目的地。

境外段沿线旅游文化产业——针对老挝北部旅游文化资源，加强与老挝的合作，加大对外投资力度，重点在万象省、琅勃拉邦、万荣、会晒、南塔投资休闲度假旅游，开发万赛革命传统教育基地，积极开发民族风情、生态旅游、漂流探险等专题旅游，提升旅游业的经济效益。

### 6.4.6 橡胶产业集群

以延伸橡胶产业链条和提升橡胶产业附加值为核心，以中老铁路为依托，发挥各地最优的自然条件、产业基础、人才和技术优势，梯次布局橡胶种植业—橡胶初加工业—橡胶制品制造—橡胶科技研发—信息服务等产业链条，大力推进橡胶循环经济，拓展橡胶木材加工—橡胶木锯末种植食用菌—废料生产生物肥料和橡胶籽生产食用油—油枯生产饲料两条循环经济产业链，增强橡胶种植地与后续加工制造基地的内在联系，着力推进技术创新和产品创新，打造橡胶产业集群（见图6.4-8）。

橡胶种植业——主要布局在北纬24°以南，海拔1100米以下的勐腊、勐海、景洪、孟连、西盟、澜沧、江城、思茅、墨江、宁洱、镇沅、景谷等县（区）的热带、亚热带地区。要加强各橡胶种植地的田间管理，加大力度扶持橡胶种植、管理、割胶等生产环节的实用技术培训，提高产出率。

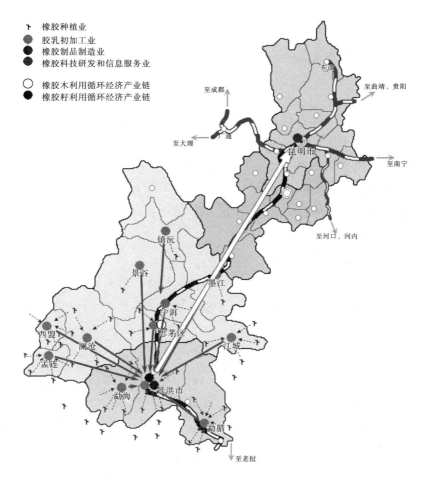

橡胶种植业
胶乳初加工业
橡胶制品制造业
橡胶科技研发和信息服务业

橡胶木利用循环经济产业链
橡胶籽利用循环经济产业链

**图6.4－8　中老铁路（境内段）沿线橡胶产业集群构建示意图**

胶乳初加工业——主要布局在勐腊、勐海、景洪、孟连、西盟、澜沧、江城、思茅、墨江、宁洱、镇沅、景谷等县（区）的县城（城区）和橡胶种植较为集中、交通较为便利的乡镇所在地。布局发展子午胎胶、颗粒胶、浓缩胶、烟片胶、绉片胶等初加工产品。要加强废水的处理、净化和循环使用，确保废水达标排放，努力节能降耗，加快胶乳加工设备更新，提高胶乳加工自动化程度，切实降低胶乳杂质的含量，提高胶乳质量。

橡胶制品制造业——以景洪工业园为重点，面向未来市场需求，引进技术先进的橡胶制品制造企业，布局发展轮胎、高档乳胶等橡胶制品业，切实加强节能减排和环境影响控制，提高产品附加值。

橡胶科技研发和信息服务业——充分发挥昆明在科技研发机构、科技人才聚集方面的优势，加大橡胶科技研发力度，构建橡胶生产和营销信息网络，建立科研开发体系，研究橡胶新品种的开发，以及育种、栽培、植保、采收、加工、综合利用各环节的技术创新，提高橡胶产量和品质，培育信息服务企业，为云南省的橡胶产业提供科技支撑和信息服务。

橡胶木利用循环经济产业链——以普洱工业园为重点，布局发展橡胶木材加工业、橡胶木锯末食用菌种植业、废料生产生物肥料的橡胶木利用循环经济产业链，提高资源利用效率，不断增加产品附加值。

橡胶籽利用循环经济产业链——以景洪工业园区为重点，布局发展橡胶籽生产食用油、油枯生产饲料的橡胶籽利用循环经济产业链，努力创新体制机制，提高橡胶籽采集规模和资源利用效率，努力拓展和延伸产业链条，培育新兴产业，不断增加产品附加值。

境外段橡胶种植业——发挥老挝北部的土地资源优势和气候优势，在南塔、波乔、乌多姆赛、沙耶武里、万象、琅勃拉邦、丰沙里等省的海拔 800 米、坡度 20°以下的河谷或低山丘陵地带布局橡胶种植业，在各省省城布局投资胶乳初加工业。

## 6.4.7 林产业集群

以珍贵用材林培育和产品质量提升为核心，以中老铁路为依托，突出各地不同的自然条件和品种优势，合理布局林木种植业、木材竹材加工业、木材竹材制品业、林浆纸一体化产业、林化产业、林板一体化产业、林业科技研发等产业，积极开发林下产品，提升科技含量，壮大产业规模（见图6.4-9）。

　　林木种植业——在各地山区、林地种植最适宜林木品种，在突出经济效益的同时，兼顾多样性保护和生态修复，多品种种植，增强碳汇能力。

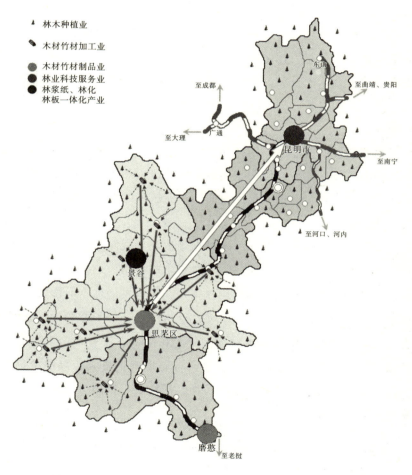

**图6.4-9　中老铁路（境内段）沿线林产业集群构建示意图**

　　木材竹材加工业——以宁洱工业园、景东工业园、墨江县城、镇沅县城为重点，布局松木材、竹材加工业；以勐海工业园和勐腊、江城、澜沧、西盟、孟连等县城为重点，布局发展热带、亚热带木材和竹材加工业。

木材竹材制品业——以普洱工业园为重点，布局发展建材产业和林产品深加工，突出发展木材竹材制品业；以磨憨工业园为重点，面向老挝北部进口木材初加工产品，发展木制品产业。

林浆纸、林化、林板一体化产业——以景谷工业园为重点，布局发展林浆纸产业、林化产业、林板一体化产业。要着力引进拥有先进技术的企业来投资，加大技术改造力度，淘汰高污染、高能耗的生产工艺和设备，切实降低环境影响，提高资源利用效率和产品附加值。

林业科技服务业——依托西南林学院、云南省林业科学院等科研机构和科技人才，在昆明布局林业科技研发和科技服务业，要创新体制机制，深化改革，提高科研为产业服务的能力和水平，加快科技成果转化。

境外段沿线林木种植业——根据老挝北部资源和木材工业的需求，遵循因地制宜、适地适树、相对集中的原则，选择柚木、黄花梨、山桂花、榉木等热带珍贵用材树种，投资发展柚木等珍贵用材林基地，主要布局于琅勃拉邦、南塔、波乔、沙耶武里、万象等省。在各省省城布局投资木材加工厂。在南塔、波乔、乌多姆赛、沙耶武里、万象、琅勃拉邦等省投资布局膏桐生物质能源油料林，供国内综合开发生物柴油、生物药物、活性炭、饲用蛋白粉、有机化肥等后续产业链。

## 6.4.8　现代农业集群

在稳定农产品供给的基础上，提高农业规模化水平，培育新型农民，提高农业劳动者的行业素质，以机械化、规模化积极改造传统农业，运用现代科学技术和科学管理方法提升农产品产量，发展生态农业、可持续农业、有机农业等现代农业。坚持以市场为导向，并结合各地区的特点，加快形成特色鲜明的现代农业集群。

茶叶产业——以普洱茶为重点，发展茶叶的精加工，不断提升产品品质，提高产品知名度，将普洱茶打造成世界知名的茶饮品。在西双版纳州和普洱市建立普洱茶种植基地，突出茶业种植的天然性和安全性，发展有机农业，减少农药和化肥的使用，建立和恢复生态系统的生物多样性和良性循环，以生产出天然无公害的优良普洱茶。在普洱工业园、景洪工业园重点发展现代普洱茶加工生产基地，在宁洱工业园打造高端传统普洱茶优质产品加工集散区，依托中老铁路，不断拓宽国内外茶叶市场。

蔗糖产业——加快高产高糖甘蔗新品种繁育和综合丰产栽培技术推广，在玉溪市和西双版纳州建立现代农业园区，实施标准化种植，通过引入生物工程技术和现代管理技术，发展生态农业，增强环境亲和力，形成资源节约型农业，实现农业可持续发展。在新平工业园、景洪工业园布局蔗糖生产基地，提高蔗糖深加工和利用水平，增强产品的市场竞争力。

蚕桑产业——在昆明高新技术开发区布局优质蚕品种育种及蚕茧生产技术、生产工艺研发以及高端丝绸产品制造，在景谷工业园发展信息农业，集约化生产蚕丝，以信息技术为基础，定时、定位、定量地实施一套现代化农业操作技术与管理系统，减少投入，降低成本，提升农产品附加值。

稀有菌类养殖——依托景洪市丰富的自然森林资源，在景洪工业园发展无土型农业，充分、合理、有效地利用生态资源，结合生物科技，开发稀有真菌的人工养殖技术，努力实现稀有真菌的高产、优质、高效的生产目的，将云南的稀有真菌品种向全国以及世界推广。

畜牧业——畜牧业全面进行标准化生产，提高管理水平，在育种、饲养、处理和加工等方面实现标准化，以市场为导向，出口为目标，加快畜牧业产品进入国际市场的步伐。昆明发展以都市农业为主的高效生态畜牧业，加快以生猪、奶牛、奶山羊为重点的畜牧业规模化、标准化养殖，发展绿色优质畜产品原料基地和学生饮用奶源基地。玉溪扩大生猪规模化生产，加大牛羊优良品种引进和推广改良力度，积极发展以肉牛、肉羊为重点的草食畜养殖，扩大家禽饲养规模。普洱市推进猪、牛、羊等畜牧业生态化规模化发展，产业化经营，提高畜牧产品产量和质量，打造绿色生态畜牧品牌。西双版纳州建立养殖基地，以规模化、产业化、集约化发展猪牛羊等家畜养殖，加快现代畜牧业建设，提高综合生产能力。

水产养殖——利用高原湖泊和电站库区，发展高原冷水鳟鱼、鲟鱼，建成以罗非鱼、鳟鱼和鲟鱼为主的淡水渔业，加快优质高效无公害水产品基地建设。在昆明、玉溪、西双版纳、普洱等州市政府所在地发展旅游渔业，建立相关的服务配套设施，形成优美、纯净、绿色的生态环境，为城市居民提供接触自然、体验农业及观光、休息的场所。

## 6.5　结论与启示

本章以沿中老铁路沿线布局产业、打造产业集群为案例，进一步阐述促进边疆桥头堡经济成长的产业发展模式。空间经济理论中的产业集群以产业内贸易和产业关联度强的产业布局为核心，充分利用产业集群的地域性聚集和专业性分工特征，能够实现具有不同发展阶段、不同产业梯度的毗邻区域之间的同步发展，从而实现桥头堡经济的聚集与扩散。中老铁路是泛亚铁路中通道，是中国从西南边疆出境进入中南半岛最直接的通道，沿这条铁路，最大的交通枢纽城市是昆明，其次是玉溪、普洱、景洪、琅勃拉邦、万象，这些城市所聚集和辐射的区域经济从北向南依次呈现不同的发展程度，昆明最高，老挝北部省份最低，能够依据各地的产业基础、科技教育水平和资源禀赋，布局和发展产业集群的不同环节，可重点发展生物产业集群、现代物流业集群、矿冶及新材料产业集群、装备制造产业集群、旅游文化产业集群、橡胶产业集群、林产业集群和现代农业集群。在云南—老挝北部国际区域合作中形成产业支撑力。

# 7 推进边疆桥头堡经济成长的 环境、体制与政策研究

党的十八届三中全会确立了未来一个时期对外开放的重要任务是"构建开放型经济新体制",要"适应经济全球化新形势,必须推动对内对外开放相互促进、引进来和走出去更好结合,促进国际国内要素有序自由流动、资源高效配置、市场深度融合,加快培育参与和引领国际经济合作竞争新优势,以开放促改革"。"加快沿边开放步伐,允许沿边重点口岸、边境城市、经济合作区在人员往来、加工物流、旅游等方面实行特殊方式和政策。建立开发性金融机构,加快同周边国家和区域基础设施互联互通建设,推进丝绸之路经济带、海上丝绸之路建设,形成全方位开放新格局"。在十八届三中全会精神指引下,营造良好的环境、体制和政策,是推进边疆桥头堡经济成长的重要路径。

## 7.1 环境优化

目前中国对沿边开放的重视前所未有。国家在实施多元化的国际区域合作战略、西部大开发战略、东北振兴战略的基础上,逐步将新疆区域振兴,长吉图开发开放先导区,广西北部湾经济区,云南桥头堡建设,广西东兴、云南瑞丽、内蒙古满洲里等重点开发开放试验区,云南广西沿边金融综合改革试验区等重点边疆开放开发

建设上升为国家战略。2012 年以来，党中央、国务院以推进丝绸之路经济带、海上丝绸之路建设来统领沿海、内陆和沿边开放。宏观环境对边疆桥头堡经济成长形成重要的推动作用。

### 7.1.1　外部环境的优化

面对国际形势的新变化，中国确定了新时期的对外战略。2002 年 11 月，党的十六大通过决议，根据变化了的国际形势，再次重申中国"奉行独立自主的和平外交政策、维护世界和平、促进共同发展"的对外战略，将"促进共同发展"与"维护世界和平"并列作为"宗旨"的内容。① 中国在满足安全和发展利益的基础上，更积极地参与国际事务，发挥一个负责任大国应有的作用。利用多边机制，开展多边外交。而"立足周边，放眼全球"是中国全方位、务实外交的一贯思路，继续加强睦邻友好，坚持与邻为善、以邻为伴，加强区域合作，把同周边国家的交流与合作推向新水平，是中国在世界新格局下对外战略的政策原则之一。中国从积极参与各种次区域合作向积极主导次区域合作转变。在国际关系处于地缘政治逐步向地缘经济转变的形势下，中国的对外战略也体现出经济外交分量不断加重的特点。随着中国经济实力不断上升，中国的经济利益也在全球不断扩大。过去中国的外交工作更多重视安全和政治利益，现在则具有了更多的经济色彩，强调外交要为中国的国家利益和经济利益服务，比如中国领导人出访的一些地区和国家也正是全球市场和资源争夺最激烈的地区。在这样的外交政策宗旨下，中国也从维护和平、促进发展的目的出发，积极推进双边、多边、次区域、小区域等多元化的国际区域合作战略。

进入 21 世纪 10 年代，国际形势进一步变化，中国外交进一步推出新理念，提出致力于民族复兴的中国梦，丰富了和平发展理

---

① 刘建飞：《解读中国外交政策宗旨》，《国际政治研究》2006 年第 1 期。

论；积极构建中美新型大国关系，践行亲、诚、惠、容的理念，树立正确的义利观；2013 年，中国外交接连打出新倡议，提出了建设丝绸之路经济带、21 世纪海上丝绸之路，打造中国—东盟自贸区升级版，设立亚洲基础设施投资银行、孟中印缅经济走廊、中巴经济走廊等一系列重大合作倡议。

上海合作组织作为在中国积极主导、推动下创建的一个区域性国际组织，对发展成员国之间的合作关系，维护地区安全与稳定，促进共同发展发挥了巨大作用。该组织正式接纳印度、巴基斯坦和伊朗为观察员，对促进该组织与这三国的关系以及这三国之间的关系具有重要意义。特别是印巴这两个有着深刻矛盾的国家，成为上海合作组织的观察员，便取得了一个定期接触、沟通的平台，这对发展两国关系、稳定南亚局势会产生深远的影响。

丝绸之路最早由德国地理学家李希霍芬于 1877 年提出。在古丝绸之路概念的基础上，中央提出了共建"新丝绸之路"的战略构想。2013 年 9 月 7 日上午，中国国家主席习近平在哈萨克斯坦纳扎尔巴耶夫大学做重要演讲，提出共同建设"丝绸之路经济带"的倡议。为了使欧亚各国经济联系更加紧密、相互合作更加深入、发展空间更加广阔，可以采用创新的合作模式。丝绸之路经济带是中国与西亚各国之间形成的一个经济合作区域，大致在古丝绸之路的范围之上，包括西北的陕西、甘肃、青海、宁夏、新疆等五省区，西南的重庆、四川、云南、广西等四省区市。丝绸之路经济带，东边牵着亚太经济圈，西边系着发达的欧洲经济圈，连接欧亚、辐射 40 多个国家、覆盖 30 多亿人口，不仅地域辽阔，而且自然资源、旅游资源十分丰富，发展潜力巨大。被认为是"世界上最长、最具有发展潜力的经济大走廊"。中国国家主席习近平在 2014 年访问欧洲期间，到达了德国西部北威州的杜伊斯堡港这一"渝新欧"国际铁路联运大通道的终点。习主席进一步指出，中方提出建设丝绸之路经济带倡议，秉承共同发展、共同繁荣的理念，联动亚欧两大市场，赋予古丝绸之路新的时代内涵，可造福沿途各国人民。中德位于丝绸之路经济带两端，是亚欧两大经济体和增长极，也是渝新欧铁路的起点和终点。两国应该加强合作，推进丝绸之路经济带建设。渝新欧国际铁路联运列车历时 16 天，从中国内地的重庆出发，经过新疆进入中亚，途经哈萨克斯坦、俄罗斯、白俄罗斯、波兰，最终抵达德国的重要港口杜伊斯堡，这是"丝绸之路经济带"的重要通道，目前每周有不多于 3 列"渝新欧"铁路列车开动。① 在习近平主席出访欧洲期间，"丝绸之路经济联盟"在乌鲁木齐成立。联盟由亚美尼亚国家发展署、吉尔吉斯斯坦工商会、塔吉克斯坦工商会、乌克兰基辅工商会、哈萨克斯坦阿拉木图工商会、哈萨克斯坦卡拉干达工商会 6 家国外民间机构和上海进出口商会、新疆生产建设兵团国际商会、新疆华和国际商务咨询有限公司 3 家中方民间机构共同发起成立。"丝绸之路经济带"集中体现了中国新政府在坚持全球经济开放、自由、合作主旨下促进世界经济繁荣的新理念，是中国和中亚经济与能源合作进程中惠及其他区域、带动相关区域经济一体化进程的新思路。②

2013 年 10 月 3 日，中国国家主席习近平应邀在印度尼西亚国会发表重要演讲，提出"坚持合作共赢"，"中国愿在平等互利的基础上，扩大对东盟国家开放，使自身发展更好惠及东盟国家。中国愿提高中国—东盟自由贸易区水平，争取使 2020 年双方贸易额达到 1 万亿美元。中国致力于加强同东盟国家的互联互通建设，中国倡议筹建亚洲基础设施投资银行，愿支持本地区发展中国家包括东盟国家开展基础设施互联互通建设。东南亚地区自古以来就是'海上丝绸之路'的重要枢纽，中国愿同东盟国家加强海上合作，

---

① 《习近平参观德国杜伊斯堡港，亲迎从重庆到德国的"渝新欧列车"到站》，《重庆与世界》2014 年 5 月 7 日。
② 朱锋：《中国提出"新丝绸之路经济带"构想》，《今日中国》（中文版）2013年 10 月 15 日。

使用好中国政府设立的中国—东盟海上合作基金，发展好海洋合作伙伴关系，共同建设 21 世纪'海上丝绸之路'。中国愿通过扩大同东盟国家各领域务实合作，互通有无、优势互补，同东盟国家共享机遇、共迎挑战，实现共同发展、共同繁荣"。① 21 世纪海上丝绸之路不仅传承了古代"海上丝绸之路"和平友好、互利共赢的价值理念，而且注入了新的时代内涵，合作层次更高，覆盖范围更广，参与国家更多，将串起联通东盟、南亚、西亚、北非、欧洲等各大经济板块的市场链。

　　2013 年 5 月 20 日，李克强在新德里与印度总理辛格举行会谈时强调，中印双方一致同意开展在产业园区、基础设施等领域的大项目合作，共同倡议建设孟中印缅经济走廊，推动中印两个大市场紧密连接。孟中印缅地区经济合作是 20 世纪 90 年代末期由中国云南学术界提出，并得到印度、缅甸、孟加拉国响应的合作构想。四方于 1999 年在昆明举行了第一次经济合作大会，共同签署《昆明倡议》，规定每年召开一次会议。1999 年后，孟中印缅地区经济合作一直发展缓慢。2013 年 5 月中印联合声明特别提出，两国共同倡议建设孟中印缅经济走廊，并将成立联合工作组，加强该地区互联互通。孟中印缅经济走廊联合工作组第一次会议于 2013 年 12 月 18～19 日在昆明成功召开，四国政府高官和有关国际组织代表出席。会议就经济走廊发展前景、优先合作领域和机制建设等问题进行了深入讨论，就交通基础设施、投资和商贸流通、人文交流等具体领域合作达成广泛共识。各方签署了会议纪要和孟中印缅经济走廊联合研究计划，正式建立了四国政府推进孟中印缅合作的机制。孟中印缅经济走廊的辐射作用将带动南亚、东南亚、东亚三大经济板块联合发展。中国西南、印度东部、缅甸、孟加拉国相对而言均不发达，此前邦省级别的合作动力有限。而将打造"经济走廊"

---

　　① 《习近平在印度尼西亚国会的演讲》（全文），http：//blog. sina. com。

上升至国家层面，能够通过四国延伸带动亚洲经济最重要三块区域的联动发展。

2013 年 5 月，李克强总理访问巴基斯坦期间，与巴方领导人就进一步加强中巴全天候战略伙伴关系深入交换了意见。中方强调，中方始终将中巴关系置于中国外交优先方向，愿与巴方一道，维护传统友谊，推进全面合作，实现共同发展。李克强总理指出，要加强战略和长远规划，开拓互联互通、海洋等新领域合作，要着手制定中巴经济走廊远景规划，稳步推进中巴经济走廊建设。这条经济走廊的建设旨在进一步加强中巴互联互通，促进两国共同发展。中巴经济走廊是具有针对性的"双赢"战略。经济走廊的建设贯通一方面可以扩大中巴两国的货物进出口和人员交往，促进巴国转口贸易；另一方面，能有效增加中国能源的进口路径——可以绕过传统咽喉马六甲海峡和存在主权纠纷的南中国海，把中东石油直接运抵中国西南腹地，同时也能降低对正在建设中的中缅油气管道的依赖。从更宏观的角度看，中巴经济走廊贯通后，能把南亚、中亚、北非、海湾国家等通过经济、能源领域的合作紧密联合在一起，形成经济共振，同时强化巴基斯坦作为桥梁和纽带连接欧亚及非洲大陆的战略地位。中巴经济走廊的建设面临的主要困难是安全、交通、电力等阻碍，尚未实现真正的互联互通。如连接巴基斯坦和中国的主要陆上"生命线"喀喇昆仑公路年久失修，春季融雪、夏季降雨等时常形成堰塞湖阻断交通，另外巴基斯坦国内的政局动荡、安全问题突出、电力短缺等问题也对走廊的贯通形成了挑战。因此，中巴都鼓励中企在巴基斯坦投资，深化两国在常规能源、可再生能源和民用核能领域的合作，升级改造喀喇昆仑公路、加强交通基础设施建设合作，以及航空航天、海洋等领域的合作。2014 年 2 月巴基斯坦总统侯赛因访华期间，中巴经济走廊联委会第二次会议在北京举行，双方签署了建立中巴小型水电技术国家联合研究中心、喀喇昆仑公路升级改造二期工程等合作文件。双方都在积极推进喀喇昆仑公路、加达尼和塔尔能源合作、瓜达尔港口运营、卡拉奇—拉合尔高速公路等项目。

多元化的国际区域合作战略，为中国边疆地区经济发展营造了前所未有的发展环境，边疆地区在中国与周边国家不断加强的经贸关系中、在不断融入的国际区域合作中，促进了桥头堡经济中心的形成和发展，边境口岸、边境经济合作区、出境大通道等成为吸引产业聚集的重要增长极，而边疆桥头堡经济对周边区域的辐射和带动作用越来越大。

### 7.1.2  内部环境优化

在西部大开发战略、东北振兴战略的基础上，新疆区域振兴，长吉图开发开放先导区，广西北部湾经济区，云南桥头堡建设，广西东兴、云南瑞丽、内蒙古满洲里等重点开发开放试验区，云南广西沿边金融综合改革试验区等重点边疆开放开发建设逐步上升为国家战略，使中国边疆桥头堡经济成长的内部环境不断优化。

西部开发战略是中国改革开放中的梯度发展战略，也是中国在东西部差距不断扩大、边疆地区稳定与发展的压力不断加剧的背景下实施的国家重大战略。1999 年 11 月，中央经济工作会议确定了对西部进行大开发的战略决策。西部大开发的重点是加快基础设施建设、加强生态环境保护和建设、调整产业结构、发展科技和教育、加快人才培养、加大改革开放力度。随着西部开发的推进，西部地区基础设施不断改善，生态环境建设稳步推进，基础教育投入不断加大，为边疆地区的经济发展营造了良好的发展环境。西部开发的重点领域也拓展到产业结构调整、优势产业的培育和高新技术产业的发展等方面。在国家区域发展总体战略中，西部大开发占有更加重要、更加突出的地位。在新的发展阶段，国家以增强西部地区自我发展能力为主线，把加快特色优势产业发展提到西部大开发更加突出的位置，促进西部地区的资源优势向产业优势和经济优势转化。进一步推进西部地区特色优势产业发展，要按照科学发展观的要求，更加注重突出重点，更加注重节能减排、发展循环经济，更加注重创立知名品牌，更加注重带动当地经济发展。西部开发战略对边疆经济发展、边缘增长中心形成和发展的促进作用主要体现在基础设施建设、劳动者文化素质的提高和优势特色产业培育等方面。基础设施的改善，使生产要素向边疆地区聚集的交易成本大幅度下降，对外来投资的吸引力不断增强，特色优势产业的培育在增强边疆经济实力的同时，也增强了产业的配套能力。

振兴东北战略是党中央国务院于 2004 年启动的，支持东北等老工业基地加快调整和改造，支持以资源开采为主业的城市发展接续产业、加快优化结构、推进技术自主创新、发展现代农业、注重基础设施和资源型城市转型、保护生态环境、解决民生问题、推进区域经济一体化、深化改革。2012 年国务院批复的《东北振兴"十二五"规划》指出了未来一个时期振兴东北的重点：①以保障国家粮食安全为首要目标，巩固发展现代农业。改善农村生产生活条件，建设富裕美好新农村。②完善现代产业体系。优化提升传统工业，加快培育战略性新兴产业，发展壮大服务业，积极发展海洋经济。③优化区域发展空间布局，推动产业集聚发展。依托科技和人才资源，增强区域创新能力。④促进资源型城市可持续发展。大力发展接续替代产业，着力解决历史遗留问题，建立可持续发展长效机制。⑤改善基础设施条件，形成比较完备的综合交通运输体系和多元清洁的能源体系。⑥加强森林、草原、湿地和江河流域等重点生态区的保护与治理，强化资源节约和节能减排。⑦采取多种措施增加就业岗位，加快包括棚户区改造在内的保障性安居工程建设。⑧继续深化国有企业改革，加快发展非公有制经济。推进国有林区和农垦体制改革。全面提升对外开放水平，建设向东北亚开放的重要枢纽。

新疆是我国中亚战略的最核心因素，新疆的经济发展与边疆稳定一直是中央工作的重点。2010年5月17～19日，中共中央、国务院主持召开新疆工作座谈会，对推进新疆跨越式发展和长治久安做出了战略部署，编制了《新疆区域振兴规划》，重点支持能源、旅游、钢铁、新型农业和循环经济等领域发展；还决定在南疆喀什建立经济特区，确定在喀什建立九大基地：纺织基地、冶金基地、石化基地、农副产品深加工基地、面向伊斯兰国家的清真食品生产供应基地、建材基地等。

　　2011年，国务院发布了《国务院关于支持云南省加快建设面向西南开放重要桥头堡的意见》（国发〔2011〕11号）。进一步明确了云南在中国对外开放和边疆经济发展中的战略定位：①我国向西南开放的重要门户。加快外接东南亚、南亚，内连西南及东中部腹地的综合交通体系、能源管网、物流通道和通信设施建设，构筑陆上大通道。②我国沿边开放的试验区和西部地区实施"走出去"战略的先行区。在对外经贸合作、对外文化交流、通关便利化等方面先行先试，深化大湄公河次区域合作，加强与东南亚、南亚的合作。③西部地区重要的外向型特色优势产业基地。依托国际大通道，优化产业布局，把云南打造成为我国重要的出口加工贸易基地、清洁能源基地、新兴石油化工基地、优势特色农产品生产加工基地、生物产业基地和国际知名的旅游目的地。④我国重要的生物多样性宝库和西南生态安全屏障。加快滇池等高原湖泊水环境综合治理，推进大江大河上游森林生态建设、水土保持和重点区域石漠化治理，切实加强生物多样性保护，促进人与自然的和谐。⑤我国民族团结进步、边疆繁荣稳定的示范区。巩固和发展民族团结、边疆稳定的良好局面，大力推进兴边富民工程，促进各民族交往交流交融，共同团结奋斗，共同繁荣发展。明确了到2020年的建设目标：基本建成连接国内外的公路、铁路、管道、电网和电信设施，形成交通、能源、物流、信息等通道，面向西南开放的平台和窗口作用进一步增强，辐射带动能力明显提升；外向型产业和特色优势产业体系基本形成，区域布局和产业结构进一步优化，综合经济实力明显增强；农民人均纯收入显著提高，绝对贫困问题基本解决；社会事业取得长足发展，基本实现公共服务均等化；高原湖泊水质改善，江河上游水土流失面积明显减少，石漠化得到有效控制，森林覆盖率达到55%以上，生态安全屏障作用不断巩固，实现全面建设小康社会目标。确立了发展重点：①强化基础设施建设，提高支撑保障能力。主要是构建比较完善的综合交通体系，建设安全、稳定、经济、清洁的能源保障体系，建设国际性的信息枢纽，建设保障有力的水利工程体系。②依托重点城市和内外通道，优化区域发展布局。主要是提升滇中城市经济圈的辐射带动能力，建设重要的沿边开放经济带，完善对外经济走廊，增强对内经济走廊的纽带作用。③加强经贸交流合作，全面提升开放水平。主要是巩固发展睦邻友好关系，全面提升对外经贸合作水平，积极支持有条件的企业"走出去"，深入开展对内区域经济合作。④立足资源和区位优势，建设外向型特色产业基地。主要是做大做强特色农业，改造升级传统工业，积极培育战略性新兴产业，加快发展物流、会展等现代服务业，大力提升金融业的支撑服务能力，推动旅游业跨越式发展。⑤加强生态建设和环境保护，实现可持续发展。主要是继续推进水污染防治，加快治理水土流失和石漠化，加强生物多样性保护，推进节能减排和循环经济发展。⑥大力发展社会事业，切实保障和改善民生。主要是优先发展教育事业，加快发展医疗卫生事业，大力发展民族文化事业，着力完善劳动就业、社会保障和社会服务体系。⑦加快脱贫致富步伐，建设稳定繁荣边疆。主要是促进边疆和贫困地区加快发展，促进各民族共同繁荣发展，加强边防管控和出入境管理，加快农垦企业改革发展。并提出加大政策支持力度，创新体制机制的保障措施。2012 年国家发展和改革委员会发布了《云南省加快建设面向西南开放重要桥头堡总体规划（2012 ~ 2020 年）》，进一步细化了建设重点和保障措施。

　　广西北部湾经济区地处中国沿海西南端，由南宁、北海、钦州、防城港四市所辖行政区域组成，陆地国土面积 4.25 万平方千米。2008 年，国家提出把广西北部湾经济区建设成为重要国际区域经济合作区。2008 年 1 月 16 日，国家批准实施《广西北部湾经济区发展规划》。国家发展和改革委员会强调指出：广西北部湾经济区是我国西部大开发和面向东盟开放合作的重点地区，对于国家实施区域发展总体战略和互利共赢的开放战略具有重要意义。要把广西北部湾经济区建设成为中国—东盟开放合作的物流基地、商贸基地、加工制造基地和信息交流中心，成为带动、支撑西部大开发的战略高地和开放度高、辐射力强、经济繁荣、社会和谐、生态良好的重要国际区域经济合作区。北部湾经济区的主要任务就是建设成为中国—东盟开放合作的物流基地、商贸基地、加工制造基地和信息交流中心。《广西北部湾经济区发展规划》也对基础设施建设、产业培育与发展、政策保障措施等方面做出了具体规划。

　　2009 年 8 月 30 日，国务院批复了《中国图们江区域合作开发规划纲要——以长吉图为开发开放先导区》。将长吉图地区定位为我国沿边开发开放的重要区域，面向东北亚开放的重要门户，以及东北亚经济技术合作的重要平台，东北地区新的重要增长极，我国沿边开发开放的先行区和示范区。要将长吉图地区建设成为内陆地区沿边开放体制创新的改革试验区，培育成为产业竞争能力明显增强的率先发展地带，形成带动吉林和东北地区振兴的重要引擎。发展目标是：到 2020 年，长吉图区域经济总量翻两番以上，成为东北地区重要的新型工业基地、现代农业示范基地、科技创新基地、现代物流基地和东北亚国际商务服务基地，基本形成东北地区经济发展一个重要增长极。提出要统筹推进长吉图开发开放，促进长吉图一体化发展，形成窗口、前沿、腹地有机联结、功能协调、有效互动的空间布局。要以提高自主创新能力为支撑，大力推进产业结构升级，建设以现代农业和特色农业为基础、以先进制造业和现代服务业为主体的产业体系。要大力提升交通、水利、能源、信息等基础设施共建共享、互联互通的能力与水平，注重生态建设和环境保护，建立长效生态补偿机制和生态环境共治机制，为推动与相邻省区及欧洲国家和东北亚国家的开放合作提供强有力的支撑与保障。

中国在 2010 年实施的新一轮西部大开发战略中提出，为提升沿边开放水平，完善中国全方位对外开放格局，探索沿边开放新模式，促进形成与周边国家互利共赢、共同发展新局面，积极建设广西东兴、云南瑞丽、内蒙古满洲里等重点开发开放试验区。2012 年 7 月 9 日，国务院正式批准上述三个试验区建设实施方案。国务院批准的《实施方案》对三个试验区的战略定位给予了明确规定：东兴试验区建设成为深化中国—东盟战略合作的重要平台、沿边地区重要的经济增长极、通往东南亚国际通道重要枢纽和睦邻安邻富邻示范区。瑞丽试验区建设成为中缅边境经济贸易中心、西南开放重要国际陆港、国际文化交流窗口、沿边统筹城乡发展示范区和睦邻安邻富邻示范区。满洲里试验区建设成为沿边开发开放的排头兵、欧亚陆路大通道重要的综合性枢纽、沿边地区重要的经济增长极、边疆民族地区和谐进步的示范区。云南省正在赋予瑞丽试验区部分省、州级经济社会管理权限，全力推进和支持瑞丽试验区建设。内蒙古自治区把 2011 年确定为"试验区启动年"和项目建设年，当年实施各类重点项目 166 个，完成投资约 100 亿元人民币，其矿产资源开发、木材加工、农畜产品生产加工等产业已形成集群发展态势。广西东兴试验区是目前中国唯一沿海沿边、面积最大的试验区。过去两年来，这个新"特区"先后启动东兴国际旅游集散中心、珍珠湾国际旅游区、东兴边贸中心以及北仑河国际商贸城、东兴红木文化产业园等一批重点项目建设，并与越南广宁省签订了关于建立东兴—芒街跨境经济合作区的框架协议，目前，试验区已经初具规模。三个重点开发开放试验区的建设和发展必将对中国整个沿边开放起到重要的示范和引领作用。

2013 年 11 月 27 日，中国人民银行联合多部委印发《云南省广西壮族自治区建设沿边金融综合改革试验区总体方案》（以下简称"试验区总体方案"），旨在促进沿边金融、跨境金融、地方金融改革先行先试，促进人民币周边区域化，提升两省区对外开放和贸易投资便利化水平，推动沿边开放实现新突破。云南省广西壮族自治区沿边金融综合改革试验区范围包括云南省的昆明市、保山市、普洱市、临沧市、红河州、文山州、西双版纳州、德宏州、怒江州 9 个州市，广西壮族自治区的南宁市、钦州市、北海市、防城港市、百色市、崇左市 6 个市，区域面积 31.77 万平方千米，人口 4419 万人。"试验区总体方案"是中国继上海自由贸易试验区之后批复的第二个区域性综合改革试验区方案，也是十八届三中全会后，第一个获得批准的专项金融综合改革方案。"试验区总体方案"的目标是，经过 5 年左右的努力，初步建立与试验区经济社会发展水平相匹配的多元化现代金融体系，金融创新能力进一步增强，金融开放水平进一步提升，金融市场体系进一步完善，金融生态环境进一步优化，金融支持沿边经贸发展的广度和深度进一步拓展，金融服务实体经济的能力进一步提高，云南省、广西壮族自治区与东盟和南亚国家的经贸金融合作关系更加紧密，对周边地区的国际影响力不断增强。试验区总体方案明确十大主要任务：①推动跨境人民币业务创新，实施跨境人民币双向贷款业务，促进跨境结算便利化，研究人民币特许兑换业务、人民币现钞出入境管理、货币挂牌交易和人民币海外投贷基金，推动人民币与周边国家跨境清算和结算体系建设等。②完善金融组织体系，吸引东盟、南亚金融机构"进来"设立外资金融机构、设立国际性或区域性管理总部，支持民间资本进入金融业，发起设立自担风险的民营银行等金融机构，支持滇桂地方法人金融机构到东盟、南亚国家设立机构等。③培育发展多层次资本市场。重点实施企业境内外上市，企业"新三板"挂牌转让，推动区域性股权交易市场发展、金融要素交易市场等交易场所发展、外资股权投资基金发展等，鼓励中小企业多元化的债务融资等。④推进保险市场发展。重点实施双边及多边保险业务合作，加大政策性出口信用保险对试验区海外投资项目、大型成套设备出口融资项目及边境（跨境）贸易出口业务等的支持力度，试行小微企业信用贷款保证保险和涉外企业信用保证保险，探索建立农业大灾风险分散机制等。⑤加快农村金融产品和服务方式创新。重点实施农村产权确权登记颁证等服务平台建设，扩大抵押担保财产范围，开展林权、土地承包经营权抵押贷款，农村信用体系和支付结算体系建设等"三农"金融服务改革创新。⑥促进贸易投资便利化。重点实施个人境外直接投资，企业外汇资本金集中运营管理，试验区外资股权投资企业资本金意愿结汇等。⑦加强金融基础设施建设的跨境合作。重点实施跨境征信合作、跨境支付清算管理。主要特色是建立跨境金融信息服务基地，建立面向东盟和南亚国家的跨境零售支付平台，探索沿边跨境特定币种清算安排的可行性。⑧完善地方金融管理体制。重点实施地方金融管理体制及监测预警机制，加快建设民间融资管理服务及动态监测等试点，强化和落实地方政府处置金融风险和维护地方金融稳定的责任。⑨建立金融改革风险防范机制。重点建立跨境资金流动评估机制，完善跨境资金流动统计监测和汇率、债务、偿债能力等预警机制，加强对跨境金融违法犯罪行为的监管和打击力度，加强金融生态环境建设等。⑩健全跨境金融合作交流机制。重点建立跨境金融合作、监管协作、信息平台等工作机制，打造沿边地区跨境金融合作交流的高端平台等。滇桂沿边金融综合改革试验区的建设为云南、广西桥头堡经济成长优化了融资环境。

### 7.1.3 营造沿边开放新环境

要让市场在资源配置中发挥基础性作用，职能部门就要强化服务，优质、全方位、全过程的服务，是边疆省份形成沿边开放新优势的基础。

一要强化对对外投资企业的服务。对外投资是新一轮沿边开放的重点，既有大型企业集团的对外投资，也有个体工商户的对外投资行为。目前针对个体投资者的对外投资服务是最薄弱的环节。涉外部门要认真研究周边国家的投资环境、投资政策、投资信息，建立投资服务平台，在翻译提供、中文路标设置、商务信息发布等各方面创新服务内容，既要为大型企业集团走出去提供服务，更要服务好、引导好个体工商户的对外投资。

二要强化对出境人员的安全保障服务。随着沿边开放的扩大，我国出境到周边国家旅游和从事商务等活动的人员数量正在快速增长。应加强与周边国家的沟通与协调，增加驻外机构和人员，创新管理方式，统筹协调各类驻外机构，建立应急安全保障机制，加强对出境旅游、商务考察、学术会议、休闲度假、工程建设等各类出境人员的安全保障服务。

三要强化对边疆地区境外人员的服务。创新出入境管理与服务措施，为出入境人员提供便利。争取国家批准周边国家在边疆地区的主要城市设立办事机构。在机场、火车站、客运站、公交系统等大型市政设施适时增设周边国家语言的标识。适时增加电视台和广播电台的周边国家语言频道。增强对边疆地区境外人员的安全保障服务。

四是大力培育涉外中介服务业。随着沿边开放的扩大，"走出去"和"引进来"的规模将不断扩大，涉外中介服务业将成为边疆地区服务业发展的新兴业态。应尽快制定行业规范和准则，出台激励措施，鼓励发展出境旅游、商务信息、涉外金融咨询、会计、法律、项目融资、物流信息、境外政策分析等涉外中介服务业。

## 7.2　体制障碍消解

在外部环境改善和优化的情况下，中国边疆区域能否实现桥头堡经济的快速成长，还取决于主要体制障碍的消除和有利的制度安排。

### 7.2.1　微观基础障碍及消除途径

边疆地区从计划经济向市场经济转轨的步伐十分缓慢，计划经济体制及适应这种体制的经济活动还处于强势，市场经济体制下的市场发挥决定性作用的经济活动还处于弱势。边疆地区的经济发展仍然需要引入东部地区的投资和外国直接投资来推动，边疆开发的主体是企业而不是政府，计划经济特征的微观基础不适应发挥市场在资源配置中的基础性作用，严重制约着投资资本的引入。

最为突出的是国有经济比重过高，非国有经济或民营经济比重过低。在中国市场化改革取向的发展模式下，边疆地区的这种微观基础是制约经济活力的主要因素。完善的市场经济体制要求微观市场主体——企业——应是相对独立的利益主体和竞争主体，国有企业同政府的特殊关系决定了国有企业尚没有形成高效的激励和约束机制，在市场竞争中缺乏内在动力和压力，而是更多地依赖政府的扶持与保护。由于经济中存在量大面广、竞争力不强和效率不高的国有企业，很多边疆地区的政府为了地方经济发展的需要，不得不加强对国有企业的管理，造成政府机构改革滞后，政府干预市场，国有银行支撑国有企业，国有企业垄断资源且过多依赖大量的政策性优惠等问题，使各类企业平等竞争的环境难以形成。

消除微观基础障碍的途径是深化改革，真正让市场发挥其在资源配置中的决定性作用，重塑微观基础，重点是完善所有制结构、推进现代市场体系建设、转变政府职能。

### 7.2.2　开创对外合作新机制

中国边疆桥头堡经济建设，必须在我国开放型经济新体制下才能完成，要建立沿边开放新体制，需要不断加强沿边开放的体制机制创新。经过长期的探索与实践，边疆地区在双边和多边合作中积累了较为丰富的经验。应在总结这些经验的基础上，开创对外合作的新机制。

第一，加快推进产业集群合作。产业集群这种模式已经成为区域经济一体化的主要载体，是当今世界发展最快的产业竞争与产业合作模式之一。应加强与周边国家不同产业梯度和发展水平地区的沟通与协调，通过搭建商务合作平台，构建行业协会，建立不同产业区的对话协商机制以增强产业关联性。增强涉外商务机构的职能。协调省内的大学、科研机构和培训平台与周边国家产业园区的对接。

第二，探索建立"援助＋产业开发"的合作模式。周边国家有强烈的愿望改善与中国互联互通的基础设施建设，但缺乏建设资金，希望得到中国的援助，而这些基础设施收益率低，涉外企业没有盈利空间。因此，可探索建立基础设施建设项目与相关产业开发同步推进的方式，增大投资企业的盈利空间，形成"援助＋产业开发"的合作模式。

第三，推进同源民族区的合作。充分发挥边疆省份与周边国家有多民族跨境而居的优势，这些民族有悠久而灿烂的文化但大部分处于贫困状态，应将同源民族区的合作作为对外合作的主要领域进行推进，在民族特需商品生产企业培育、地区生产网络构建、扶贫开发、农产品替代种植、民族文化交流、传统体育展演等方面开展深度合作，充分释放边界的同源民族区开放效应。

第四，推进跨境生物多样性保护合作。周边国家虽然经济发展相对滞后，但仍然十分重视生物多样性保护，应将合作开展跨境生物多样性保护作为双边和多边合作的重要领域进行推进，将边界地区高山峡谷的自然地理屏障转化为合作中介和合作载体，这既体现了国家将边疆地区建设成为"我国重要的生物多样性宝库"和"生态安全屏障"的战略定位，也有利于未来生物产业的合作发展。

第五，加快推进跨境水资源合作。我国边疆地区有澜沧江—湄公河、怒江—萨尔温江、元江—红河、黑龙江等跨境国际河流。下游国家对我国的水电开发、流域治理、生态保护都十分关注，而下游国家的河流航运对中国商品走向海外极具吸引力。应将跨境水资源合作作为新时期对外经济合作的重点领域，积极探索合作方式、协调机制、合作平台、合作机构、合作空间等方面的新内容，探索跨境流域水资源生态补偿机制的建立。

### 7.2.3 探索沿边开放新模式

带动周边发展是现阶段我国沿边开放的首要选择，也是破解周边国家发展程度低、市场容量小、产业基础薄弱的关键。必须采取与过去沿海开放完全不同的开放新模式。

第一，加快建设进口加工基地。在目前满洲里国家级资源进口加工区的基础上，扩大进口加工区的数量与规模，在河口、磨憨、瑞丽等边境口岸和昆明、大理、保山、临沧、景洪、普洱、个旧、开远、蒙自等城市加快建设进口加工园区、进口加工基地，针对周边国家产业层次低的特点，争取国家放宽进口许可范围，大规模进口越南、老挝、缅甸、柬埔寨、孟加拉国、印度等国的出口产品，在进口加工区进行深加工再销往我国各地区市场。

第二，争取设立境外转口贸易基地。争取国家支持与周边国家协调，到孟加拉湾的仰光、皎漂、吉大港、加尔各答等城市建立转口贸易基地，为我国制造业产品走向印度洋和印度洋沿岸国家资源性产品进入中国，建立中转站和转口贸易基地。

第三，加快建设产业扩散基地。针对周边国家正在引资发展资源性工业的特点，加快推进资源性产业向周边国家扩散，在目前边疆地区的工业基地加快推进产业扩散基地建设，搭建周边国家产业信息平台，培育中介服务企业，完善产业扩散支持政策。

第四，加快建设人才培养基地。目前中国边疆省份的高校已经成为中国为周边国家培养人才的重要载体，还应扩大规模、拓宽层次，加大对周边国家各类各层次人才的培养力度，针对周边国家产业层次低的特点，扩大职业技术教育、劳动力技能培训、专业技术培训等领域的对外人才培养规模，为周边国家产业发展提供高素质的技能型人才。

第五，加快建设技术转移基地。很多周边国家都在学习借鉴中国发展模式，推进工业化进程，工业化也是目前世界经济体系下发展中国家从不发达走向现代化的必由之路。一些在中国已经成熟而通用的生产技术，在周边国家却是产业发展的新技术，应选择一些高校、科研机构和大型企业建立对周边国家的技术转移基地，通过对外投资、技术援助等多种形式向周边国家扩散生产技术。

## 7.3　政策支持

通过制度供给，给予边疆地区加快发展的政策支持体系，发挥边疆区域的优势，使边疆区域在中国与周边国家一体化的进程中形成若干报酬递增的区域，通过超常规开发和跨越式发展，实现边疆与内地的增长趋同与共同富裕。

### 7.3.1　加快推进具有边疆特色的城市化进程

国家应明确提出支持边疆地区加快具有边疆特色的城市化进程，在城市建设和城市经济发展方面给予倾斜和支持，特别要重点支持有区位条件的边境城市、有扩散条件的中心城市和有产业聚集条件的中等城市的建设。

突出特色、分类指导，鼓励边疆地区根据自身特点，结合生态保护和非国有经济的发展，加快城市化进程，促进边疆地区边缘增长中心的形成和成长。

在生态脆弱或生态敏感、生产生活的自然条件较差的边疆地区，将生态保护、生态脆弱地区生产活动的退出，生态脆弱地区居住点居民的迁出与区域中心城市建设紧密结合，将城市发展与鼓励非国有经济发展紧密结合，制定优惠政策和安置政策，实现生态保护与城市化的互动发展。

在城市化水平相对较高的地区，按照比较优势优化产业布局与分工，突出产业特色和城市功能定位，支持非国有经济发展，以产业聚集带动人口聚集，以产业城市化促进人口城市化。

在农业生产条件较好而城市化水平相对较低的边疆地区，加快城乡一体化进程，制定政策，消除城乡分割的户籍、社会保障、就业、义务教育等制度障碍，支持非国有经济的发展，推进乡村工业化，大力发展特色小城镇和小城市，形成特色鲜明的快速城镇化发展格局。

在土地政策方面，实行差别化的土地政策，不要全国各地"一刀切"，给予边疆地区城市化发展的特殊土地政策，支持边疆地区在城市开发中实施"以土地换资金""以土地换基础设施建设"等土地融资举措，降低边疆地区的投资环境劣势。

鼓励边疆地区以政府资金为引导，创新城市市政基础设施建设的投融资机制。

支持边疆区域积极推进工业化与城市化的结合，培育支撑产业，增强城市的经济功能，在产业政策约束方面，可实行差异化的地区产业政策，特别是在国家限制产能过剩的产业上，根据各地边疆的特点支持具有优势产业的发展，壮大西部城市的经济基础和产业发展能力。

### 7.3.2　鼓励边疆地区实施进口导向型开放战略

适应中国新的对外开放特点和周边国家的经济特征，鼓励边疆地区实施进口导向型的开放经济发展战略，以满足国内市场为主，供应周边国家市场为辅，吸引东部沿海地区的投资者到边疆地区，进口周边国家的资源、原材料、初级加工产品，在边疆地区发展深加工产业，形成境内外产业链的延伸，提高边疆地区的对外开放水平。

针对周边国家急需扩大出口，限制资源类产品出口，吸引外国直接投资开发本国资源的现实状况，大力推进边疆地区的资源开发企业和优势企业对外投资，在对外投资项目核准、对外投资服务、资源开发型产品进口配额等方面给予大力支持。

加强与周边国家的沟通与协调，建立广泛的合作机制，搭建合作平台，建立对外投资风险应对机制，积极推进中国与周边国家的区域经济一体化进程，支撑边疆地区优势企业的对外投资。

在中国与周边国家区域经济一体化进程中，边疆省份往往是中国参与合作的主体省份，由于国际区域经济合作是一种国与国之间的合作，边疆省份不具有国体的法律地位，只能在中国中央政府的统一部署和领导下与周边国家开展合作，合作的权力大量集中在中央，使边疆省份在参与合作的过程中遇到很多无法及时解决的问题，一定程度上阻碍了边疆省份参与合作的进程。需要中央政府进一步提高边疆省份在中国与周边国家经济合作中的主体地位，下放更多的合作权力，让边疆省份更多、更直接地参与合作的各项工作，提高边疆省份对外交流合作的执行能力，提高边疆省份开放型经济发展水平。

### 7.3.3　金融支持体系

边疆开发，需要进行大量长期投资，离不开现代化金融体系的支持。应重点从以下方面构建支撑边疆开发与边疆经济发展的金融支持体系。

第一，加快推进亚洲基础设施投资银行设立。2013 年 10 月 2 日，中国国家主席习近平在雅加达同印度尼西亚总统苏西洛举行会谈时提出，为促进本地区互联互通建设和经济一体化进程，中方倡议筹建亚洲基础设施投资银行，愿向包括东盟国家在内的本地区发展中国家基础设施建设提供资金支持。亚洲基础设施投资银行是继提出金砖国家开发银行、上合组织开发银行之后，中国努力主导国家金融体系的又一举措。亚洲基础设施投资银行的成立将会对周边国家与我国的基础设施互联互通发挥重要作用，加快周边国家的基础设施建设，推动边疆桥头堡经济中心的快速成长，增强边疆桥头堡经济的辐射带动作用。亚洲基础设施投资银行可采取股份制形式，吸收区域内外经济体出资入股。可采取银行模式与基金模式互补的方式加快推进，通过基金做股权投资，构建投资主体，推进项目开发。同时，银行对基金项目提供贷款支持，形成投资和贷款的有机结合，带动其他金融机构和企业参与合作，使基金模式与银行模式形成互补，增强银行的可操作性。

第二，支持组建地方银行并允许到境外开设分支机构。国家应支持边疆省份组建地方银行，以边疆地区产业经济发展和对周边国家投资为主要服务对象，支持组建后的地方银行到毗邻的周边国家开设分支机构，批准其从事境外投资服务和人民币兑换业务，中央银行应从扶持边疆经济加快发展的角度，对边疆省份的地方银行在贷款规模、利率浮动等方面给予更多自主权。

第三，支持边疆地区培育区域性国际金融中心。支持边疆地区加快金融体制、机制创新，把哈尔滨、乌鲁木齐和昆明建设成为面向中国东北与东北亚、中国西北与中亚、中国西南与东南亚三大次区域合作中最重要的国际金融中心。加强金融环境建设、完善软件基础设施、扩大开放领域，以实现金融创新突破为重点，汇聚国家支持、地方政府推动、市场机制作用三股力量，形成合力，分阶段、有步骤地全方位推进区域性国际金融中心的建设。使哈尔滨、乌鲁木齐和昆明能够承担相应区域内主要的融资功能、投资功能、结算功能，形成以哈尔滨、乌鲁木齐和昆明为中心，分别辐射东北各国、中亚各国、东盟各国乃至全球的多元化、多层次、多功能的现代化电子金融平台。

第四，逐步推进人民币区域性自由兑换。人民币区域化是指人民币在一个地理区域内行使自由兑换、交易、流通、储备等职能。在目前阶段，人民币的区域化并非人民币在亚洲区域内的货币一体化，而是通过与区域内货币的长期合作和竞争成为区域内的关键货币，在区域内金融、贸易中发挥其关键货币的职能。[①] 应该通过人民币周边化、人民币区域化来推进人民币国际化，化解和防范金融风险，促进边疆经济发展。在地域上，应先推进人民币周边化，推进人民币在港澳地区、越老缅等东南亚国家、哈萨克斯坦等中亚国家成为可自由兑换货币，再推进人民币区域化，不断提升人民币在其他亚洲国家的地位，使之逐步成为区域性主导货币。在货币职能上，先推进人民币作为结算货币，特别是在与周边国家贸易结算中作为结算货币，再推进人民币成为投资货币和储备货币。

第五，支持边疆地区成立中小企业信贷银行。针对中小企业贷款难，特别是边疆地区的中小企业融资难的问题，应支持边疆地区成立中小企业信贷银行，可采取政府支持、中小企业入股参与的形式，组建股份制银行，专门用于支持边疆地区的中小企业发展和对境外地区的投资开发。

第六，支持边疆地区发展农村金融业。针对农村贷款难、融资难的问题，应支持边疆地区积极发展农村金融业，改革农村信用合作社，大力发展小额信贷，探索建立农民互助性质的融资平台，建

---

① 邱兆祥、何丽芬：《当前人民币区域化的可行性》，《中国金融》2008 年第 5 期。

立多形式的农村金融体系，支持农业生产，减贫开发，促进边疆少数民族地区的发展。

### 7.3.4 口岸建设支持和通关便利化

通过设立专项资金和加大转移支付力度，支持边境口岸的基础设施建设，不断改善边境口岸的交通、通信、市政设施、物流配套设施和通关设施，为要素跨境聚集和商贸物流创造条件。通过与周边国家的沟通与协调，加快推进通关便利化，降低贸易和交易成本，推进海关领域的改革，改进检验检疫管理，改善贸易物流环境，促进人员便捷流动。实施"提前报关""属地申报，口岸验放""无纸报关或电子口岸""电子申报、电子转单和电子签证""预约报检""产地检验""一次审批一年内多次出境""边民互市'优检卡'制度""落地签证"等便利化措施，简化海关在预录入、审单、查验和征审等环节的手续，简化产地报检、电子报检在申报、转单和签证等方面的通检手续，简化车辆出入境的出单、换单，办理出境手续，简化商务人员在出入境手续的办理、旅游人员查验、健康检查等方面的通关手续。实施检验检疫便利化措施，缩短检测周期，缩短出入境货物的熏蒸处理时间、出入境车辆的轮胎消毒时间。开通网上报检系统，实施出入境人员的网上申报，建设出入境自助查验系统，提高出入境人员的查验速度。提高通关效率，促进贸易、投资和跨境游客的快速增长。

## 7.4 加快推进跨境经济合作区建设

跨境经济合作区在桥头堡经济的跨境产业集群构建中占有核心地位，目前我国与周边国家存在很大的发展差异和很强的产业梯度，决定了目前阶段及未来一个时期我国陆疆的跨境经济合作区不能以贸易为主，与沿海地区的跨境经济合作区有天然差别，应实施以发展产业集群、形成产业关联为主的推进模式，具体分为以出口加工区和进口加工区为主的垂直一体化模式和以陆港保税区、转口贸易区为主的横向一体化模式。具体采用的模式应依据西南边疆、西北边疆和东北边疆参与次区域国际经济一体化的进程和范围而定。

### 7.4.1　垂直一体化模式

垂直一体化模式是指以跨境经济合作区两国的产业梯度为依据，以产业链延伸为主要合作方式，聚集两国不同梯度的产业于合作区内，通过产业链的地域性聚集，实现产业内贸易快速扩大的一种合作区模式。具体可分为出口加工区模式和进口加工区模式，出口加工或进口加工是相对而言的。在跨境经济合作区内，本国的出口加工是对方国的进口加工，若以本国市场为主，则是本国的进口加工区，也是对方国的出口加工区。目前就中国与周边国家的发展差距而言，中国发展程度高于周边国家，处于产业链的下游，尤其是制造业和技术研发环节，也是终端消费市场，对周边国家产业发展具有很大的吸引力，周边国家处于产业链的上游，尤其是在资源开发、材料加工环节，需要扩大出口。因此，通过跨境经济合作区实现两国的产业链整合，推进产业集群化模式，吸引中国的制造企业到合作区投资，吸引周边国家的加工业到合作区投资，实现产业链无缝对接，既能消除中间产品的运输成本，又能降低交易成本，对厂商会有很大的吸引力。这种模式适合于正在推进出口导向型的工业化起步或工业化初期的老挝、越南等国，这些国家的工业发展处于起步阶段，以资源初加工为主，虽然限制本国的资源型原矿出口，但鼓励出口加工产品，初加工产品是我国制造业发展所需要的。因此，中老之间的磨憨—磨丁跨境经济合作区非常适合这种模式。

## 7.4.2 横向一体化模式

横向一体化模式是针对建立跨境经济合作的国家产业合作的潜力较小而地理位置重要，能够发挥区位优势发展转口贸易、加工贸易等贸易区功能而推行的一种合作区模式，这种合作区以满足两国或第三国商品贸易的需求为主要功能，对双方边境地区产业发展的带动作用很有限。如中缅姐告—木姐跨境经济合作区就适合推行这种模式，虽然缅甸与中国存在发展差异，但发展差异过大，缅甸整体还处于传统农业社会，工业化还没有起步，从跨境经济合作区内构建产业集群角度看，产业链是断裂的，难以形成产业配套。因此，合作区内只能以双方互补性强的产品贸易为主，中方出口国内具有优势的日用消费品，缅方出口具有相对优势的木材、原矿石、动植物等。

缅甸是中国连接印度等南亚国家和印度洋的重要通道，鉴于姐告—木姐的特殊区位，建立保税区、发展转口贸易应该成为姐告—木姐跨境经济合作区的主要功能定位。可推进的类型有：①企业生产原料全部来自国外或第三国，产品全部出口国外或第三国，可利用跨境经济合作区的基建物资及进口设备免税、原材料保税以及区内企业生产不征增值税的优惠政策。随着国际产业转移的普及，经济全球融合的加速，以及我国配套能力、物流环境的改善，特别是消费市场的日趋成熟，这种类型的企业会越来越少。②企业生产原料全部来自国内，产品全部出口国外或第三国，可利用跨境经济合作区的基建物资及进口设备免税、原材料由国内货物入区享受退税以及区内企业生产不征增值税的优惠政策。③企业生产原料部分来自国外，部分来自国内，产品全部出口国外或第三国。企业主要利用国外货物入区保税和国内货物入区退税政策开展生产加工，可享受进口自用设备免税、国内采购原料退税、进口原料保税等税收优惠政策。④企业生产原料全部来自国外，产品全部销往国内，办理进口手续，内销产品的关税税率低于原料进口关税的税率。企业主要利用国外货物入区保税和成品出区按实际状态征税等政策，可享受进口自用设备免税、进口原料保税等税收优惠政策和内销按成品征税且关税税率低于原料的政策。⑤企业生产原料部分来自国外，部分来自国内，产品全部销往国内，办理进口手续，内销产品的关税税率低于原料进口关税的税率。企业主要利用国外货物入区保税、国内货物入区退税和成品出区按实际状态征税等政策，可享受进口自用设备免税、进口原料保税等税收优惠政策和内销按成品征税且关税税率低于原料的政策。⑥企业生产原料部分来自国外，部分来自国内，产品部分出口国外，部分销往国内，内销产品的关税税率低于原料进口关税的税率。企业主要利用国外货物入区保税、国内货物入区退税和成品出区按实际状态征税等政策，可享受进口自用设备免税、进口原料保税等出口加工区税收优惠政策及内销按成品征税且关税税率低于原料和区内企业生产不征增值税的政策。

以上模式的具体运行取决于建立跨境经济合作区双方的协定和约束条款。就姐告—木姐跨境经济合作区而言，虽然该区具有中国面向南亚开放的区位优势，但这种区位优势要转化为现实优势还存在交通基础设施方面的障碍，缅甸经济落后，北部地区尤其落后，对交通基础设施的投入很少，基本依靠外国援助，受地缘政治等因素的影响，缅甸北部地区的基础设施中方援助项目推进缓慢，孟中印缅次区域国际经济一体化才处于起步阶段，因此，姐告—木姐跨境经济合作区的保税功能和转口贸易功能实现的可能性还不显著。

### 7.4.3 垂直一体化与横向一体化聚合模式

垂直一体化与横向一体化聚合模式是指既具备垂直一体化的产业链延伸条件，又具备较好的转口贸易区位条件的边境区姐妹城市，可构建聚合型的跨境经济合作区，聚集发展程度较低国家的上游产业，聚集发展程度相对较高国家的下游产业，形成产业集群，同时以第三国市场为主导，发展加工贸易和转口贸易。如中越边境上构想中的中越凭祥—同登跨境经济合作区、中越东兴—芒街跨境经济合作区、中越河口—老街跨境经济合作区，比较适合推进这种模式。越北地区的产业与云南、广西的优势产业在跨境经济合作区内可形成产业关联，再利用北部湾良好的区位条件，转口到东亚国家和欧美发达国家。

# 参考文献

阿林·杨格、贾根良：《报酬递增与经济进步》，《经济社会体制比较》1996 年第 2 期。

白雪洁、王燕：《中国交通运输产业的改革与发展》，经济管理出版社，2009。

毕燕茹：《中国与中亚五国贸易潜力测算及分析——贸易互补性指数与引力模型研究》，《亚太经济》2010 年第 3 期。

宾建成：《加入 WTO 后我国民族自治地方发展边境贸易的政策及其机制探析》，《当代财经》2004 年第 6 期。

蔡昉、都阳：《中国地区经济增长的趋同与差异——对西部开发战略的启示》，《经济研究》2000 年第 10 期。

曹海东、陈军吉：《海外三峡密松水电站大坝停建中资折戟缅甸》，《南方周末》2011 年 10 月 14 日。

曹宏成：《产品内贸易在东亚的实践及对中国的启示》，《世界经济研究》2008 年第 7 期。

曹砜：《中国东盟自由贸易区与西部边境国际金融合作》，《西部论坛》2004 年第 5 期。

曹小曙、阎小培：《经济发达地区交通网络演化对通达性空间格局的影响——以广东省东莞市为例》，《地理研究》2003 年第 5 期。

常文娟：《关于边境贸易的重新思考》，《统计与决策》2010年第6期。

陈斌开、林毅夫：《发展战略、城市化与中国城乡收入差距》，《中国社会科学》2013年第4期。

陈栋生：《沿着科学发展道路建设现代新昆明》，《边疆经济与文化》2006年第12期。

陈辉宗：《西部经济结构陷阱及其破解》，《攀登》2000年第4期。

陈继东：《西藏开拓南亚市场的特殊意义与实施对策》，《民族研究》2003年第2期。

陈剑波：《中国—东盟自由贸易区区域金融合作》，云南财经大学硕士学位论文，2012。

陈俊伟：《中国—东盟自由贸易区区域分工——兼论广西应对战略》，广西人民出版社，2006。

陈柳钦：《广西：中国东盟自由贸易区的"桥头堡"》，《中国经贸》2004年第5期。

陈雯：《中国—东盟自由贸易区的贸易效应研究——基于引力模型"单国模式"的实证分析》，《国际贸易问题》2009年第1期。

陈志恒：《东北亚区域经济一体化研究》，吉林人民出版社，2006。

成崇德：《18世纪的中国与世界——边疆民族卷》，辽海出版社，1999。

程瑜、李瑞娥：《西部大开发：制度背反与哲思》，《财贸研究》2013年第3期。

程云川、陈利君：《中国沿边开放的态势与前景》，《云南社会科学》2009年第6期。

董藩等：《构建缘西边境国际经济合作带》，东北财经大学出版社，2004。

杜发春：《边境贸易与边疆民族地区的经济发展》，《民族研究》2000 年第 1 期。

方维慰：《区域一体化趋势下国家的边界功能》，《西安联合大学学报》1999 年第 2 期。

伏润民、陈志龙、杨汝万：《中国西部开发与周边国家》，云南大学出版社，2003。

高尚全：《西部开发与体制创新》，《经济体制改革》2001 年第 6 期。

古龙高：《桥头堡论纲》，《淮海工学院学报》2005 年第 6 期。

古小松：《中国—东盟自由贸易区与广西的地位和作用》，《东南亚纵横》2002 年第 12 期。

古小松：《建立南宁—曼谷经济走廊，发展华南与中南半岛的合作》，《东南亚纵横》2004 年第 1 期。

贵州省高等学校人文社科基地：《欠发达地区经济发展研究（一）》，中国经济出版社，2009。

郭予庆、霍得立、部小敏：《中国铁路枢纽城市发展研究》，《经济经纬》1995 年第 1 期。

韩民春、袁秀林：《基于贸易视角的人民币区域化研究》，《经济学（季刊）》2007 年第 2 期。

韩增、杨荫凯、张文尝、尤飞：《交通经济带的基础理论及其生命周期模式研究》，《地理科学》2000 年第 8 期。

何帆、覃东海：《东亚建立货币联盟的成本与收益分析》，《世界经济》2005 年第 1 期。

何伦志、王德全：《西部大开发与建立中亚自由贸易区的构想》，《新疆大学学报》（社会科学版）2000 年第 4 期。

何薇：《边贸，民族地区对外开放的重要途径——以西藏边贸为实例》，《世界经济研究》2005 年第 7 期。

何跃：《云南边境地区主要贸易口岸的境外流动人口与边疆安

全》,《云南师范大学学报》(哲学社会科学版) 2008 年第 2 期。

贺圣达等:《中国东盟自由贸易区建设与云南面向东南亚开放》,云南人民出版社,2003。

胡鞍钢、温军、王志:《西南国际大通道建设与贸易自由化》,《中国软科学》2001 年第 6 期。

胡超、王新哲:《中国——东盟区域经济深度一体化——制度环境与制度距离的视角》,《国际经贸探索》2012 年第 3 期。

胡超:《改革开放以来我国民族地区边境贸易发展的演变轨迹与启示》,《国际贸易问题》2009 年第 6 期。

胡怀邦:《关于建设西南金融中心的战略构想》,《金融与保险》(人大复印资料) 2001 年第 7 期。

胡仕胜:《试论中国——南盟经贸合作制约因素及经济一体化之道》,《东南亚南亚研究》2010 年第 1 期。

黄定嵩:《中国——东盟自由贸易区与西南民族经济》,民族出版社,2004。

黄菊、蒙西燕:《西藏自治区边境贸易对从业影响的实证研究——基于 1978~2009 相关数据的检验》,《西藏大学学报》2011 年第 2 期。

黄木生:《开启中国改革开放时期的"新丝绸之路"——伊犁"新丝绸之路"的中国桥头堡》,《湖北成人教育学院学报》2009 年第 7 期。

黄万纶、李文潮:《中国少数民族经济新论》,中央民族学院出版社,1990。

纪庆福:《世贸组织规则框架内发展边境贸易的思考》,《西伯利亚研究》2003 年第 3 期。

江小涓:《中国对外开放进入新阶段:更均衡合理地融入全球经济》,《经济研究》2006 年第 3 期。

江小娟:《中国开放三十年的回顾与展望》,《中国社会科学》

2008 年第 6 期。

姜国刚、韩乐江、宋继华：《黑龙江省边疆地区经济发展策略探析》，《佳木斯大学社会科学学报》2011 年第 3 期。

卡洛塔·佩雷斯：《技术革命与金融资本——泡沫与黄金时代的动力学》，田方萌等译，中国人民大学出版社，2007。

库姆斯等：《经济地理学：区域和国家一体化》，中国人民大学出版社，2011。

蓝庆新、郑云溪：《中国—东盟区域产业内贸易分析及对策研究》，《亚太经济》2011 年第 3 期。

李德洙：《陆地边疆城市和民族地区现代化》，《民族研究》1996 年第 5 期。

李芳、吴桂华：《论边境贸易在提高边疆民族地区开放型经济水平中的引领作用——以新疆霍城县为例》，《黑龙江民族丛刊》2009 年第 6 期。

李光辉：《加快边境经济贸易发展提升沿边开放水平》，《贵州财经学院学报》2010 年第 4 期。

李华斌：《边疆安全视角下新疆城镇化问题研究》，《兵团党校学报》2011 年第 3 期。

李纪恒：《论"路桥经济"》，《学术论坛》1999 年第 6 期。

李靖宇、贺祺彦：《论经济特区在中国新一轮改革开放中的市场先导功能》，《区域与城市经济》（人大复印资料）2010 年第 9 期。

李澜、张丽君、王燕祥：《中外边境城市功能互动的可持续发展系统构想》，《广西社会科学》2004 年第 3 期。

李丽、邵兵家：《中印自由贸易区的建立对中国及世界经济影响研究》，《世界经济研究》2008 年第 2 期。

李铁立：《边界效应与跨边界次区域经济合作研究》，中国金融出版社，2005。

李伟、张威、王泺：《建立中印自由贸易区的可行性及政策建议》，中国商务部网站，http：//www. mofcom. gov. cn/aart - icle/o/dk/r/200406/20040600232453. htm，2004 年 6 月。

李娅、杨先明：《发展失衡与社会预警：以中国西部五省区为例》，知识产权出版社，2010。

李豫新、倪超军：《新疆在中国与中南亚区域经济合作中的战略地位与作用》，《中国软科学》2008 年第 6 期。

李煜伟、倪鹏飞：《外部性、运输网络与城市群经济增长》，《中国社会科学》2013 年第 3 期。

李忠民、霍学喜主编《欧亚大陆桥发展报告（2011～2012）》，社会科学文献出版社，2012。

连玉明：《整合边境边贸城市资源构建城市联盟》，《领导决策信息》2005 年第 31 期。

梁双陆：《中国西部经济周期波动特征及影响因素分析》，《云南大学学报》（社会科学版）2004 年第 6 期。

梁双陆：《国际区域经济一体化进程中的边界效应研究综述》，《思想战线》2008 年第 2 期。

梁双陆：《边疆经济学》，人民出版社，2009。

梁双陆：《次区域国际经济一体化理论与实践》，人民出版社，2013。

林光彬：《西部大开发中的五种制度障碍》，《改革》2001 年第 2 期。

刘国光：《中国地区经济发展战略的评估与展望》，载刘树成《中国地区经济发展研究》，中国统计出版社，1994。

刘宏杰：《边疆民族地区突发事件应急机制研究》，中央民族大学博士学位论文，2010。

刘建飞：《解读中国外交政策宗旨》，《国际政治研究》2006 年第 1 期。

刘建利:《我国沿边口岸经济特殊性分析及发展建议》,《中国流通经济》2011年第12期。

刘生龙、王亚华、胡鞍钢:《西部大开发成效与中国区域经济收敛》,《经济研究》2009年第9期。

刘伟等:《中国蕉农缅甸"突围"》, http: //news. 163. com/ 11/0629/12/77NGI13100014AEE. html。

刘勇:《城市群空间结构演化——交通运输业的作用及机理》, 经济管理出版社, 2009。

刘稚:《昆明在中国东盟自由贸易区建设中的定位与功能》,《云南社会科学》2003年第6期。

刘稚、刘思遥:《区域经济一体化下的沿边开放模式探析》,《思想战线》2012年第1期。

刘重力、陈静、白雪飞:《东亚垂直分工网络与技术梯度研究——基于零部件贸易的视角》,《世界经济研究》2009年第6期。

卢中原:《西部地区产业结构变动趋势、环境变化和调整思路》,《经济研究》2002年第3期。

罗圣荣:《云南省跨境经济合作区建设研究》,《国际经济合作》2012年第6期。

骆许蓓、朱农:《中国西部落后地区发展与目标性交通运输基础设施投资》, 载沙安文、沈春丽、邹恒甫主编《中国地区差异的经济分析》, 人民出版社, 2006。

骆许蓓:《基础设施投资分布与西部地区经济发展——论交通运输枢纽的作用》,《世界经济文汇》2004年第2期。

马富英:《中俄关系中的边疆安全研究》, 中央民族大学博士学位论文, 2012。

玛依拉·米吉提:《对乌鲁木齐建设现代化国际商贸中心的探讨》,《新疆财经学院学报》2005年第1期。

牛德林等:《全方位开放与边疆经济的超常规发展》, 黑龙江教育出版社，1998。

庞瑞芝：《中国交通运输业生产力与技术变动研究》，经济管理出版社，2009。

彭永岸：《内陆开放与沿海开放互补研究》，《经济问题探索》1993 年第 10 期。

钱学锋：《国际贸易与产业集聚的互动机制研究》，格致出版社、上海人民出版社，2010。

秦放鸣、李新英：《中亚市场的宏微观分析》，《新疆大学学报》（哲学社会科学版）2004 年第 4 期。

秦放鸣：《开拓中亚市场，建设中国西部国际商贸中心的政策构建和环境营造》，《开发研究》2006 年第 4 期。

秦放鸣、毕燕茹：《中国新疆与中亚国家区域交通运输合作》，《新疆师范大学学报》（哲学社会科学版）2007 年第 4 期。

邱济洲、秦梦宇、周建国：《边疆地区沿边开放战略及对策》，《世界经济文汇》2000 年第 1 期。

全毅、高军行：《东亚经济一体化的贸易与投资效应》，《国际贸易问题》2009 年第 6 期。

荣毅宏：《中国西南地区产业结构研究》，中国经济出版社，2009。

山东省社会科学院调研组：《新亚欧大陆桥山东段桥头堡与经济带建设初步构想》，《东岳论丛》1996 年第 4 期。

史智宇：《东亚产业内贸易发展趋势的实证研究——对发展我国与东亚产业内贸易的政策思考》，《财经研究》2003 年第 9 期。

邵兵家、李丽：《CAFTA 的构建对成员国经济影响的计量研究》，《经济科学》2006 年第 6 期。

寿思华：《建设开发我国西部地区的新型"桥头堡"》，《经济地理》1992 年第 4 期。

宋则行、樊亢：《世界经济史》，经济科学出版社，1998。

孙宝存:《陆桥经济理论的提出与河北桥头堡群的构建》,《社会科学论坛》1998 年第 1 期。

孙圆圆、李光辉:《新时期沿边开放的问题及对策》,《国际经济合作》2013 年第 1 期。

汤建中、张兵、陈瑛:《边界效应与跨国界经济合作的地域模式——以东亚地区为例》,《人文地理》2002 年第 1 期。

藤田昌久、保罗·克鲁格曼、安东尼·J. 维纳布尔斯:《空间经济学——城市、区域与国际贸易》,中国人民大学出版社,2005。

藤田昌久、蒂斯:《聚集经济学》,西南财经大学出版社,2004。

万广华、Qureshi M. S.、伏润民:《中国和印度的贸易扩张:威胁还是机遇?》,《经济研究》2008 年第 4 期。

王纯、林坚:《从政治地理结构变化看边疆城市空间发展方向选择——以哈尔滨为例》,《人文地理》2005 年第 1 期。

王海峰:《"十二五"时期全面提高沿边开放水平》,《宏观经济研究》2011 年第 4 期。

王怀民、李凯杰:《加工贸易与地区收入差距》,《世界经济研究》2010 年第 8 期。

王莲琴、刘力:《东北地区沿边开放与口岸经济的发展》,《经济地理》1999 年第 5 期。

王铁:《关于打造中国沿边经济圈的战略设想》,《管理世界》2008 年第 6 期。

王伟光、秦光荣:《第三亚欧大陆桥西南通道建设构想》,社会科学文献出版社,2009。

王燕、白雪洁:《中国交通运输产业的政府规制改革》,经济管理出版社,2009。

王燕祥、张丽君:《西部边境城市发展模式研究》,东北财经大学出版社，2002。

王燕祥、张丽君：《中外边境毗邻城市的功能互动与少数民族地区经济发展》，《黑龙江民族丛刊》2005 年第 1 期。

文富德：《浅谈中印自由贸易区的可行性》，《南亚研究季刊》2006 年第 1 期。

吴昊、闫涛：《长吉图先导区，探索沿边地区开发开放的新模式》，《东北亚论坛》2010 年第 2 期。

西奥多·W. 舒尔茨：《报酬递增的源泉》，北京大学出版社，2001。

解春艳、朱红根：《中国东盟自由贸易区进程化对双边贸易的影响》，《西北农林科技大学学报》（社会科学版）2012 年第 6 期。

解树江：《全国边疆经济发展理论研讨会综述》，《经济学动态》1995 年第 12 期。

徐圆：《中国与东盟贸易关系及结构分析》，《世界经济研究》2005 年第 5 期。

薛凤旋：《港澳跨境发展的理论与政策》，载叶舜赞、顾朝林、牛亚菲主编《一国两制模式的区域一体化研究》，科学出版社，1999。

薛敬孝、张伯伟：《东亚经贸合作安排：基于可计算一般均衡模型的比较研究》，《世界经济》2004 年第 6 期。

杨德颖：《中国边境贸易概论》，中国商业出版社，1992。

杨光：《东亚共同体与东亚自由贸易区：日本的东亚地区合作构想与实践》，《山东社会科学》2012 年第 3 期。

杨明远：《哈尔滨市国际化目标模式与对策选择》，《城市开发》1995 年第 9 期。

杨鹏：《通道经济：区域经济发展的新兴模式》，中国经济出版社，2012。

杨吾扬、张国伍等：《交通运输地理学》，商务印书馆，1986。

叶德利：《中国和印度贸易发展潜力和贸易政策修正探析》，《国际经贸探索》2005 年第 5 期。

姚大庆：《对欧元区共同边界效应的检验——兼论欧元区是否满足最优货币区的条件》，《世界经济研究》2012 年第 5 期。

杨光：《东亚共同体与东亚自由贸易区：日本的东亚地区合作构想与实践》，《山东社会科学》2012 年第 3 期。

于潇：《东亚地区自由贸易协定进程中的日中竞争》，《现代日本经济》2006 年第 4 期。

余诚、秦向东：《从贸易角度看东亚经济一体化的进程》，《国际商务》2011 年第 5 期。

袁建民：《西部桥头堡的地缘优势和战略地位》，《大陆桥视野》2004 年第 3 期。

袁晓慧、徐紫光：《跨境经济合作区：提升沿边开放新模式——以中国红河—越南老街跨境经济合作区为例》，《国际经济合作》2009 年第 9 期。

《云南省广西壮族自治区建设沿边金融综合改革试验区总体方案》，《云南日报》2013 年 11 月 26 日第 7 版。

张必清、杨荣海：《滇越边境贸易与经济增长的实证分析——以云南省红河州为例》，《昆明学院学报》2012 年第 2 期。

张彬、汪占熬：《中国—东盟自由贸易区贸易结构效应的实证分析》，《世界经济研究》2011 年第 1 期。

张复明：《区域性交通枢纽及其腹地的城市化模式》，《地理研究》2001 年第 2 期。

张颢瀚、张超：《空间经济发展的要素与沿海发展要素的形成——兼论江苏沿海开发的战略引导》，《南京社会科学》2010 年第 3 期。

张丽君：《略论陆桥经济与区域经济的协调发展》，《淮海工学院学报》（人文社会科学版）2004 年第 3 期。

张丽君、李澜：《西部大开发背景下的西部边境城市发展》，《广西大学学报》（哲学社会科学版）2002 年第 2 期。

张琳：《中国东盟自由贸易区框架下贸易增长的二元边际分析》，南开大学硕士学位论文，2010。

［越］张美玉：《打造桥头堡 服务博览会——浅谈中国东盟自由贸易区的"广西视角"与"越南视角"》，《沿海企业与科技》2005 年第 7 期。

张桅：《中国东盟自由贸易区贸易效应研究》，安徽大学硕士学位论文，2011。

张炜：《调整西部经济结构促进西部工业化——论中国西部双层二元结构转化与工业化推进对策》，《广西社会科学》1992 年第 3 期。

赵传君：《东北经济振兴与东北亚经贸合作》，社会科学文献出版社，2006。

赵传君：《推进黑龙江省沿边开放的新思路》，《黑龙江对外经贸》2010 年第 12 期。

赵金龙、程轩、高钟焕：《中日韩 FTA 的潜在经济影响研究——基于动态递归式 CGE 模型的研究》，《国际贸易问题》2013 年第 2 期。

赵伟等：《中国区域经济开放：制度转型与经济增长效应》，经济科学出版社，2011。

郑德高、杜宝东：《寻求节点交通价值与城市功能价值的平衡——探讨国内外高铁车站与机场等交通枢纽地区发展的理论与实践》，《国际城市规划》2007 年第 1 期。

钟飞腾：《"周边"概念与中国的对外战略》，《外交评论》2011 年第 4 期。

周曙东、崔奇峰：《中国—东盟自由贸易区的建立对中国进出口贸易的影响》，《国际贸易问题》2010 年第 3 期。

周英虎：《区域经济一体化、中国—东盟自由贸易区与广西边境贸易研究》，《广西财经学院学报》2006年第3期。

周学明：《黑龙江省对俄罗斯贸易合作模式研究》，《哈尔滨师范大学社会科学学报》2013年第1期。

朱见军：《论社会经济对交通运输系统的适应性》，载中国人民大学书报资料中心复印报刊资料《交通运输经济·邮电经济》1993年第7期。

朱建华：《把乌鲁木齐建成向西开放的桥头堡》，《大陆桥视野》2003年第5期。

朱瑞雪、刘秀玲：《大力发展西藏边境贸易 促进经济可持续发展》，《大连民族学院学报》2006年第4期。

朱显平、邹向阳：《论我国沿边开放城市的区域职能缺失》，《东北亚论坛》2006年第1期。

朱宇兵：《CAFTA对广西边境贸易的影响及对策思考》，《吉首大学学报》（社会科学版）2009年第5期。

祝滨滨：《东北亚区域产业分工体系转变的趋势》，《东北亚论坛》2009年第5期。

邹加怡：《发展更加平衡的中国对外经济关系》，《国际经济评论》2011年第4期。

Ando M. Fragmentation and Vertical Intra-industry Trade in East Asia. *The North American Journal of Economics and Finance*, 2006, 17 (3): 257 – 281.

Athukorala P, Yamashita N. Production Fragmentation and Trade Integration: East Asia in a Global Context. *The North American Journal of Economics and Finance*, 2006, 17 (3): 233 – 256.

Fukao K, Ishido H, Ito K. Vertical Intra-industry Trade and Foreign Direct Investment in East Asia. *Journal of the Japanese and International Economies*, 2003, 17 (4): 468 – 506.

Grafe C, Raiser M, Sakatsume T. Beyond Borders—Reconsidering Regional Trade in Central Asia. *Journal of Comparative Economics*, 2008, 36 (3): 453 –466.

Haddad M. *Trade Integration in East Asia: The Role of China and Production Networks* [M]. World Bank-free PDF, 2007.

Hanson: Regional Adjustment to Trade Liberalisation, in: *Regional Science and Urban Economics*. 1998 (28): 419 –444.

Hanson: U. S. – Mexico Intergration and Regional Economies: Evidence from Border-city Pairs, NBER working paper series 5425, http: //www. nber. org/papers/w5425.

Hanson G. H. Integration and the Location of Activities-economic Integration, Intra-industry Trade, and Frontier Regions. *European Economic Review*, 1996 (40): 941 –949.

Hummels, D. , 1999b, Have International Transportation Costs Declined?

http: //gsbwww. uchicago. edu/fac/david. hummels.

Jochem de Vries and Hugo Priemus, Megacorridors in North – West Europe: Issues for Transnational Spatial Governance. *Journal of Transport Geography*. 2003, 11 (3): 225 –233。

Masahisa Fujita, Tomoya Mori, The Role of Ports in the Making of Major Cities: Self-agglomeration and Hub-effect, *Journal of Development Economics*. 1996 (4): 93 –120.

Ng F, Yeats A J. Major Trade Trends in East Asia: What are Their Implications for Regional Cooperation and Growth?. *World Bank Policy Research Working Paper*, 2003 (3084) .

Paul Krugman, Raul Livas Elizondo. Trade Policy and the Third World Metropolis. *Journal of Development Economics*, 1996 (1): 137 –150.

Porter. Competitive Advantage of Nation. *Harvard Business Review*, 1991，（2）．

Schweizer，U. and P. Varaiya，The Spatial Structure of Production with a Leontief Technology – II：Substitute Techniques，*Regional Science and Urban Economics*. 1977 （7），P294.

Spence N，Linneker B. Evolution of the Motorway Network and Changing Levels of Accessibility in Great Britain，*Journal of Transport Geography*，1994 ，2 （4） ：247 ~ 2641.

Wu Y，Zhou Z. Changing Bilateral Trade between China and India. *Journal of Asian Economics*，2006，17 （3）：509 – 518.

Grafe C, Raiser M, Sakatsume T. Beyond Borders—Reconsidering Regional Trade in Central Asia. *Journal of Comparative Economics*, 2008, 36 (3): 453 – 466.

Haddad M. *Trade Integration in East Asia: The Role of China and Production Networks* [M]. World Bank-free PDF, 2007.

Hanson: Regional Adjustment to Trade Liberalisation, in: *Regional Science and Urban Economics*. 1998 (28): 419 – 444.

Hanson: U. S. – Mexico Intergration and Regional Economies: Evidence from Border-city Pairs, NBER working paper series 5425, http://www. nber. org/papers/w5425.

Hanson G. H. Integration and the Location of Activities-economic Integration, Intra-industry Trade, and Frontier Regions. *European Economic Review*, 1996 (40): 941 – 949.

Hummels, D. , 1999b, Have International Transportation Costs Declined?

http://gsbwww. uchicago. edu/fac/david. hummels.

Jochem de Vries and Hugo Priemus, Megacorridors in North – West Europe: Issues for Transnational Spatial Governance. *Journal of Transport Geography*. 2003, 11 (3): 225 – 233。

Masahisa Fujita, Tomoya Mori, The Role of Ports in the Making of Major Cities: Self-agglomeration and Hub-effect, *Journal of Development Economics*. 1996 (4): 93 – 120.

Ng F, Yeats A J. Major Trade Trends in East Asia: What are Their Implications for Regional Cooperation and Growth?. *World Bank Policy Research Working Paper*, 2003 (3084) .

Paul Krugman, Raul Livas Elizondo. Trade Policy and the Third World Metropolis. *Journal of Development Economics*, 1996 (1): 137 – 150.

Porter. Competitive Advantage of Nation. *Harvard Business Review*, 1991,（2）.

Schweizer, U. and P. Varaiya, The Spatial Structure of Production with a Leontief Technology – II: Substitute Techniques, *Regional Science and Urban Economics*. 1977（7）, P294.

Spence N, Linneker B. Evolution of the Motorway Network and Changing Levels of Accessibility in Great Britain, *Journal of Transport Geography*, 1994, 2（4）: 247~2641.

Wu Y, Zhou Z. Changing Bilateral Trade between China and India. *Journal of Asian Economics*, 2006, 17（3）: 509 – 518.

# 附　表

| | 商品名称 |
|---|---|
| 1 | 活动物;动物产品 |
| 2 | 肉及食用杂碎 |
| 3 | 鱼、甲壳动物、软体动物及其他水生无脊椎动物 |
| 4 | 乳品;蛋品;天然蜂蜜;其他食用动物产品 |
| 5 | 其他动物产品 |
| 6 | 活树及其他活植物;鳞茎、根及类似品;插花及装饰用簇叶 |
| 7 | 食用蔬菜、根及块茎 |
| 8 | 食用水果及坚果;柑橘属水果或甜瓜的果皮 |
| 9 | 咖啡、茶、马黛茶及调味香料 |
| 10 | 谷物 |
| 11 | 制粉工业产品;麦芽;淀粉;菊粉 |
| 12 | 含油子仁及果实 |
| 13 | 虫胶;树胶;树脂及其他植物液、汁 |
| 14 | 编结用植物材料;其他植物产品 |
| 15 | 动、植物油、脂 |
| 16 | 肉、鱼、甲壳动物、软体动物及其他水生无脊椎动物的制品 |
| 17 | 糖及糖食 |
| 18 | 可可及可可制品 |
| 19 | 谷物、粮食粉、淀粉或乳的制品;糕饼点心 |
| 20 | 蔬菜、水果、坚果或植物其他部分的制品 |
| 21 | 杂项食品 |
| 22 | 饮料、酒及醋 |

| | 商品名称 |
|---|---|
| 23 | 食品工业的残渣及废料 |
| 24 | 烟草、烟草代用品制品 |
| 25 | 盐、硫黄;泥土及石料;石膏料、石灰及水泥 |
| 26 | 矿石、矿渣及矿灰 |
| 27 | 矿物燃料、矿物油及其蒸馏产品 |
| 28 | 无机化学品;贵金属、稀土金属、放射性元素及其同位素的有机及无机化合物 |
| 29 | 有机化学品 |
| 30 | 药品 |
| 31 | 肥料 |
| 32 | 鞣料浸膏及染料浸膏 |
| 33 | 精油及香膏;芳香料制品及化妆盥洗品 |
| 34 | 肥皂、有机表面活性剂 |
| 35 | 蛋白类物质;改性淀粉;胶;酶 |
| 36 | 炸药;烟火制品;火柴 |
| 37 | 照相及电影用品 |
| 38 | 杂项化学产品 |
| 39 | 塑料及其制品 |
| 40 | 橡胶及其制品 |
| 41 | 生皮(毛皮除外)及皮革 |
| 42 | 皮革制品、鞍具及挽具;旅行用品、手提包及类似容器;动物肠线(蚕胶丝除外)制品 |
| 43 | 毛皮、人造毛皮及其制品 |
| 44 | 木及木制品;木炭 |
| 45 | 软木及软木制品 |
| 46 | 稻草、针茅或其他编结材料制品 |
| 47 | 木浆及其他纤维状纤维素浆 |
| 48 | 纸及纸板;纸浆、纸或纸板制品 |
| 49 | 书籍、报纸、印刷图画及其他印刷品;手稿、打字稿及设计图纸 |
| 50 | 蚕丝 |
| 51 | 羊毛、动物细毛或粗毛;马毛纱线及其机织物 |
| 52 | 棉花 |
| 53 | 其他植物纺织纤维;纸纱线及其机织物 |
| 54 | 化学纤维长丝 |
| 55 | 化学纤维短纤 |
| 56 | 絮胎、毡呢及无纺织物;特种纱线;线、绳、索、缆及其制品 |

| | 商品名称 |
|---|---|
| 57 | 地毯及纺织材料的其他铺地制品 |
| 58 | 特种机织物;簇绒织物;花边;装饰毯;装饰带;刺绣品 |
| 59 | 浸渍、涂布、包覆或层压的织物;工业用纺织制品 |
| 60 | 针织或钩编织物 |
| 61 | 针织或钩编的服装及衣着附件 |
| 62 | 非针织或非钩编的服装及衣着附件 |
| 63 | 其他纺织制成品;成套物品;旧衣着及旧纺织品;碎织物 |
| 64 | 鞋靴、护腿和类似品及其零件 |
| 65 | 帽类及其零件 |
| 66 | 雨伞、阳伞、手杖、鞭子、马鞭 |
| 67 | 已加工羽毛、羽绒及其制品 |
| 68 | 石料、石膏、水泥、石棉、云母及类似材料的制品 |
| 69 | 陶瓷产品 |
| 70 | 玻璃及其制品 |
| 71 | 天然或养殖珍珠、宝石或半宝石 |
| 72 | 钢铁 |
| 73 | 钢铁制品 |
| 74 | 铜及其制品 |
| 75 | 镍及其制品 |
| 76 | 铝及其制品 |
| 77 | 保留为税则将来所用 |
| 78 | 铅及其制品 |
| 79 | 锌及其制品 |
| 80 | 锡及其制品 |
| 81 | 其他贱金属、金属陶瓷及其制品 |
| 82 | 贱金属工具、器具、利口器、餐匙、餐叉及其零件 |
| 83 | 贱金属杂项制品 |
| 84 | 核反应堆、锅炉、机器、机械器具及其零件 |
| 85 | 电机、电气设备及其零件;录音机及放声机、电视图像、声音的录制和重放设备及其零件、附件 |
| 86 | 铁道及电车道机车、车辆及其零件;铁道及电车道轨道固定装置及其零件、附件;各种机械(包括电动机械)交通信号设备 |
| 87 | 车辆及其零件、附件,但铁道及电车道车辆除外 |
| 88 | 航空器、航天器及其零件 |

| | 商品名称 |
|---|---|
| 89 | 船舶及浮动结构体 |
| 90 | 光学、照相、电影、计量、检验、医疗或外科用仪器及设备、精密仪器及设备;上述物品的零件、附件 |
| 91 | 钟表及其零件 |
| 92 | 乐器及其零件、附件 |
| 93 | 武器、弹药及其零件、附件 |
| 94 | 家具;寝具、褥垫、弹簧床垫、软坐垫及类似的填充制品;未列名灯具及照明装置;发光标志、发光铭牌及类似品;活动房屋 |
| 95 | 玩具、游戏品、运动用品及其零件、附件 |
| 96 | 杂项制品 |
| 97 | 艺术品、收藏品及吉物 |
| 99 | 未指定分类商品 |

资料来源:根据联合国商品贸易统计数据库测算。

## 附表2 2012年中国与周边国家的GL指数(一)

| | 阿富汗 | 孟加拉国 | 不丹 | 文莱 | 缅甸 | 柬埔寨 | 印度尼西亚 | 哈萨克斯坦 | 吉尔吉斯斯坦 |
|---|---|---|---|---|---|---|---|---|---|
| 1 | | | | | 0.62 | 0.00 | 0.01 | | |
| 2 | 0.00 | | | 0.00 | | 0.00 | | 0.00 | 0.00 |
| 3 | | 0.07 | | 0.16 | 0.00 | 0.00 | 0.97 | 0.19 | 0.00 |
| 4 | | 0.00 | | 0.00 | 0.00 | 0.00 | 0.02 | | 0.00 |
| 5 | | 0.23 | | | 0.06 | 0.00 | 0.62 | 0.35 | 0.00 |
| 6 | | 0.00 | 0.00 | 0.00 | 0.33 | 0.00 | 0.35 | 0.00 | 0.00 |
| 7 | 0.01 | 0.00 | | 0.00 | 0.10 | 0.68 | 0.05 | 0.00 | 0.00 |
| 8 | 0.00 | 0.00 | | 0.00 | 0.05 | 0.46 | 0.21 | 0.10 | 0.03 |
| 9 | 0.00 | 0.00 | | 0.00 | 0.20 | 0.00 | 0.65 | 0.00 | 0.00 |
| 10 | | 0.00 | | | 0.00 | 0.00 | 0.02 | 0.02 | 0.00 |
| 11 | | 0.00 | | | 0.23 | 0.37 | 0.03 | 0.17 | 0.00 |
| 12 | 0.05 | 0.55 | | 0.00 | 0.03 | 0.26 | 0.20 | 0.03 | 0.92 |
| 13 | | 0.00 | | | 0.01 | | 0.14 | 0.96 | |
| 14 | | 0.00 | | 0.48 | 0.00 | | 0.01 | 0.03 | |
| 15 | | 0.88 | | 0.00 | 0.49 | 0.00 | 0.00 | 0.74 | 0.00 |
| 16 | | 0.00 | | 0.00 | 0.00 | 0.00 | 0.02 | 0.00 | 0.00 |

| | 阿富汗 | 孟加拉国 | 不丹 | 文莱 | 缅甸 | 柬埔寨 | 印度尼西亚 | 哈萨克斯坦 | 吉尔吉斯斯坦 |
|---|---|---|---|---|---|---|---|---|---|
| 17 | 0.00 | 0.00 | | 0.00 | 0.97 | 0.03 | 0.15 | 0.07 | 0.46 |
| 18 | | 0.00 | | 0.03 | | | 0.10 | 0.88 | 0.00 |
| 19 | 0.00 | 0.00 | | 0.00 | 0.00 | 0.00 | 0.47 | 0.03 | 0.00 |
| 20 | 0.00 | 0.00 | | 0.00 | 0.00 | 0.01 | 0.10 | 0.00 | 0.00 |
| 21 | 0.00 | 0.00 | | 0.00 | 0.00 | 0.00 | 0.29 | 0.00 | 0.00 |
| 22 | | 0.00 | | 0.00 | 0.00 | 0.00 | 0.34 | 0.17 | |
| 23 | | 0.00 | | 0.00 | 0.82 | 0.00 | 0.81 | 0.24 | 0.00 |
| 24 | | 0.00 | | | 0.05 | 0.00 | 0.06 | | 0.00 |
| 25 | 0.43 | 0.00 | | 0.00 | 0.61 | 0.03 | 0.43 | 0.03 | 0.21 |
| 26 | | 0.14 | | | 0.00 | 0.03 | 0.00 | 0.00 | 0.01 |
| 27 | 0.00 | 0.00 | | 0.00 | 0.49 | 0.00 | 0.31 | 0.02 | 0.16 |
| 28 | 0.00 | 0.00 | | 0.00 | 0.05 | 0.00 | 0.06 | 0.08 | 0.00 |
| 29 | 0.00 | 0.00 | | 0.36 | 0.00 | 0.00 | 0.84 | 0.00 | 0.00 |
| 30 | 0.00 | 0.01 | 0.00 | 0.00 | 0.00 | 0.00 | 0.11 | 0.00 | 0.00 |
| 31 | 0.00 | 0.00 | | | 0.00 | 0.00 | 0.00 | 0.00 | 0.00 |
| 32 | 0.00 | 0.00 | 0.00 | 0.00 | 0.01 | 0.00 | 0.30 | 0.15 | 0.00 |
| 33 | 0.00 | 0.00 | | 0.00 | 0.00 | 0.51 | 0.19 | 0.00 | 0.00 |
| 34 | 0.01 | 0.00 | 0.00 | 0.00 | 0.00 | 0.00 | 0.65 | 0.00 | 0.00 |
| 35 | 0.00 | 0.00 | | 0.00 | 0.00 | 0.00 | 0.02 | 0.00 | 0.00 |
| 36 | | 0.00 | | 0.00 | 0.00 | | 0.00 | 0.00 | 0.00 |
| 37 | 0.00 | 0.00 | | 0.00 | 0.00 | 0.00 | 0.00 | 0.00 | 0.00 |
| 38 | 0.03 | 0.05 | 0.00 | 0.00 | 0.29 | 0.00 | 0.63 | 0.00 | 0.00 |
| 39 | 0.03 | 0.36 | 0.00 | 0.00 | 0.04 | 0.16 | 0.51 | 0.11 | 0.00 |
| 40 | 0.00 | 0.02 | 0.00 | 0.00 | 0.89 | 0.72 | 0.31 | 0.00 | 0.00 |
| 41 | | 0.05 | | | 0.21 | 0.01 | 0.82 | 0.00 | 0.00 |
| 42 | 0.00 | 0.02 | 0.00 | 0.00 | 0.00 | 0.00 | 0.04 | 0.00 | 0.00 |
| 43 | 0.00 | 0.01 | | 0.00 | 0.00 | 0.00 | 0.06 | 0.17 | 0.05 |
| 44 | 0.00 | 0.03 | 0.00 | 0.00 | 0.06 | 0.11 | 0.36 | 0.00 | 0.00 |
| 45 | | 0.00 | | | 0.00 | 0.00 | 0.00 | 0.00 | |
| 46 | 0.00 | 0.02 | 0.00 | 0.00 | 0.02 | 0.00 | 0.26 | 0.00 | 0.00 |
| 47 | 0.00 | | | 0.00 | 0.00 | | 0.01 | 0.00 | 0.00 |
| 48 | 0.00 | 0.00 | 0.00 | 0.00 | 0.01 | 0.00 | 0.88 | 0.00 | 0.00 |
| 49 | 0.00 | 0.03 | 0.00 | 0.00 | 0.05 | 0.03 | 0.01 | 0.00 | 0.00 |

| | 阿富汗 | 孟加拉国 | 不丹 | 文莱 | 缅甸 | 柬埔寨 | 印度尼西亚 | 哈萨克斯坦 | 吉尔吉斯斯坦 |
|---|---|---|---|---|---|---|---|---|---|
| 50 | 0.00 | 0.00 | 0.00 | 0.00 | 0.00 | 0.00 | 0.00 | | 0.77 |
| 51 | 0.25 | 0.00 | | 0.00 | 0.00 | 0.00 | 0.00 | 0.18 | 0.29 |
| 52 | 0.00 | 0.01 | | 0.00 | 0.00 | 0.00 | 0.38 | 0.30 | 0.00 |
| 53 | | 0.98 | | | 0.02 | 0.00 | 0.64 | 0.00 | 0.00 |
| 54 | 0.00 | 0.00 | 0.00 | 0.00 | 0.00 | 0.00 | 0.13 | 0.00 | 0.00 |
| 55 | 0.00 | 0.00 | 0.00 | 0.00 | 0.00 | 0.00 | 0.53 | 0.00 | 0.00 |
| 56 | 0.00 | 0.04 | 0.00 | 0.00 | 0.00 | 0.02 | 0.22 | 0.00 | 0.00 |
| 57 | 0.03 | 0.47 | 0.00 | 0.00 | 0.00 | 0.00 | 0.06 | 0.00 | 0.00 |
| 58 | 0.00 | 0.00 | 0.00 | 0.00 | 0.03 | 0.00 | 0.01 | 0.00 | 0.00 |
| 59 | 0.00 | 0.00 | | 0.00 | 0.00 | 0.00 | 0.08 | 0.00 | 0.00 |
| 60 | 0.00 | 0.00 | 0.00 | 0.00 | 0.00 | 0.00 | 0.03 | 0.00 | 0.00 |
| 61 | 0.00 | 0.91 | 0.00 | 0.00 | 0.24 | 0.66 | 0.07 | 0.00 | 0.00 |
| 62 | 0.00 | 0.61 | 0.00 | 0.00 | 0.20 | 0.43 | 0.54 | 0.00 | 0.00 |
| 63 | 0.00 | 0.72 | 0.00 | 0.00 | 0.01 | 0.88 | 0.37 | 0.00 | 0.00 |
| 64 | 0.00 | 0.18 | 0.00 | 0.00 | 0.00 | 0.63 | 0.63 | 0.00 | 0.00 |
| 65 | 0.00 | 0.37 | 0.00 | 0.00 | 0.00 | 0.01 | 0.01 | 0.00 | 0.00 |
| 66 | 0.00 | 0.00 | | 0.00 | 0.00 | 0.00 | 0.00 | 0.00 | 0.00 |
| 67 | 0.00 | 0.55 | | 0.00 | 0.90 | 0.16 | 0.61 | 0.07 | 0.02 |
| 68 | 0.01 | 0.00 | 0.00 | 0.00 | 0.09 | 0.00 | 0.06 | 0.00 | 0.00 |
| 69 | 0.00 | 0.00 | 0.00 | 0.00 | 0.00 | 0.00 | 0.02 | 0.00 | 0.00 |
| 70 | 0.00 | 0.00 | 0.00 | 0.00 | 0.00 | 0.00 | 0.06 | 0.00 | 0.00 |
| 71 | 0.00 | 0.00 | | 0.00 | 0.00 | — | 0.20 | 0.11 | 0.05 |
| 72 | 0.00 | 0.00 | | 0.00 | 0.00 | 0.00 | 0.02 | 0.40 | 0.12 |
| 73 | 0.00 | 0.00 | 0.00 | 0.00 | 0.00 | 0.00 | 0.02 | 0.00 | 0.00 |
| 74 | 0.00 | 0.00 | 0.00 | 0.00 | 0.13 | 0.00 | 0.52 | 0.01 | 0.11 |
| 75 | — | 0.00 | | | 0.00 | 0.00 | 0.02 | 0.03 | 0.00 |
| 76 | 0.00 | 0.00 | 0.00 | 0.00 | 0.00 | 0.06 | 0.03 | 0.40 | 0.06 |
| 78 | | 0.00 | | | 0.00 | 0.00 | 0.30 | 0.00 | 0.24 |
| 79 | 0.00 | 0.00 | 0.00 | 0.00 | 0.00 | 0.00 | 0.02 | 0.00 | 0.00 |
| 80 | | 0.00 | | 0.00 | 0.00 | | 0.00 | | |
| 81 | | 0.00 | | | 0.00 | 0.00 | 0.05 | 0.13 | 0.00 |
| 82 | 0.00 | 0.00 | 0.00 | 0.00 | 0.00 | 0.00 | 0.01 | 0.00 | 0.00 |
| 83 | 0.00 | 0.00 | 0.01 | 0.00 | 0.00 | 0.82 | 0.01 | 0.00 | 0.00 |

| | 阿富汗 | 孟加拉国 | 不丹 | 文莱 | 缅甸 | 柬埔寨 | 印度尼西亚 | 哈萨克斯坦 | 吉尔吉斯斯坦 |
|---|---|---|---|---|---|---|---|---|---|
| 84 | 0.00 | 0.00 | 0.01 | 0.00 | 0.00 | 0.00 | 0.21 | 0.00 | 0.00 |
| 85 | 0.00 | 0.01 | 0.00 | 0.00 | 0.02 | 0.04 | 0.42 | 0.00 | 0.00 |
| 86 | 0.00 | 0.00 | | 0.00 | 0.00 | 0.00 | 0.00 | 0.00 | 0.59 |
| 87 | 0.00 | 0.00 | | 0.00 | 0.00 | 0.00 | 0.26 | 0.00 | 0.00 |
| 88 | 0.00 | 0.00 | 0.00 | 0.00 | 0.00 | 0.00 | 0.00 | 0.00 | 0.00 |
| 89 | 0.00 | 0.00 | | 0.00 | 0.00 | 0.00 | 0.00 | 0.00 | 0.00 |
| 90 | 0.05 | 0.35 | 0.00 | | 0.88 | 0.00 | 0.10 | 0.01 | 0.00 |
| 91 | 0.00 | 0.00 | 0.00 | 0.00 | 0.00 | 0.00 | 0.03 | 0.00 | 0.00 |
| 92 | 0.00 | 0.00 | | 0.00 | 0.00 | 0.00 | 1.00 | 0.00 | |
| 93 | | 0.00 | | | 0.00 | 0.00 | 0.00 | | 0.00 |
| 94 | 0.00 | 0.05 | 0.00 | 0.00 | 0.01 | 0.02 | 0.17 | 0.00 | 0.00 |
| 95 | 0.00 | 0.11 | 0.00 | 0.00 | 0.00 | 0.00 | 0.20 | 0.00 | 0.00 |
| 96 | | 0.00 | 0.00 | 0.00 | 0.00 | 0.01 | 0.09 | 0.00 | 0.00 |
| 97 | | | | | 0.00 | 0.31 | 0.08 | | 0.00 |
| 99 | | | 0.00 | | | 0.08 | | | 0.07 |

资料来源：根据联合国商品贸易统计数据库测算。

### 附表3　2012 年中国与周边国家的 GL 指数（二）

| | 老挝 | 马来西亚 | 蒙古国 | 印度 | 斯里兰卡 | 尼泊尔 | 巴基斯坦 | 菲律宾 |
|---|---|---|---|---|---|---|---|---|
| 1 | 0.00 | 0.00 | 0.08 | 0.00 | | 0.00 | — | 0.00 |
| 2 | | 0.00 | 0.10 | | | | 0.00 | 0.00 |
| 3 | | 0.12 | 0.69 | 0.00 | 0.55 | 0.00 | 0.00 | 0.12 |
| 4 | | 0.94 | 0.00 | 0.00 | 0.00 | | 0.01 | 0.90 |
| 5 | | 0.04 | 0.00 | 0.54 | 0.03 | | 0.06 | 0.79 |
| 6 | 0.00 | 0.04 | 0.00 | 0.43 | 0.00 | 0.30 | 0.00 | 0.01 |
| 7 | 0.95 | 0.00 | 0.01 | 0.54 | 0.00 | 0.00 | 0.97 | 0.00 |
| 8 | 0.00 | 0.02 | 0.96 | 0.04 | 0.00 | 0.00 | 0.91 | 0.77 |
| 9 | 0.00 | 0.13 | 0.00 | 0.34 | 0.56 | 0.02 | 0.00 | 0.00 |
| 10 | 0.00 | 0.00 | 0.00 | 0.00 | 0.00 | 0.00 | 0.17 | 0.00 |
| 11 | 0.34 | 0.01 | 0.00 | 0.40 | 0.97 | 0.00 | 0.00 | 0.01 |
| 12 | 0.01 | 0.02 | 0.16 | 0.48 | 0.48 | 0.03 | 0.55 | 0.84 |

| | 老挝 | 马来西亚 | 蒙古国 | 印度 | 斯里兰卡 | 尼泊尔 | 巴基斯坦 | 菲律宾 |
|---|---|---|---|---|---|---|---|---|
| 13 | 0.31 | 0.20 | 0.00 | 0.89 | 0.00 | 0.95 | 0.92 | 0.36 |
| 14 | 0.00 | 0.10 | | 0.02 | 0.23 | 0.00 | 0.00 | 0.01 |
| 15 | 0.08 | 0.01 | 0.00 | 0.02 | 0.18 | 0.00 | 0.00 | 0.08 |
| 16 | | 0.01 | 0.00 | 0.94 | 0.00 | 0.00 | 0.00 | 0.00 |
| 17 | | 0.57 | 0.00 | 0.52 | 0.00 | 0.00 | 0.05 | 0.41 |
| 18 | | 0.14 | 0.00 | 0.23 | 0.00 | 0.00 | 0.01 | 0.01 |
| 19 | | 0.54 | 0.00 | 0.11 | 0.00 | 0.00 | 0.10 | 0.56 |
| 20 | | 0.05 | 0.00 | 0.43 | 0.00 | 0.00 | 0.00 | 0.47 |
| 21 | 0.00 | 0.98 | 0.00 | 0.21 | 0.05 | 0.00 | 0.00 | 0.07 |
| 22 | 0.41 | 0.72 | 0.00 | 0.08 | 0.97 | 0.00 | 0.06 | 0.19 |
| 23 | | 0.62 | 0.59 | 0.95 | 0.01 | 0.00 | 0.86 | 0.50 |
| 24 | 0.02 | 0.76 | 0.00 | 0.08 | 0.24 | | | 0.02 |
| 25 | 0.95 | 0.13 | 0.38 | 0.28 | 0.40 | 0.13 | 0.15 | 0.53 |
| 26 | 0.00 | 0.01 | 0.00 | 0.02 | 0.01 | | 0.00 | 0.00 |
| 27 | 0.81 | 0.19 | 0.02 | 0.80 | 0.04 | 0.00 | 0.00 | 0.48 |
| 28 | 0.90 | 0.21 | 0.00 | 0.28 | 0.00 | 0.00 | 0.00 | 0.14 |
| 29 | 0.00 | 0.52 | 0.00 | 0.40 | 0.00 | 0.00 | 0.03 | 0.55 |
| 30 | 0.00 | 0.01 | 0.00 | 0.12 | 0.00 | 0.15 | 0.01 | 0.00 |
| 31 | 0.00 | 0.01 | 0.00 | 0.00 | 0.00 | 0.00 | 0.00 | 0.00 |
| 32 | 0.00 | 0.76 | 0.00 | 0.58 | 0.00 | 0.20 | 0.00 | 0.07 |
| 33 | 0.75 | 0.06 | 0.01 | 0.61 | 0.41 | 0.43 | 0.00 | 0.14 |
| 34 | 0.00 | 0.87 | 0.00 | 0.29 | 0.01 | 0.01 | 0.00 | 0.37 |
| 35 | 0.00 | 0.41 | 0.00 | 0.18 | 0.00 | 0.01 | 0.01 | 0.04 |
| 36 | 0.00 | 0.00 | 0.00 | 0.00 | 0.00 | 0.00 | 0.00 | 0.00 |
| 37 | 0.00 | 0.20 | 0.00 | 0.00 | 0.00 | 0.00 | 0.00 | 0.00 |
| 38 | 0.09 | 0.88 | 0.00 | 0.56 | 0.36 | 0.00 | 0.02 | 0.31 |
| 39 | 0.00 | 0.88 | 0.08 | 0.65 | 0.03 | 0.00 | 0.20 | 0.48 |
| 40 | 0.30 | 0.22 | 0.00 | 0.17 | 0.75 | 0.00 | 0.01 | 0.36 |
| 41 | 0.76 | 0.14 | 0.01 | 0.04 | 0.89 | 0.00 | 0.01 | 0.85 |
| 42 | 0.01 | 0.00 | 0.00 | 0.24 | 0.22 | 0.00 | 0.13 | 0.09 |
| 43 | — | 0.10 | 0.00 | 0.45 | 0.00 | 0.00 | 0.21 | 0.05 |
| 44 | 0.02 | 0.59 | 0.04 | 0.04 | 0.11 | 0.55 | 0.01 | 0.75 |
| 45 | | 0.00 | | 0.88 | 0.00 | — | 0.00 | 0.65 |
| 46 | 0.00 | 0.00 | 0.00 | 0.05 | 0.00 | 0.21 | 0.00 | 0.07 |

| | 老挝 | 马来西亚 | 蒙古国 | 印度 | 斯里兰卡 | 尼泊尔 | 巴基斯坦 | 菲律宾 |
|---|---|---|---|---|---|---|---|---|
| 47 | | 0.00 | 0.00 | 0.00 | 0.00 | — | 0.97 | 0.07 |
| 48 | 0.00 | 0.14 | 0.00 | 0.02 | 0.04 | 0.02 | 0.00 | 0.01 |
| 49 | 0.00 | 0.38 | 0.00 | 0.04 | 0.05 | 0.01 | 0.01 | 0.20 |
| 50 | 0.00 | 0.00 | | 0.04 | 0.00 | 0.00 | 0.00 | 0.00 |
| 51 | 0.00 | 0.59 | 0.04 | 0.39 | 0.05 | 0.04 | 0.17 | 0.00 |
| 52 | 0.01 | 0.36 | 0.00 | 0.10 | 0.00 | 0.00 | 0.07 | 0.00 |
| 53 | 0.00 | 0.56 | 0.00 | 0.63 | 0.79 | 0.00 | 0.00 | 0.70 |
| 54 | 0.00 | 0.19 | 0.00 | 0.06 | 0.01 | 0.00 | 0.00 | 0.24 |
| 55 | 0.00 | 0.35 | 0.00 | 0.39 | 0.00 | 0.16 | 0.03 | 0.00 |
| 56 | 0.00 | 0.27 | 0.00 | 0.06 | 0.03 | 0.94 | 0.00 | 0.04 |
| 57 | 0.00 | 0.00 | 0.21 | 0.29 | 0.00 | 0.16 | 0.16 | 0.00 |
| 58 | 0.01 | 0.01 | 0.00 | 0.03 | 0.04 | 0.01 | 0.01 | 0.08 |
| 59 | 0.00 | 0.10 | 0.00 | 0.03 | 0.00 | 0.00 | 0.00 | 0.00 |
| 60 | 0.03 | 0.12 | 0.10 | 0.00 | 0.01 | 0.00 | 0.03 | 0.00 |
| 61 | 0.16 | 0.01 | 0.01 | 0.14 | 0.23 | 0.00 | 0.23 | 0.03 |
| 62 | 0.40 | 0.03 | 0.01 | 0.96 | 0.85 | 0.01 | 0.39 | 0.10 |
| 63 | 0.02 | 0.02 | 0.00 | 0.12 | 0.75 | 0.01 | 0.41 | 0.02 |
| 64 | 0.03 | 0.00 | 0.00 | 0.14 | 0.00 | 0.00 | 0.00 | 0.00 |
| 65 | 0.00 | 0.01 | 0.57 | 0.02 | 0.54 | 0.00 | 0.00 | 0.04 |
| 66 | 0.00 | 0.00 | 0.00 | 0.00 | 0.00 | 0.00 | 0.00 | 0.00 |
| 67 | 0.00 | 0.06 | 0.00 | 0.40 | 0.00 | 0.00 | 0.05 | 0.00 |
| 68 | 0.00 | 0.15 | 0.00 | 0.04 | 0.00 | 0.04 | 0.04 | 0.08 |
| 69 | 0.00 | 0.06 | 0.00 | 0.01 | 0.01 | 0.00 | 0.00 | 0.00 |
| 70 | 0.00 | 0.34 | 0.00 | 0.26 | 0.00 | 0.00 | 0.00 | 0.98 |
| 71 | 0.00 | 0.60 | 0.27 | 0.07 | 0.19 | 0.18 | 0.16 | 0.20 |
| 72 | 0.00 | 0.18 | 0.00 | 0.30 | 0.00 | 0.00 | 0.00 | 0.03 |
| 73 | 0.00 | 0.18 | 0.00 | 0.06 | 0.00 | 0.00 | 0.00 | 0.04 |
| 74 | 0.03 | 0.79 | 0.65 | 0.15 | 0.24 | 0.38 | 0.19 | 0.16 |
| 75 | — | 0.03 | 0.00 | 0.07 | 0.00 | — | 0.00 | 0.01 |
| 76 | 0.00 | 0.83 | 0.45 | 0.34 | 0.00 | 0.05 | 0.00 | 0.02 |
| 78 | 0.00 | 0.04 | 0.40 | 0.01 | 0.00 | 0.00 | 0.24 | 0.06 |
| 79 | 0.00 | 0.15 | 0.00 | 0.19 | 0.00 | 0.00 | 0.00 | 0.02 |
| 80 | | 0.02 | 0.00 | 0.81 | 0.00 | | 0.00 | 0.09 |
| 81 | 0.00 | 0.18 | 0.00 | 0.01 | 0.00 | 0.00 | 0.27 | 0.00 |

续表

|    | 老挝 | 马来西亚 | 蒙古国 | 印度 | 斯里兰卡 | 尼泊尔 | 巴基斯坦 | 菲律宾 |
|----|------|----------|--------|------|----------|--------|----------|--------|
| 82 | 0.00 | 0.04 | 0.00 | 0.05 | 0.00 | 0.00 | 0.14 | 0.04 |
| 83 | 0.00 | 0.18 | 0.00 | 0.08 | 0.07 | 0.92 | 0.01 | 0.26 |
| 84 | 0.00 | 0.98 | 0.00 | 0.08 | 0.00 | 0.00 | 0.00 | 0.48 |
| 85 | 0.01 | 0.36 | 0.00 | 0.07 | 0.07 | 0.00 | 0.00 | 0.44 |
| 86 | 0.00 | 0.00 | 0.00 | 0.00 | 0.00 | 0.00 | 0.00 | 0.93 |
| 87 | 0.00 | 0.20 | 0.00 | 0.14 | 0.00 | 0.00 | 0.00 | 0.05 |
| 88 | 0.00 | 0.37 | 0.00 | 0.81 | 0.25 | — | 0.00 | 0.10 |
| 89 | 0.01 | 0.00 | 0.00 | 0.00 | 0.00 | 0.00 | 0.00 | 0.08 |
| 90 | 0.00 | 0.68 | 0.00 | 0.27 | 0.06 | 0.00 | 0.02 | 0.97 |
| 91 | 0.00 | 0.20 | 0.00 | 0.02 | 0.00 | 0.00 | 0.00 | 0.20 |
| 92 | 0.00 | 0.02 | 0.00 | 0.01 | 0.00 | 0.13 | 0.00 | 0.00 |
| 93 |      | 0.15 | 0.00 | 0.00 | 0.00 | 0.41 | 0.00 |      |
| 94 | 0.06 | 0.03 | 0.00 | 0.04 | 0.00 | 0.02 | 0.02 | 0.08 |
| 95 | 0.00 | 0.06 | 0.00 | 0.01 | 0.01 | 0.00 | 0.11 | 0.05 |
| 96 | 0.00 | 0.20 | 0.00 | 0.03 | 0.01 | 0.00 | 0.00 | 0.03 |
| 97 |      | 0.00 | 0.07 | 0.19 |      | 0.00 |      | 0.10 |
| 99 |      |      |      |      |      |      |      | 0.28 |

资料来源：根据联合国商品贸易统计数据库测算。

### 附表4 2012年中国与周边国家的 GL 指数（三）

|    | 俄罗斯 | 新加坡 | 越南 | 泰国 | 土库曼斯坦 | 乌兹别克斯坦 | 塔吉克斯坦 |
|----|--------|--------|------|------|-----------|-------------|-----------|
| 1  | 0.03 | 0.00 | 0.12 | 0.09 |      |      |      |
| 2  | 0.00 | 0.00 | 0.00 | 0.01 |      |      | 0.00 |
| 3  | 0.26 | 0.17 | 0.59 | 0.73 | 0.00 |      | 0.00 |
| 4  | 0.00 | 0.91 | 0.01 | 0.51 |      | 0.00 |      |
| 5  | 0.34 | 0.11 | 0.02 | 0.06 | 0.00 | 0.00 | 0.00 |
| 6  | 0.37 | 0.00 | 0.13 | 0.96 | 0.00 | 0.00 | 0.00 |
| 7  | 0.02 | 0.00 | 0.92 | 0.42 | 0.00 | 0.00 | 0.00 |
| 8  | 0.35 | 0.00 | 0.92 | 0.60 | 0.00 | 0.04 | 0.00 |
| 9  | 0.01 | 0.12 | 0.33 | 0.11 | 0.00 | 0.00 | 0.00 |
| 10 | 0.63 | 0.00 | 0.08 | 0.02 |      | 0.00 | 0.00 |
| 11 | 0.26 | 0.00 | 0.42 | 0.25 | 0.00 | 0.00 | 0.00 |

续表

| | 俄罗斯 | 新加坡 | 越南 | 泰国 | 土库曼斯坦 | 乌兹别克斯坦 | 塔吉克斯坦 |
|---|---|---|---|---|---|---|---|
| 12 | 0.91 | 0.00 | 0.02 | 0.33 | 0.00 | 0.00 | 1.00 |
| 13 | 0.00 | 0.30 | 0.38 | 0.09 | 0.00 | 0.99 | |
| 14 | 0.21 | 0.63 | 0.03 | 0.46 | 0.00 | 0.00 | |
| 15 | 0.46 | 0.51 | 0.66 | 0.95 | | 0.00 | 0.00 |
| 16 | 0.00 | 0.00 | 0.01 | 0.17 | | | |
| 17 | 0.00 | 0.17 | 0.13 | 0.11 | 0.00 | 0.00 | 0.00 |
| 18 | 0.02 | 0.31 | 0.31 | 0.18 | | 0.00 | |
| 19 | 0.00 | 0.19 | 0.89 | 0.61 | 0.00 | 0.00 | |
| 20 | 0.00 | 0.03 | 0.17 | 0.28 | 0.00 | 0.00 | 0.00 |
| 21 | 0.01 | 0.79 | 0.55 | 0.64 | 0.00 | 0.00 | 0.00 |
| 22 | 0.31 | 0.03 | 0.80 | 1.00 | | | 1.00 |
| 23 | 0.64 | 0.96 | 0.35 | 0.86 | | 0.00 | |
| 24 | 0.00 | 0.96 | 0.00 | 0.00 | | | |
| 25 | 0.44 | 0.03 | 0.74 | 0.17 | 0.92 | 0.90 | 0.03 |
| 26 | 0.00 | 0.59 | 0.05 | 0.26 | | 0.33 | 0.00 |
| 27 | 0.02 | 0.50 | 0.96 | 0.13 | 0.00 | 0.11 | 0.00 |
| 28 | 0.84 | 0.19 | 0.01 | 0.07 | 0.36 | 0.21 | 0.00 |
| 29 | 0.86 | 0.45 | 0.05 | 0.50 | 0.00 | 0.88 | 0.27 |
| 30 | 0.00 | 0.32 | 0.00 | 0.26 | 0.00 | 0.00 | 0.00 |
| 31 | 0.00 | 0.01 | 0.01 | 0.00 | | 0.00 | 0.00 |
| 32 | 0.01 | 0.83 | 0.02 | 0.49 | 0.00 | 0.00 | 0.00 |
| 33 | 0.01 | 0.85 | 0.03 | 0.84 | 0.00 | 0.00 | |
| 34 | 0.70 | 0.74 | 0.25 | 0.70 | 0.00 | 0.05 | 0.00 |
| 35 | 0.00 | 0.89 | 0.20 | 0.60 | 0.00 | 0.00 | 0.00 |
| 36 | 0.00 | 0.65 | 0.00 | 0.52 | 0.00 | 0.00 | 0.00 |
| 37 | 0.00 | 0.10 | 0.00 | 0.08 | 0.00 | 0.00 | 0.00 |
| 38 | 0.14 | 0.36 | 0.40 | 0.44 | 0.00 | 0.00 | 0.00 |
| 39 | 0.32 | 0.48 | 0.44 | 0.48 | 0.00 | 0.02 | 0.01 |
| 40 | 0.81 | 0.55 | 0.48 | 0.10 | 0.00 | 0.00 | 0.00 |
| 41 | 0.04 | 0.88 | 0.39 | 0.14 | | 0.00 | 1.00 |
| 42 | 0.00 | 0.00 | 0.61 | 0.11 | 0.00 | 0.00 | 0.00 |
| 43 | 0.01 | 0.00 | 0.00 | 0.01 | | 0.01 | |

续表

| | 俄罗斯 | 新加坡 | 越南 | 泰国 | 土库曼斯坦 | 乌兹别克斯坦 | 塔吉克斯坦 |
|---|---|---|---|---|---|---|---|
| 44 | 0.22 | 0.01 | 0.38 | 0.29 | 0.00 | 0.00 | |
| 45 | 0.00 | 0.00 | 0.00 | 0.32 | | 0.00 | |
| 46 | 0.00 | 0.00 | 0.56 | 0.01 | 0.00 | 0.00 | 0.00 |
| 47 | 0.00 | 0.00 | 0.18 | 0.57 | | 0.46 | |
| 48 | 0.60 | 0.08 | 0.06 | 0.37 | 0.00 | 0.00 | 0.00 |
| 49 | 0.30 | 0.32 | 0.03 | 0.29 | 0.00 | 0.00 | 0.00 |
| 50 | 0.00 | 0.00 | 0.00 | 0.02 | 0.00 | 0.00 | |
| 51 | 0.04 | 0.00 | 0.00 | 0.01 | 0.31 | 0.00 | 0.00 |
| 52 | 0.00 | 0.01 | 0.60 | 0.46 | 0.01 | 0.00 | 1.00 |
| 53 | 0.12 | 0.01 | 0.64 | 0.77 | 0.00 | 0.00 | 0.00 |
| 54 | 0.00 | 0.51 | 0.22 | 0.57 | 0.00 | 0.00 | 0.00 |
| 55 | 0.00 | 0.00 | 0.09 | 0.47 | 0.00 | 0.00 | 0.00 |
| 56 | 0.00 | 0.06 | 0.07 | 0.63 | 0.00 | 0.00 | 0.00 |
| 57 | 0.00 | 0.00 | 0.00 | 0.16 | 0.00 | 0.00 | 0.00 |
| 58 | 0.00 | 0.01 | 0.03 | 0.38 | 0.00 | 0.00 | 0.00 |
| 59 | 0.00 | 0.18 | 0.07 | 0.10 | 0.00 | 0.00 | 0.00 |
| 60 | 0.00 | 0.02 | 0.04 | 0.26 | 0.00 | 0.00 | 0.00 |
| 61 | 0.00 | 0.00 | 0.05 | 0.25 | 0.02 | 0.00 | 0.00 |
| 62 | 0.00 | 0.00 | 0.86 | 0.55 | 0.17 | 0.00 | 0.00 |
| 63 | 0.00 | 0.00 | 0.29 | 0.09 | 0.00 | 0.00 | 0.00 |
| 64 | 0.00 | 0.00 | 0.66 | 0.25 | 0.00 | 0.00 | 0.00 |
| 65 | 0.00 | 0.00 | 0.19 | 0.23 | 0.00 | 0.00 | 0.00 |
| 66 | 0.00 | 0.00 | 0.01 | 0.00 | 0.00 | 0.00 | 0.00 |
| 67 | 0.00 | 0.00 | 0.00 | 0.19 | 0.00 | 0.44 | 0.71 |
| 68 | 0.00 | 0.10 | 0.02 | 0.17 | 0.00 | 0.00 | 0.00 |
| 69 | 0.00 | 0.05 | 0.06 | 0.19 | 0.00 | 0.00 | 0.00 |
| 70 | 0.01 | 0.18 | 0.22 | 0.82 | 0.00 | 0.00 | 0.00 |
| 71 | 0.16 | 0.93 | 0.03 | 0.68 | | 0.00 | 1.00 |
| 72 | 0.16 | 0.06 | 0.04 | 0.02 | 0.00 | 0.00 | 0.00 |
| 73 | 0.05 | 0.21 | 0.07 | 0.20 | 0.00 | 0.00 | 1.00 |
| 74 | 0.34 | 0.49 | 0.40 | 0.78 | 0.00 | 0.00 | 0.12 |
| 75 | 0.01 | 0.05 | 0.94 | 0.20 | | | |

续表

| | 俄罗斯 | 新加坡 | 越南 | 泰国 | 土库曼斯坦 | 乌兹别克斯坦 | 塔吉克斯坦 |
|---|---|---|---|---|---|---|---|
| 76 | 0.82 | 0.17 | 0.04 | 0.06 | 0.00 | 0.00 | 0.58 |
| 78 | 0.12 | 0.15 | 0.73 | 0.00 | 0.00 | 0.00 | 0.00 |
| 79 | 0.51 | 0.84 | 0.18 | 0.09 | 0.00 | 0.00 | |
| 80 | 0.08 | 0.66 | 0.59 | 0.02 | 0.00 | | |
| 81 | 0.38 | 0.20 | 0.08 | 0.94 | 0.00 | 0.14 | 0.00 |
| 82 | 0.00 | 0.22 | 0.03 | 0.08 | 0.00 | 0.00 | 0.00 |
| 83 | 0.00 | 0.09 | 0.01 | 0.18 | 0.00 | 0.00 | 0.00 |
| 84 | 0.03 | 0.65 | 0.36 | 0.78 | 0.00 | 0.00 | 1.00 |
| 85 | 0.02 | 1.00 | 0.96 | 0.98 | 0.00 | 0.00 | 0.00 |
| 86 | 0.10 | 0.00 | 0.00 | 0.00 | 0.00 | 0.01 | 0.00 |
| 87 | 0.00 | 0.81 | 0.08 | 0.23 | 0.00 | 0.00 | 0.00 |
| 88 | 0.00 | 0.76 | 0.00 | 0.01 | 0.00 | | 0.00 |
| 89 | 0.08 | 0.01 | 0.61 | 0.04 | | 0.00 | 0.00 |
| 90 | 0.15 | 0.79 | 0.21 | 0.58 | | 0.00 | 0.00 |
| 91 | 0.01 | 0.07 | 0.15 | 0.78 | | 0.00 | 0.00 |
| 92 | 1.00 | 0.00 | 0.13 | 0.03 | | 0.00 | 0.00 |
| 93 | 0.04 | 0.00 | 0.00 | 0.00 | | 0.00 | |
| 94 | 1.00 | 0.01 | 0.42 | 0.11 | | | 0.00 |
| 95 | 0.00 | 0.00 | 0.33 | 0.34 | | | |
| 96 | 0.00 | 0.01 | 0.07 | 0.23 | 0.00 | 0.00 | 0.00 |
| 97 | | 0.11 | 0.13 | 0.22 | | | |
| 99 | | 0.25 | | | | | |

资料来源：根据联合国商品贸易统计数据库测算。

### 附表5　中国边疆省份部分交通枢纽城市市场潜力测算数据

| 省份 | 枢纽城市 | 人均GDP（元） | $y_0$ | $y_1$ | $y_{11}$ | $y_{12}$ | $y_{13}$ | $y_2$ | $y_{21}$ | $y_{22}$ |
|---|---|---|---|---|---|---|---|---|---|---|
| 吉林 | 长春 | 52649 | 166.78 | 20.67 | 1.50 | 10.80 | 8.36 | 3.93 | 2.10 | 1.83 |
| | 吉林 | 50914 | 57.98 | 8.38 | 0.84 | 4.24 | 3.31 | 1.64 | 0.85 | 0.80 |
| | 松原 | 46749 | 46.78 | 5.47 | 0.93 | 2.69 | 1.85 | 1.17 | 0.84 | 0.33 |
| | 辽源 | 40844 | 18.22 | 3.26 | 0.32 | 1.90 | 1.04 | 0.80 | 0.44 | 0.36 |
| | 通化 | 34515 | 13.24 | 3.25 | 0.33 | 1.70 | 1.22 | 0.94 | 0.48 | 0.46 |

| 省份 | 枢纽城市 | 人均GDP（元） | $y_0$ | $y_1$ | $y_{11}$ | $y_{12}$ | $y_{13}$ | $y_2$ | $y_{21}$ | $y_{22}$ |
|---|---|---|---|---|---|---|---|---|---|---|
| 黑龙江 | 哈尔滨 | 42736 | 181.02 | 13.73 | 1.45 | 5.33 | 6.95 | 3.21 | 1.54 | 1.67 |
| | 齐齐哈尔 | 19903 | 20.91 | 2.84 | 0.65 | 1.17 | 1.02 | 1.51 | 0.54 | 0.97 |
| | 绥化市 | 15617 | 23.96 | 2.74 | 1.08 | 0.70 | 0.96 | 1.75 | 0.46 | 1.29 |
| | 伊春市 | 18142 | 4.57 | 0.60 | 0.20 | 0.22 | 0.18 | 0.33 | 0.28 | 0.05 |
| | 黑河 | 18103 | 4.29 | 0.61 | 0.30 | 0.10 | 0.21 | 0.34 | 0.19 | 0.15 |
| 内蒙古 | 呼和浩特 | 75266 | 59.21 | 8.53 | 0.43 | 3.09 | 5.00 | 1.14 | 0.57 | 0.57 |
| | 呼伦贝尔 | 45039 | 9.94 | 1.51 | 0.28 | 0.67 | 0.55 | 0.33 | 0.17 | 0.17 |
| | 兴安盟 | 19458 | 8.89 | 0.74 | 0.23 | 0.27 | 0.24 | 0.38 | 0.19 | 0.19 |
| | 通辽 | 46166 | 45.59 | 4.98 | 0.72 | 3.05 | 1.22 | 1.08 | 0.54 | 0.54 |
| | 锡林郭勒 | 67584 | 6.65 | 0.93 | 0.10 | 0.62 | 0.22 | 0.14 | 0.07 | 0.07 |
| 甘肃 | 嘉峪关 | 101306 | 2.55 | 0.28 | 0.00 | 0.23 | 0.05 | 0.03 | 0.03 | 0.00 |
| 新疆 | 乌鲁木齐 | 52649 | 23.76 | 3.69 | 0.05 | 1.66 | 1.98 | 0.54 | 0.53 | 0.02 |
| | 喀什 | 10558 | 11.77 | 0.63 | 0.23 | 0.16 | 0.24 | 0.62 | 0.22 | 0.40 |
| | 和田 | 6172 | 0.98 | 0.12 | 0.04 | 0.02 | 0.06 | 0.20 | 0.07 | 0.14 |
| | 阿克苏 | 20145 | 4.72 | 0.89 | 0.28 | 0.30 | 0.31 | 0.42 | 0.27 | 0.16 |
| | 塔城 | 31373 | 2.51 | 0.80 | 0.28 | 0.30 | 0.22 | 0.20 | 0.15 | 0.05 |
| 西藏 | 拉萨 | 23775 | 3.87 | 0.38 | 0.01 | 0.13 | 0.24 | 0.10 | 0.04 | 0.06 |
| | 阿里 | 19580 | 0.06 | 0.02 | 0.00 | 0.00 | 0.01 | 0.01 | 0.00 | 0.00 |
| | 那曲 | 11500 | 0.52 | 0.06 | 0.01 | 0.01 | 0.04 | 0.05 | 0.02 | 0.03 |
| | 昌都 | 10355 | 0.69 | 0.09 | 0.02 | 0.04 | 0.04 | 0.08 | 0.03 | 0.05 |
| | 林芝 | 27533 | 0.56 | 0.08 | 0.01 | 0.03 | 0.04 | 0.02 | 0.01 | 0.01 |
| 云南 | 昆明 | 38831 | 95.02 | 10.83 | 0.58 | 5.01 | 5.24 | 2.80 | 1.85 | 0.95 |
| | 普洱 | 11795 | 5.53 | 0.91 | 0.27 | 0.33 | 0.31 | 0.77 | 0.25 | 0.52 |
| | 红河 | 17270 | 14.61 | 2.70 | 0.43 | 1.46 | 0.81 | 1.57 | 0.56 | 1.00 |
| | 临沧 | 11166 | 5.37 | 0.73 | 0.23 | 0.28 | 0.21 | 0.65 | 0.20 | 0.45 |
| | 大理 | 16376 | 15.63 | 2.41 | 0.52 | 1.01 | 0.88 | 1.48 | 0.51 | 0.97 |
| 广西 | 南宁 | 33017 | 49.68 | 8.75 | 1.21 | 3.28 | 4.26 | 2.64 | 1.39 | 1.25 |
| | 钦州 | 20896 | 26.74 | 3.94 | 0.95 | 1.77 | 1.22 | 1.88 | 0.58 | 1.30 |
| | 柳州 | 41832 | 66.81 | 6.42 | 0.55 | 4.08 | 1.79 | 1.53 | 0.84 | 0.69 |
| | 河池 | 15141 | 11.49 | 1.50 | 0.35 | 0.62 | 0.53 | 0.99 | 0.27 | 0.72 |
| | 百色 | 19079 | 12.42 | 1.96 | 0.37 | 1.07 | 0.52 | 1.02 | 0.27 | 0.75 |

注：$y_0 = \sum_j Y_i / d_{ij}$，$j \in J$，$i$ = 枢纽城市，$j$ = 周边城市，$Y_i$ = 枢纽城市的地区生产总值，$d_{ij}$ = 第$i$个枢纽城市到周边城市的运输距离。$y_1 = Y_i$/平均距离；$y_{11}$ = 第一产业增加值/平均距离；$y_{12}$ = 第二产业增加值/平均距离；$y_{13}$ = 第三产业增中值/平均距离；$y_2$ = 人口/平均距离；$y_{21}$ = 城镇人口/平均距离；$y_{22}$ = 乡村人口/平均距离。

资料来源：各枢纽城市到周边城市距离系作者从中国机动车网（http://www.jdcsww.com/tools/other/selmile.asp）全国公路里程查询系统中查询整理而得；其他数据根据各省2012年统计年鉴整理和计算。

附表6　中国边疆地区城市交通支线数

| 枢纽城市 | 高速公路数 | 国道支线数 | 省道支线数 | 铁路支线数 | 航空 | 枢纽城市 | 高速公路数 | 国道支线数 | 省道支线数 | 铁路支线数 | 航空机场 |
|---|---|---|---|---|---|---|---|---|---|---|---|
| 钦州 | 0 | 2 | 5 | 3 | | 喀什 | 0 | 3 | 2 | 1 | 1 |
| 柳州 | 3 | 3 | 0 | 4 | 1 | 和田 | 0 | 2 | 1 | | 1 |
| 河池 | 0 | 2 | 1 | 2 | | 阿克苏 | 0 | 2 | 3 | 2 | 1 |
| 百色 | 3 | 0 | 1 | 2 | 1 | 库尔勒 | 2 | 1 | 0 | 2 | 1 |
| 南宁 | 5 | 2 | 0 | 4 | 1 | 塔城 | 0 | 0 | 3 | | 1 |
| 吉林 | 2 | 3 | 2 | 4 | 1 | 阿勒泰 | 0 | 1 | 0 | | 1 |
| 松原 | 4 | 0 | 2 | 2 | | 博乐 | 0 | 0 | 3 | | 1 |
| 辽源 | 1 | 2 | 3 | 2 | | 伊犁 | 1 | 1 | 1 | | 1 |
| 通化 | 0 | 4 | 0 | 2 | 1 | 克拉玛依 | 0 | 2 | 2 | | |
| 四平 | 2 | 4 | 1 | 4 | | 吐鲁番 | 0 | 2 | | 0 | |
| 白城 | 2 | 0 | 2 | 4 | | 哈密 | 0 | 2 | 1 | 2 | 1 |
| 长春 | 5 | 3 | 4 | 4 | 1 | 乌鲁木齐 | 2 | 2 | 2 | 2 | 1 |
| 齐齐哈尔 | 4 | 0 | 2 | 4 | 1 | 拉萨 | 0 | 3 | 1 | 1 | 1 |
| 绥化 | 1 | 2 | 3 | 3 | | 阿里 | 0 | 2 | 1 | | 1 |
| 伊春 | 0 | 1 | 2 | 4 | 1 | 那曲 | 0 | 3 | 1 | 2 | 1 |
| 黑河 | 0 | 1 | 5 | 2 | 1 | 昌都 | 0 | 3 | 0 | | 1 |
| 鹤岗 | 1 | 0 | 2 | 2 | | 山南 | 0 | 0 | 4 | | |
| 双鸭山 | 1 | 2 | 2 | 5 | | 林芝 | 0 | 2 | 1 | | 1 |
| 七台河 | 0 | 2 | 2 | | | 日喀则 | 0 | 2 | 2 | | 1 |
| 鸡西 | 0 | 2 | 2 | | | 普洱 | 0 | 2 | 1 | | 1 |
| 牡丹江 | 1 | 3 | 0 | 4 | 1 | 红河 | 2 | 2 | 1 | 3 | |
| 哈尔滨 | 5 | 1 | 3 | 5 | 1 | 临沧 | 0 | 2 | 1 | 0 | 1 |
| 大庆 | 2 | 0 | 0 | 2 | 1 | 文山 | 0 | 0 | 4 | 1 | |
| 大兴安岭 | 0 | 1 | 3 | 3 | 1 | 保山 | 2 | 0 | 1 | | 1 |
| 呼伦贝尔 | 0 | 2 | 3 | 3 | 1 | 怒江 | 0 | 0 | 3 | 0 | 0 |
| 兴安盟 | 1 | 2 | 1 | 2 | 1 | 大理 | 2 | 1 | 1 | 2 | 1 |
| 通辽 | 1 | 5 | 1 | 6 | | 丽江 | 0 | 0 | 3 | 2 | 1 |
| 赤峰 | 2 | 4 | 2 | 3 | | 楚雄 | 2 | 0 | 1 | 2 | 0 |
| 乌兰察布 | 4 | 1 | 0 | 3 | | 曲靖 | 3 | 1 | 0 | 2 | |
| 巴彦淖尔 | 2 | 0 | 1 | 2 | | 迪庆 | 0 | 2 | 0 | | 1 |
| 嘉峪关 | 2 | 0 | 1 | 2 | 1 | 昆明 | 4 | 0 | 1 | 4 | 1 |
| 呼和浩特 | 3 | 1 | 6 | 2 | 1 | 玉溪 | 3 | 0 | 1 | 2 | 0 |
| 锡林郭勒 | 0 | 2 | 3 | | 1 | 景洪 | 1 | 2 | 0 | 0 | 1 |
| | | | | | | 德宏 | 0 | 2 | 0 | 0 | 1 |

注：国道或省道建成高速公路的算为高速公路而不再重复算入国道或省道。

资料来源：系作者根据中国公路交通地图（http：//www.gonglujiaotong.com）查询整理所得。

附表7　2003~2012年中国与东南亚、南亚各国综合 GL 指数

| GL 指数 | 2003 年 | 2005 年 | 2007 年 | 2009 年 | 2010 年 | 2012 年 |
|---|---|---|---|---|---|---|
| 新加坡 | 0.739 | 0.739 | 0.817 | 0.798 | 0.735 | 0.661 |
| 泰国 | 0.776 | 0.693 | 0.674 | 0.679 | 0.639 | 0.617 |
| 马来西亚 | 0.688 | 0.574 | 0.508 | 0.500 | 0.588 | 0.494 |
| 菲律宾 | 0.463 | 0.557 | 0.516 | 0.497 | 0.467 | 0.361 |
| 越南 | 0.729 | 0.580 | 0.624 | 0.827 | 0.831 | 0.767 |
| 缅甸 | 0.112 | 0.092 | 0.178 | 0.185 | 0.160 | 0.187 |
| 柬埔寨 | 0.191 | 0.459 | 0.369 | 0.458 | 0.379 | 0.619 |
| 印度尼西亚 | 0.551 | 0.537 | 0.400 | 0.353 | 0.315 | 0.254 |
| 老挝 | 0.047 | 0.059 | 0.062 | 0.031 | 0.026 | 0.033 |
| 文莱 | 0.006 | 0.014 | 0.013 | 0.005 | 0.009 | 0.012 |
| 巴基斯坦 | 0.140 | 0.104 | 0.089 | 0.101 | 0.105 | 0.106 |
| 孟加拉国 | 0.415 | 0.374 | 0.406 | 0.531 | 0.543 | 0.622 |
| 印度 | 0.279 | 0.245 | 0.179 | 0.255 | 0.206 | 0.284 |
| 斯里兰卡 | 0.875 | 0.539 | 0.764 | 0.716 | 0.679 | 0.669 |
| 尼泊尔 | 0.835 | 0.321 | 0.256 | 0.857 | 0.556 | 0.428 |

资料来源：联合国商品贸易统计数据库合并和测算结果。

附表8　中新、中泰、中马、中菲装备制造业竞争力指数和贸易份额

| 国家 | 产业类型 | 竞争力指数 | | | | | 各产业相应的贸易额比重(%) | | | | | |
|---|---|---|---|---|---|---|---|---|---|---|---|---|
| | | 2003 年 | 2006 年 | 2008 年 | 2010 年 | 2012 年 | 2003 年 | 2006 年 | 2008 年 | 2010 年 | 2012 年 | 平均 |
| 中新 | 第十六类 | -0.09 | 0.13 | 0.23 | 0.10 | 0.13 | 54.37 | 57.73 | 50.43 | 49.76 | 43.25 | 52.36 |
| | 第十七类 | 0.65 | 0.95 | 0.98 | 0.97 | 0.95 | 2.47 | 3.83 | 8.91 | 9.59 | 10.22 | 6.88 |
| | 第十八类 | -0.15 | 0.08 | 0.03 | -0.03 | -0.39 | 2.90 | 2.41 | 2.06 | 2.09 | 4.76 | 2.61 |
| 中泰 | 第十六类 | -0.37 | -0.35 | -0.40 | 0.62 | -0.14 | 47.77 | 50.43 | 51.10 | 47.58 | 42.24 | 48.52 |
| | 第十七类 | 0.47 | 0.57 | 0.81 | 0.31 | 0.81 | 0.83 | 0.94 | 1.12 | 1.18 | 2.08 | 1.15 |
| | 第十八类 | -0.09 | -0.01 | 0.32 | 0.68 | 0.42 | 2.37 | 2.30 | 2.60 | 3.23 | 3.86 | 2.70 |
| 中马 | 第十六类 | -0.44 | -0.41 | -0.60 | -0.54 | -0.52 | 61.47 | 62.97 | 46.54 | 57.44 | 52.25 | 57.86 |
| | 第十七类 | 0.69 | 0.84 | 0.94 | 0.82 | 0.86 | 0.83 | 1.08 | 4.59 | 1.72 | 2.00 | 1.65 |
| | 第十八类 | 0.02 | 0.64 | -0.89 | 0.37 | 0.34 | 1.70 | 4.76 | 1.05 | 3.38 | 3.75 | 3.11 |
| 中菲 | 第十六类 | -0.66 | -0.74 | -0.67 | -0.54 | -0.55 | 72.16 | 76.93 | 73.35 | 59.87 | 52.69 | 67.82 |
| | 第十七类 | 0.99 | 0.86 | 0.95 | 0.94 | 0.93 | 1.37 | 0.80 | 1.27 | 1.48 | 2.28 | 1.33 |
| | 第十八类 | -0.54 | 0.11 | 0.02 | -0.08 | 0.01 | 2.19 | 1.48 | 1.06 | 1.70 | 2.04 | 1.92 |

注：第十六类（机电产品）、第十七类（运输设备）、第十八类（仪器仪表）。

资料来源：联合国商品贸易库合成与测算结果。

附表9　中越、中尼、中老、中缅、中印矿产业竞争力指数和贸易份额

| 国家 | 产业 | 竞争力指数 | | | | | 各产业相应的贸易额比重（％） | | | | | |
|---|---|---|---|---|---|---|---|---|---|---|---|---|
| | | 2003年 | 2006年 | 2008年 | 2010年 | 2012年 | 2003年 | 2006年 | 2008年 | 2010年 | 2012年 | 平均 |
| 中越 | 第五类 | −0.11 | −0.21 | −0.34 | −0.06 | −0.16 | 35.51 | 20.75 | 15.82 | 13.38 | 8.87 | 20.97 |
| | 第十三类 | 0.96 | 0.97 | 0.56 | 0.74 | 0.90 | 1.17 | 1.34 | 1.48 | 1.78 | 1.24 | 1.35 |
| | 第十四类 | 0.88 | 0.94 | 0.97 | 1.00 | 0.97 | 0.00 | 0.01 | 0.00 | 0.14 | 0.07 | 0.08 |
| | 第十五类 | 0.92 | 0.98 | 0.97 | 0.90 | 0.94 | 5.12 | 17.34 | 14.76 | 9.99 | 8.57 | 11.41 |
| 中印尼 | 第五类 | −0.32 | −0.34 | −0.67 | −0.66 | −0.77 | 18.98 | 17.76 | 19.97 | 28.24 | 29.89 | 23.47 |
| | 第十三类 | 0.36 | 0.74 | 0.87 | 0.81 | 0.96 | 1.34 | 1.12 | 0.96 | 0.85 | 1.18 | 1.05 |
| | 第十四类 | 0.36 | −0.35 | −0.01 | 0.81 | −0.80 | 0.01 | 0.00 | 0.02 | 0.03 | 0.03 | 0.02 |
| | 第十五类 | 0.22 | 0.47 | 0.66 | 0.47 | 0.58 | 5.56 | 9.42 | 9.09 | 6.18 | 6.89 | 7.68 |
| 中印 | 第五类 | −0.69 | −0.81 | −0.88 | −0.91 | −0.85 | 23.54 | 24.74 | 30.57 | 21.16 | 8.55 | 24.08 |
| | 第十三类 | 0.88 | 0.94 | 0.81 | 0.81 | 0.88 | 0.88 | 1.21 | 1.25 | 1.47 | 1.87 | 1.30 |
| | 第十四类 | −0.66 | −0.43 | −0.57 | −0.83 | −0.93 | 2.60 | 1.61 | 1.03 | 1.48 | 2.04 | 1.72 |
| | 第十五类 | −0.73 | 0.42 | 0.73 | 0.52 | 0.28 | 17.43 | 10.45 | 8.18 | 9.30 | 11.18 | 10.55 |
| 中缅 | 第五类 | 0.93 | 0.70 | — | −0.15 | −0.15 | 2.39 | 9.77 | 6.39 | 9.62 | 7.06 | 7.58 |
| | 第十三类 | 0.98 | 0.98 | 0.98 | 0.99 | 0.98 | 0.96 | 1.13 | 0.78 | 1.27 | 1.16 | 1.01 |
| | 第十四类 | −1.00 | −1.00 | −0.97 | −1.00 | −1.00 | 0.49 | 0.73 | 0.73 | 3.21 | 4.21 | 2.54 |
| | 第十五类 | 1.00 | 0.99 | 0.95 | 0.92 | 0.94 | 9.89 | 16.32 | 12.38 | 12.26 | 15.39 | 13.44 |
| 中老 | 第五类 | 0.63 | −0.03 | −0.88 | −0.96 | −0.95 | 0.24 | 2.41 | 9.67 | 35.89 | 21.59 | 14.52 |
| | 第十三类 | 1.00 | 1.00 | 1.00 | 0.99 | 1.00 | 0.00 | 0.53 | 0.41 | 0.53 | 0.84 | 0.50 |
| | 第十四类 | | 1.00 | −1.00 | 0.90 | −1.00 | 0.00 | 0.00 | 0.01 | 0.01 | 0.00 | 0.00 |
| | 第十五类 | 1.00 | 0.15 | 0.40 | −0.16 | 0.25 | 2.64 | 4.55 | 17.01 | 10.55 | 14.33 | 9.95 |

注：第五类（矿产品）、第十三类（非金属矿物及其制品）、第十四类（贵金属矿物及其制品）、第十五类（贱金属及其制品）。

资料来源：联合国商品贸易库合成与测算结果。

附表10　中新、中泰、中马机电产品与仪器仪表竞争力指数和贸易份额

| 国家 | 产品 | 竞争力指数 | | | | | 各产品相应的贸易额比重（％） | | | | | |
|---|---|---|---|---|---|---|---|---|---|---|---|---|
| | | 2003年 | 2006年 | 2008年 | 2010年 | 2012年 | 2003年 | 2006年 | 2008年 | 2010年 | 2012年 | 平均 |
| 中新 | 84 | −0.090 | 0.081 | 0.261 | 0.262 | 0.354 | 21.82 | 16.82 | 19.63 | 19.77 | 16.42 | 19.31 |
| | 85 | −0.090 | 0.155 | 0.203 | −0.009 | −0.001 | 32.55 | 40.92 | 30.79 | 29.99 | 26.83 | 33.05 |
| | 90 | −0.126 | 0.095 | 0.028 | −0.029 | −0.210 | 2.55 | 2.25 | 1.95 | 2.00 | 3.49 | 2.33 |
| | 91 | −0.476 | −0.409 | −0.176 | −0.227 | −0.927 | 0.32 | 0.13 | 0.09 | 0.07 | 1.25 | 0.26 |
| | 92 | 0.899 | 0.997 | 1.000 | 1.000 | 0.998 | 0.03 | 0.02 | 0.02 | 0.01 | 0.02 | 0.02 |

续表

| 国家 | 产品 | 竞争力指数 | | | | | 各产品相应的贸易额比重(%) | | | | | |
|---|---|---|---|---|---|---|---|---|---|---|---|---|
| | | 2003年 | 2006年 | 2008年 | 2010年 | 2012年 | 2003年 | 2006年 | 2008年 | 2010年 | 2012年 | 平均 |
| 中马 | 84 | 0.051 | 0.277 | 0.282 | -0.027 | 0.018 | 17.91 | 14.61 | 14.34 | 11.20 | 9.52 | 13.44 |
| | 85 | -0.638 | -0.617 | -0.997 | -0.668 | -0.643 | 43.56 | 48.36 | 32.20 | 46.24 | 42.74 | 44.42 |
| | 90 | 0.037 | 0.634 | -0.931 | 0.366 | 0.324 | 1.52 | 4.71 | 1.01 | 3.32 | 3.62 | 3.02 |
| | 91 | -0.159 | 0.835 | 0.265 | 0.445 | 0.795 | 0.14 | 0.03 | 0.04 | 0.04 | 0.10 | 0.07 |
| | 92 | 0.088 | 0.520 | -0.938 | 0.926 | 0.976 | 0.03 | 0.02 | 0.00 | 0.02 | 0.03 | 0.02 |
| 中泰 | 84 | -0.354 | -0.366 | -0.448 | -0.394 | -0.216 | 25.06 | 26.44 | 29.57 | 26.51 | 24.95 | 26.50 |
| | 85 | -0.381 | -0.327 | -0.344 | -0.361 | -0.019 | 22.71 | 23.99 | 21.53 | 21.07 | 17.29 | 22.02 |
| | 90 | -0.068 | -0.004 | 0.366 | 0.365 | 0.420 | 1.92 | 2.09 | 2.43 | 3.04 | 3.71 | 2.46 |
| | 91 | -0.302 | -0.185 | -0.562 | -0.623 | 0.218 | 0.41 | 0.19 | 0.15 | 0.16 | 0.11 | 0.21 |
| | 92 | 0.997 | 0.847 | 0.722 | 0.701 | 0.970 | 0.04 | 0.02 | 0.02 | 0.03 | 0.04 | 0.03 |

注：机电产品 84~85：84（核反应堆、锅炉、机器、机械器具及其零件）、85（电机、电气设备及其零件；录音机及放声机、电视图像、声音的录制和重放设备及其零件、附件）；仪器仪表 90~92：90（光学、照相、电影、计量、检验、医疗或外科用仪器及设备、精密仪器及设备；上述物品的零件、附件）、91（钟表及其零件）、92（乐器及其零件、附件）。

资料来源：联合国商品贸易统计数据库测算结果。

附表11　中越、中缅矿产品竞争力指数和贸易份额

| 国家 | 产品 | 竞争力指数 | | | | | 各产品相应的贸易额比重(%) | | | | | |
|---|---|---|---|---|---|---|---|---|---|---|---|---|
| | | 2003年 | 2006年 | 2008年 | 2010年 | 2012年 | 2003年 | 2006年 | 2008年 | 2010年 | 2012年 | 平均 |
| 中越 | 25 | 0.761 | 0.761 | 0.704 | -0.028 | 0.261 | 0.23 | 0.32 | 0.15 | 0.24 | 0.10 | 0.21 |
| | 26 | -0.976 | -0.999 | -0.981 | -0.957 | -0.952 | 0.86 | 1.81 | 1.36 | 1.08 | 1.15 | 1.34 |
| | 27 | -0.093 | -0.146 | -0.291 | 0.019 | -0.041 | 34.42 | 18.62 | 14.31 | 12.06 | 7.61 | 19.42 |
| 中缅 | 25 | -0.146 | 0.278 | 0.377 | 0.441 | 0.388 | 0.67 | 0.80 | 0.72 | 0.71 | 0.33 | 0.66 |
| | 26 | -0.998 | -0.979 | -1.000 | -0.999 | -0.995 | 0.85 | 1.15 | 2.59 | 4.34 | 3.07 | 2.40 |
| | 27 | 0.999 | 0.995 | 0.994 | 0.560 | 0.508 | 4.23 | 7.82 | 3.07 | 4.56 | 3.66 | 4.85 |

注：矿产品 25~27：25（盐、硫黄；泥土及石料；石膏料、石灰及水泥）、26（矿石、矿渣及矿灰）、27（矿物燃料、矿物油及其蒸馏产品）。

资料来源：联合国商品贸易统计数据库测算结果。

**附表 12　中印、中老贱金属及其制品竞争力指数和贸易份额**

| 国家 | 产品 | 竞争力指数 | | | | | 各产品相应的贸易额比重(%) | | | | | |
|---|---|---|---|---|---|---|---|---|---|---|---|---|
| | | 2003年 | 2006年 | 2008年 | 2010年 | 2012年 | 2003年 | 2006年 | 2008年 | 2010年 | 2012年 | 平均 |
| 中印 | 72 | -0.960 | 0.283 | 0.755 | 0.692 | 0.696 | 14.48 | 3.83 | 3.81 | 3.88 | 2.55 | 4.97 |
| | 73 | 0.790 | 0.952 | 0.969 | 0.966 | 0.944 | 0.84 | 2.95 | 2.36 | 2.34 | 2.80 | 2.23 |
| | 74 | -0.745 | -0.631 | -0.409 | -0.673 | -0.846 | 0.57 | 1.75 | 0.74 | 1.69 | 3.54 | 1.63 |
| | 75 | 0.926 | 0.876 | 0.413 | 0.974 | 0.926 | 0.01 | 0.01 | 0.00 | 0.06 | 0.14 | 0.03 |
| | 76 | 0.156 | 0.968 | 0.921 | 0.703 | 0.662 | 0.46 | 0.49 | 0.63 | 0.53 | 0.86 | 0.66 |
| | 78 | 0.991 | 0.999 | 0.995 | -0.942 | 0.994 | 0.17 | 0.10 | 0.00 | 0.00 | 0.00 | 0.06 |
| | 79 | 1.000 | 0.581 | -0.847 | -0.865 | -0.811 | 0.11 | 0.49 | 0.03 | 0.08 | 0.11 | 0.15 |
| | 80 | 0.712 | -0.437 | 0.652 | 0.632 | 0.185 | 0.00 | 0.00 | 0.00 | 0.00 | 0.00 | 0.00 |
| | 81 | 0.997 | 0.966 | 0.996 | 0.993 | 0.993 | 0.21 | 0.22 | 0.20 | 0.11 | 0.18 | 0.19 |
| | 82 | 0.599 | 0.825 | 0.804 | 0.861 | 0.952 | | 0.20 | 0.18 | 0.30 | 0.52 | 0.31 |
| | 83 | 0.923 | 0.948 | 0.916 | 0.868 | 0.919 | 0.26 | 0.31 | 0.23 | 0.30 | 0.48 | 0.31 |
| 中老 | 72 | 1.000 | 1.000 | 1.000 | 0.999 | 1.000 | 1.02 | 0.75 | 2.74 | 1.14 | 1.44 | 1.55 |
| | 73 | 1.000 | 1.000 | 1.000 | 1.000 | 1.000 | 1.46 | 0.95 | 5.54 | 1.78 | 5.23 | 2.70 |
| | 74 | 1.000 | -0.905 | -0.940 | -0.995 | -0.974 | 0.03 | 2.01 | 4.95 | 6.00 | 5.43 | 4.14 |
| | 76 | 1.000 | 1.000 | 1.000 | 1.000 | 1.000 | 0.07 | 0.53 | 2.84 | 0.65 | 1.85 | 1.07 |
| | 78 | 1.000 | 1.000 | -0.976 | -0.808 | -1.000 | 0.01 | | 0.29 | 0.02 | 0.01 | 0.04 |
| | 79 | | 0.953 | 1.000 | 1.000 | 1.000 | | 0.18 | 0.05 | | 0.01 | 0.11 |
| | 81 | | | 0.800 | 0.180 | 1.000 | | | 0.52 | 0.23 | 0.06 | 0.09 |
| | 82 | 1.000 | 0.998 | 1.000 | 1.000 | | | 0.11 | 0.03 | 0.55 | 0.09 | 0.17 |
| | 83 | 1.000 | 0.527 | 0.887 | 0.999 | 1.000 | 0.05 | 0.02 | 0.05 | 0.17 | 0.21 | 0.08 |

注：贱金属及其制品 72～83：72（钢铁）、73（钢铁制品）、74（铜及其制品）、75（镍及其制品）、76（铝及其制品）、78（铅及其制品）、79（锌及其制品）、80（锡及其制品）、81（其他贱金属、金属陶瓷及其制品）、82（贱金属工具、器具、利口器、餐匙、餐叉及其零件）、83（贱金属杂项制品）。

资料来源：联合国商品贸易统计数据库测算结果。

**附表 13　2003～2012 年中国与中亚各国综合 GL 指数**

| 国家 | 2003年 | 2004年 | 2005年 | 2006年 | 2007年 | 2008年 | 2009年 | 2010年 | 2011年 | 2012年 |
|---|---|---|---|---|---|---|---|---|---|---|
| 土库曼斯坦 | 0.08 | 0.05 | 0.02 | 0.10 | 0.07 | 0.10 | 0.29 | 0.01 | 0.01 | 0.01 |
| 哈萨克斯坦 | 0.03 | 0.06 | 0.05 | 0.04 | 0.04 | 0.04 | 0.03 | 0.03 | 0.03 | 0.04 |
| 吉尔吉斯斯坦 | 0.07 | 0.08 | 0.14 | 0.28 | 0.17 | 0.22 | 0.24 | 0.17 | 0.23 | 0.11 |
| 塔吉克斯坦 | 0.08 | 0.38 | 0.53 | 0.15 | 0.77 | 0.82 | 0.05 | 0.17 | 0.07 | 0.22 |
| 乌兹别克斯坦 | 0.05 | 0.05 | 0.05 | 0.02 | 0.02 | 0.03 | 0.10 | 0.04 | 0.04 | 0.04 |
| 阿富汗 | 0.23 | 0.20 | 0.09 | 0.94 | 0.08 | 0.19 | 0.19 | 0.14 | 0.14 | 0.55 |

资料来源：联合国商品贸易统计数据库合并和测算结果。

**附表 14    2003～2012 年中哈竞争力指数和贸易份额（按行业分）**

| 行业 | 竞争力指数 | | | | | 贸易额比重（%） | | | | | |
|---|---|---|---|---|---|---|---|---|---|---|---|
| | 2003年 | 2006年 | 2008年 | 2010年 | 2012年 | 2003年 | 2006年 | 2008年 | 2010年 | 2012年 | 平均 |
| 农业 | 0.64 | 0.81 | 0.91 | 0.76 | 0.46 | 1.3 | 0.7 | 0.8 | 0.8 | 1.0 | 0.92 |
| 矿产业 | -0.83 | -0.65 | -0.55 | -0.78 | -0.79 | 53.3 | 48.0 | 55.3 | 55.0 | 57.8 | 53.90 |
| 化学工业 | 0.50 | 0.30 | 0.63 | -0.30 | -0.29 | 5.8 | 7.3 | 4.0 | 7.8 | 7.8 | 6.52 |
| 木材加工业 | 0.92 | 1.00 | 0.99 | 0.97 | 1.00 | 0.3 | 0.5 | 0.4 | 0.4 | 0.3 | 0.41 |
| 皮革纺织工业 | 0.88 | 0.93 | 0.98 | 0.99 | 0.99 | 29.5 | 26.6 | 26.6 | 23.4 | 17.6 | 24.76 |
| 装备制造业 | 0.99 | 1.00 | 1.00 | 1.00 | 1.00 | 7.8 | 11.4 | 9.9 | 10.8 | 14.0 | 10.80 |

资料来源：联合国商品贸易统计数据库合并与测算结果。

**附表 15    2003～2012 年中哈竞争力指数和贸易份额（按 22 类分）**

| 类别 | 竞争力指数 | | | | | 贸易额比重（%） | | | | | |
|---|---|---|---|---|---|---|---|---|---|---|---|
| | 2003年 | 2006年 | 2008年 | 2010年 | 2012年 | 2003年 | 2006年 | 2008年 | 2010年 | 2012年 | 平均 |
| 第五类 | -0.88 | -0.95 | -0.96 | -0.98 | -0.98 | 11.13 | 21.15 | 30.76 | 36.82 | 42.18 | 27.13 |
| 第十三类 | 1.00 | 1.00 | 1.00 | 1.00 | 1.00 | 1.24 | 3.39 | 2.91 | 2.17 | 1.35 | 2.21 |
| 第十四类 | | 0.86 | 1.00 | 0.54 | -0.89 | 0.00 | 0.00 | 0.00 | 0.01 | 0.01 | 0.00 |
| 第十五类 | -0.87 | -0.61 | -0.18 | -0.57 | -0.39 | 40.95 | 23.49 | 21.61 | 16.02 | 14.30 | 24.24 |
| 第八类 | -0.21 | 0.25 | 0.65 | 0.84 | 0.86 | 1.89 | 1.15 | 1.13 | 0.80 | 0.62 | 1.17 |
| 第十一类 | 0.93 | 0.95 | 0.99 | 0.99 | 0.99 | 16.67 | 19.07 | 21.83 | 17.51 | 11.91 | 17.68 |
| 第十二类 | 1.00 | 1.00 | 1.00 | 1.00 | 1.00 | 10.90 | 6.43 | 3.66 | 5.09 | 5.10 | 6.23 |
| 第十六类 | 1.00 | 1.00 | 1.00 | 1.00 | 1.00 | 7.02 | 8.20 | 7.41 | 7.72 | 8.84 | 7.69 |
| 第十七类 | 0.93 | 1.00 | 0.99 | 1.00 | 1.00 | 0.40 | 2.77 | 2.05 | 2.39 | 4.78 | 2.52 |
| 第十八类 | 1.00 | 1.00 | 1.00 | 1.00 | 0.99 | 0.39 | 0.46 | 0.44 | 0.71 | 0.42 | 0.49 |

注：第五类（矿产品）、第八类（皮革及其制品）、第十一类（纺织原料及其制品）、第十二类（鞋帽伞等成品）、第十三类（非金属矿物及其制品）、第十四类（贵金属矿物及其制品）、第十五类（贱金属及其制品）、第十六类（机电产品）、第十七类（运输设备）、第十八类（仪器仪表）。

资料来源：联合国商品贸易统计数据库合并与测算结果。

**附表 16    2003～2012 年中哈竞争力指数和贸易份额（按两位数分）**

| 代码 | 竞争力指数 | | | | | 贸易额比重（%） | | | | | |
|---|---|---|---|---|---|---|---|---|---|---|---|
| | 2003年 | 2006年 | 2008年 | 2010年 | 2012年 | 2003年 | 2006年 | 2008年 | 2010年 | 2012年 | 平均 |
| 26 | -1.00 | -1.00 | -1.00 | -1.00 | -1.00 | 2.66 | 4.31 | 4.79 | 7.36 | 4.58 | 4.69 |
| 27 | -0.86 | -0.95 | -0.97 | -0.98 | -0.98 | 8.11 | 16.45 | 25.09 | 28.74 | 36.66 | 21.81 |
| 72 | -1.00 | -0.79 | -0.74 | -0.79 | -0.60 | 19.76 | 5.81 | 6.01 | 4.50 | 3.68 | 9.09 |

| 代码 | 竞争力指数 | | | | | 贸易额比重（%） | | | | | |
|---|---|---|---|---|---|---|---|---|---|---|---|
| | 2003年 | 2006年 | 2008年 | 2010年 | 2012年 | 2003年 | 2006年 | 2008年 | 2010年 | 2012年 | 平均 |
| 73 | 0.89 | 0.89 | 1.00 | 0.99 | 1.00 | 0.93 | 2.28 | 6.37 | 1.63 | 2.38 | 2.67 |
| 74 | -1.00 | -1.00 | -0.99 | -1.00 | -0.99 | 15.26 | 5.88 | 6.87 | 7.93 | 6.16 | 8.34 |
| 61 | 1.00 | 1.00 | 1.00 | 1.00 | 1.00 | 6.34 | 11.23 | 12.25 | 10.81 | 7.06 | 9.75 |
| 62 | 1.00 | 1.00 | 1.00 | 1.00 | 1.00 | 8.18 | 4.04 | 4.81 | 3.13 | 2.40 | 4.52 |
| 63 | 1.00 | 1.00 | 1.00 | 1.00 | 1.00 | 0.85 | 2.16 | 3.46 | 2.83 | 1.41 | 2.28 |
| 64 | 1.00 | 1.00 | 1.00 | 1.00 | 1.00 | 10.88 | 6.23 | 3.46 | 4.92 | 5.00 | 6.08 |
| 84 | 1.00 | 1.00 | 1.00 | 1.00 | 1.00 | 4.65 | 5.67 | 4.69 | 4.77 | 5.61 | 4.98 |
| 85 | 1.00 | 1.00 | 1.00 | 1.00 | 1.00 | 2.37 | 2.53 | 2.71 | 2.95 | 3.23 | 2.71 |
| 86 | 0.91 | 0.98 | 0.87 | 1.00 | 1.00 | 0.00 | 0.29 | 0.10 | 0.41 | 1.84 | 0.42 |
| 87 | 0.93 | 0.93 | 1.00 | 1.00 | 1.00 | 0.40 | 2.48 | 1.94 | 1.97 | 2.88 | 2.09 |

注：第五类 矿产品：26（矿石、矿渣及矿灰）、27（矿物燃料、矿物油及其蒸馏产品）；第十五类 贱金属及其制品：72（钢铁）、73（钢铁制品）、74（铜及其制品）；第十一类 纺织原料及其制品：61（针织或钩编的服装及衣着附件）、62（非针织或非钩编的服装及衣着附件）、63（其他纺织制成品；成套物品；旧衣着及旧纺织品；碎织物）；第十二类 鞋帽伞等成品：64（鞋靴、护腿和类似品及其零件）；第十六类 机电产品：84（核反应堆、锅炉、机器、机械器具及其零件）、85（电机、电气设备及其零件；录音机及放声机、电视图像、声音的录制和重放设备及其零件、附件）；第十七类 运输设备：86〔铁道及电车道机车、车辆及其零件；铁道及电车道轨道固定装置及其零件、附件；各种机械（包括电动机械）交通信号设备〕、87（车辆及其零件、附件，但铁道及电车道车辆除外）。

资料来源：联合国商品贸易统计数据库合并与测算结果。

### 附表17　2003～2012年中土竞争力指数和贸易份额（按行业分）

| 行业 | 竞争力指数 | | | | | 贸易额比重（%） | | | | | |
|---|---|---|---|---|---|---|---|---|---|---|---|
| | 2003年 | 2006年 | 2008年 | 2010年 | 2012年 | 2003年 | 2006年 | 2008年 | 2010年 | 2012年 | 平均 |
| 农业 | 0.17 | -0.58 | -0.37 | -0.68 | -0.32 | 3.1 | 4.5 | 2.3 | 2.4 | 0.3 | 2.51 |
| 矿产业 | 1.00 | 0.72 | 1.00 | -0.68 | -0.89 | 5.5 | 19.8 | 25.5 | 75.2 | 87.9 | 42.77 |
| 化学工业 | 0.77 | 0.65 | 0.83 | 0.81 | 0.83 | 5.3 | 4.7 | 5.0 | 2.7 | 1.3 | 3.82 |
| 木材加工业 | 1.00 | 1.00 | 1.00 | 0.99 | 1.00 | 0.1 | 0.9 | 0.5 | 0.2 | 0.2 | 0.38 |
| 皮革纺织工业 | 0.45 | 0.79 | 0.66 | 0.13 | -0.34 | 11.1 | 17.4 | 8.1 | 2.4 | 0.6 | 7.89 |
| 装备制造业 | 1.00 | 1.00 | 1.00 | 1.00 | 1.00 | 72.9 | 51.5 | 55.4 | 16.2 | 9.5 | 41.11 |

资料来源：联合国商品贸易统计数据库合并与测算结果。

附表 18　2003～2012 年中土竞争力指数和贸易份额（按 22 类分）

| 类别 | 竞争力指数 | | | | | 贸易额比重（%） | | | | | |
|---|---|---|---|---|---|---|---|---|---|---|---|
| | 2003年 | 2006年 | 2008年 | 2010年 | 2012年 | 2003年 | 2006年 | 2008年 | 2010年 | 2012年 | 平均 |
| 第五类 | 1.00 | - 0.68 | 0.98 | - 0.99 | - 1.00 | 0.04 | 3.27 | 1.51 | 63.68 | 83.03 | 24.66 |
| 第十五类 | 1.00 | 1.00 | 1.00 | 1.00 | 1.00 | 5.17 | 11.11 | 23.03 | 10.21 | 4.56 | 12.96 |
| 第十六类 | 1.00 | 1.00 | 1.00 | 1.00 | 1.00 | 67.96 | 19.26 | 42.90 | 11.55 | 6.28 | 31.42 |
| 第十七类 | 1.00 | 1.00 | 1.00 | 1.00 | 1.00 | 4.85 | 30.69 | 9.89 | 4.03 | 2.82 | 10.03 |

　　注：第五类（矿产品）、第十五类（贱金属及其制品）、第十六类（机电产品）、第十七类（运输设备）。
　　资料来源：联合国商品贸易统计数据库合并与测算结果。

附表 19　2003～2012 年中土竞争力指数和贸易份额（按两位数分）

| 商品代码 | 竞争力指数 | | | | | 贸易额比重（%） | | | | | |
|---|---|---|---|---|---|---|---|---|---|---|---|
| | 2003年 | 2006年 | 2008年 | 2010年 | 2012年 | 2003年 | 2006年 | 2008年 | 2010年 | 2012年 | 平均 |
| 27 | 1.00 | - 0.69 | 1.00 | - 0.99 | - 1.00 | 0.04 | 3.26 | 0.46 | 63.62 | 82.90 | 24.39 |
| 73 | 1.00 | 1.00 | 1.00 | 1.00 | 1.00 | 4.56 | 8.51 | 20.36 | 9.19 | 3.98 | 11.08 |
| 84 | 1.00 | 1.00 | 1.00 | 1.00 | 1.00 | 56.53 | 15.95 | 36.59 | 6.68 | 4.72 | 23.59 |
| 85 | 1.00 | 0.99 | 1.00 | 1.00 | 1.00 | 11.43 | 3.32 | 6.31 | 4.86 | 1.56 | 7.83 |
| 86 | | 1.00 | 1.00 | 1.00 | 1.00 | 0.00 | 29.80 | 3.56 | 0.00 | 1.80 | 6.83 |
| 87 | 1.00 | 1.00 | 1.00 | 1.00 | 1.00 | 4.85 | 0.89 | 6.09 | 4.03 | 1.02 | 3.17 |

　　注：第五类 矿产品：27（矿物燃料、矿物油及其蒸馏产品）；第十五类 贱金属及其制品：73（钢铁制品）；第十六类 机电产品：84（核反应堆、锅炉、机器、机械器具及其零件）、85（电机、电气设备及其零件；录音机及放声机、电视图像、声音的录制和重放设备及其零件、附件）；第十七类 运输设备：86〔铁道及电车道机车、车辆及其零件；铁道及电车道轨道固定装置及其零件、附件；各种机械（包括电动机械）交通信号设备〕、87（车辆及其零件、附件，但铁道及电车道车辆除外）。
　　资料来源：联合国商品贸易统计数据库合并与测算结果。

附表 20　2003～2012 年中吉竞争力指数和贸易份额（按行业分）

| 行业 | 竞争力指数 | | | | | 贸易额比重（%） | | | | | |
|---|---|---|---|---|---|---|---|---|---|---|---|
| | 2003年 | 2006年 | 2008年 | 2010年 | 2012年 | 2003年 | 2006年 | 2008年 | 2010年 | 2012年 | 平均 |
| 农业 | 0.74 | 0.98 | 0.95 | 0.98 | 0.987 | 2.8 | 2.8 | 1.0 | 3.0 | 2.5 | 2.43 |
| 矿产业 | - 0.37 | 0.37 | 0.70 | 0.73 | 0.756 | 25.2 | 8.8 | 3.1 | 8.2 | 9.7 | 11.01 |
| 化学工业 | 0.85 | 0.92 | 0.90 | 0.99 | 1.000 | 7.9 | 5.5 | 2.0 | 3.6 | 3.7 | 4.55 |
| 木材加工业 | 1.00 | 1.00 | 1.00 | 1.00 | 1.000 | 1.5 | 1.1 | 0.5 | 0.6 | 0.6 | 0.85 |
| 皮革纺织工业 | 0.83 | 0.94 | 0.98 | 0.98 | 0.986 | 44.2 | 70.5 | 88.3 | 75.3 | 72.6 | 70.16 |
| 装备制造业 | 1.00 | 1.00 | 1.00 | 1.00 | 0.999 | 13.1 | 7.1 | 3.0 | 6.4 | 8.0 | 7.52 |

　　资料来源：联合国商品贸易统计数据库合并与测算结果。

**附表 21 2003~2012 年中吉竞争力指数和贸易份额（按 22 类分）**

| 类别 | 竞争力指数 | | | | | 贸易额比重（%） | | | | | |
|---|---|---|---|---|---|---|---|---|---|---|---|
| | 2003年 | 2006年 | 2008年 | 2010年 | 2012年 | 2003年 | 2006年 | 2008年 | 2010年 | 2012年 | 平均 |
| 第七类 | 1.00 | 1.00 | 0.70 | 1.00 | 1.00 | 3.77 | 4.15 | 4.37 | 2.70 | 2.89 | 3.37 |
| 第八类 | −0.66 | 0.11 | 1.00 | 0.55 | 0.58 | 3.11 | 4.03 | 0.01 | 2.22 | 2.33 | 3.18 |
| 第十一类 | 0.93 | 0.99 | 1.00 | 1.00 | 1.00 | 32.58 | 53.04 | 66.94 | 62.82 | 61.60 | 55.54 |
| 第十二类 | 1.00 | 1.00 | 1.00 | 1.00 | 1.00 | 8.50 | 13.41 | 16.96 | 10.22 | 8.67 | 11.39 |
| 第十三类 | 1.00 | 1.00 | 1.00 | 1.00 | 1.00 | 2.32 | 1.88 | 0.82 | 2.79 | 2.82 | 2.23 |
| 第十五类 | −0.52 | 0.22 | 0.63 | 0.63 | 0.86 | 22.77 | 6.71 | 2.16 | 5.22 | 6.13 | 8.48 |
| 第十六类 | 1.00 | 1.00 | 1.00 | 1.00 | 1.00 | 9.25 | 4.70 | 2.05 | 4.19 | 6.01 | 5.03 |
| 第十七类 | 0.99 | 1.00 | 1.00 | 1.00 | 1.00 | 1.69 | 2.14 | 0.82 | 1.52 | 1.43 | 1.43 |

注：第七类（塑料、橡胶及其制品）、第八类（皮革及其制品）、第十一类（纺织原料及其制品）、第十二类（鞋帽伞等成品）、第十三类（非金属矿物及其制品）、第十五类（贱金属及其制品）、第十六类（机电产品）、第十七类（运输设备）。

资料来源：联合国商品贸易统计数据库合并与测算结果。

**附表 22 2003~2012 年中吉竞争力指数和贸易份额（按两位数分）**

| 代码 | 竞争力指数 | | | | | 贸易额比重（%） | | | | | |
|---|---|---|---|---|---|---|---|---|---|---|---|
| | 2003年 | 2006年 | 2008年 | 2010年 | 2012年 | 2003年 | 2006年 | 2008年 | 2010年 | 2012年 | 平均 |
| 39 | 1.00 | 1.00 | 0.99 | 1.00 | 1.00 | 3.68 | 3.90 | 1.34 | 2.40 | 2.32 | 2.62 |
| 42 | 1.00 | 1.00 | 1.00 | 1.00 | 1.00 | 0.15 | 2.11 | 3.70 | 1.70 | 1.75 | 1.90 |
| 52 | 0.62 | 0.52 | 1.00 | 1.00 | 1.00 | 0.69 | 0.23 | 0.77 | 3.54 | 5.85 | 1.91 |
| 54 | 1.00 | 1.00 | 1.00 | 1.00 | 1.00 | 1.69 | 2.78 | 1.40 | 5.25 | 5.69 | 3.45 |
| 55 | 1.00 | 1.00 | 1.00 | 1.00 | 1.00 | 6.03 | 3.12 | 1.26 | 2.11 | 2.51 | 2.95 |
| 59 | 1.00 | 1.00 | 1.00 | 1.00 | 1.00 | 0.37 | 0.27 | 0.12 | 1.32 | 1.74 | 0.74 |
| 60 | 1.00 | 1.00 | 1.00 | 1.00 | 1.00 | 0.32 | 2.00 | 1.70 | 5.72 | 5.75 | 2.82 |
| 61 | 1.00 | 1.00 | 1.00 | 1.00 | 1.00 | 4.04 | 29.45 | 36.34 | 28.06 | 26.34 | 24.43 |
| 62 | 1.00 | 1.00 | 1.00 | 1.00 | 1.00 | 1.42 | 5.47 | 17.04 | 7.26 | 4.75 | 7.39 |
| 63 | 1.00 | 1.00 | 1.00 | 1.00 | 1.00 | 1.11 | 5.30 | 3.96 | 8.24 | 8.02 | 5.45 |
| 64 | 1.00 | 1.00 | 1.00 | 1.00 | 1.00 | 8.43 | 13.10 | 16.24 | 9.86 | 8.17 | 10.99 |
| 70 | 1.00 | 0.25 | 1.00 | 1.00 | 1.00 | 0.11 | 1.63 | 0.47 | 2.21 | 2.22 | 1.17 |
| 72 | −0.95 | 1.00 | 0.52 | 0.71 | 0.88 | 8.76 | 1.04 | 0.42 | 1.19 | 1.58 | 2.92 |
| 73 | 0.99 | −1.00 | 1.00 | 1.00 | 1.00 | 1.02 | 1.23 | 0.74 | 1.05 | 2.04 | 1.09 |
| 84 | 1.00 | 1.00 | 1.00 | 1.00 | 1.00 | 4.34 | 1.42 | 1.00 | 2.29 | 3.30 | 2.19 |
| 85 | 1.00 | 1.00 | 1.00 | 1.00 | 1.00 | 4.91 | 3.28 | 1.06 | 1.89 | 2.71 | 2.85 |
| 87 | 0.99 | 1.00 | 1.00 | 1.00 | 1.00 | 1.68 | 2.14 | 0.80 | 1.51 | 1.43 | 1.41 |

注：第七类 塑料、橡胶及其制品：39（塑料及其制品）；第八类 皮革及其制品：42
〔皮革制品；鞍具及挽具；旅行用品、手提包及类似容器；动物肠线（蚕胶丝除外）制
品〕；第十一类 纺织原料及其制品：52（棉花）、54（化学纤维长丝）、55（化学纤维
短纤）、59（浸渍、涂布、包覆或层压的织物；工业用纺织制品）、60（针织物及钩编
织物）、61（针织或钩编的服装及衣着附件）、62（非针织或非钩编的服装及衣着附
件）、63（其他纺织制成品；成套物品；旧衣着及旧纺织品；碎织物）；第十二类 鞋帽
伞等成品：64（鞋靴、护腿和类似品及其零件）；第十三类 非金属矿物及其制品：70
（玻璃及其制品）；第十五类 贱金属及其制品：72（钢铁）、73（钢铁制品）；第十六类
机电产品：84（核反应堆、锅炉、机器、机械器具及其零件）、85（电机、电气设备及
其零件；录音机及放声机、电视图像、声音的录制和重放设备及其零件、附件）；第十
七类 运输设备：87（车辆及其零件、附件，但铁道及电车道车辆除外）。
资料来源：联合国商品贸易统计数据库合并与测算结果。

**附表 23　2003~2012 年中塔竞争力指数和贸易份额（按行业分）**

| 产业 | 竞争力指数 | | | | | 贸易额比重(%) | | | | | |
|---|---|---|---|---|---|---|---|---|---|---|---|
| | 2003年 | 2006年 | 2008年 | 2010年 | 2012年 | 2003年 | 2006年 | 2008年 | 2010年 | 2012年 | 平均 |
| 农业 | 0.67 | 1.00 | 1.00 | 0.87 | 0.99 | 12.7 | 1.2 | 0.6 | 1.0 | 0.7 | 3.24 |
| 矿产业 | -0.15 | 0.77 | 0.83 | 0.54 | 0.33 | 19.2 | 26.6 | 12.5 | 14.9 | 17.2 | 18.06 |
| 化学工业 | 1.00 | 1.00 | 1.00 | 0.99 | 0.99 | 3.1 | 8.5 | 4.2 | 4.5 | 5.6 | 5.19 |
| 木材加工业 | 1.00 | 1.00 | 1.00 | 1.00 | 1.00 | 0.3 | 2.5 | 0.7 | 1.0 | 1.1 | 1.11 |
| 皮革纺织工业 | -0.98 | 0.82 | 0.99 | 0.99 | 0.99 | 33.5 | 26.4 | 65.2 | 60.4 | 59.3 | 48.97 |
| 装备制造业 | 0.99 | 1.00 | 1.00 | 1.00 | 1.00 | 27.4 | 28.8 | 14.3 | 14.3 | 12.6 | 19.49 |

资料来源：联合国商品贸易统计数据库合并与测算结果。

**附表 24　2003~2012 年中塔竞争力指数和贸易份额（按 22 类分）**

| 类别 | 竞争力指数 | | | | | 贸易额比重(%) | | | | | |
|---|---|---|---|---|---|---|---|---|---|---|---|
| | 2003年 | 2006年 | 2008年 | 2010年 | 2012年 | 2003年 | 2006年 | 2008年 | 2010年 | 2012年 | 平均 |
| 第五类 | 0.34 | -0.04 | 0.26 | -0.95 | -0.94 | 9.73 | 3.14 | 1.19 | 1.45 | 5.50 | 6.31 |
| 第七类 | 1.00 | 1.00 | 1.00 | 0.99 | 0.99 | 2.16 | 7.00 | 2.54 | 2.86 | 4.24 | 3.83 |
| 第八类 | -1.00 | 0.24 | 0.82 | 0.80 | 0.95 | 0.03 | 0.69 | 2.56 | 1.79 | 1.85 | 1.54 |
| 第十一类 | -0.98 | 0.81 | 1.00 | 0.99 | 0.96 | 33.48 | 22.49 | 50.35 | 48.98 | 44.99 | 34.56 |
| 第十二类 | | 1.00 | 1.00 | 1.00 | 1.00 | | 3.23 | 12.33 | 9.64 | 12.44 | 7.11 |
| 第十三类 | 1.00 | 1.00 | 1.00 | 1.00 | 1.00 | 0.33 | 12.22 | 3.65 | 4.66 | 4.84 | 5.60 |
| 第十五类 | -0.73 | 0.74 | 0.84 | 0.54 | 0.88 | 9.10 | 11.23 | 7.62 | 8.81 | 6.82 | 10.05 |
| 第十六类 | 0.99 | 1.00 | 1.00 | 1.00 | 1.00 | 26.00 | 23.67 | 9.63 | 7.82 | 4.39 | 16.12 |
| 第十七类 | 0.85 | 1.00 | 1.00 | 1.00 | 1.00 | 0.90 | 4.73 | 4.18 | 5.72 | 7.81 | 4.37 |

续表

注：第五类（矿产品）、第七类（塑料、橡胶及其制品）、第八类（皮革及其制品）、第十一类（纺织原料及其制品）、第十二类（鞋帽伞等成品）、第十三类（非金属矿物及其制品）、第十五类（贱金属及其制品）、第十六类（机电产品）、第十七类（运输设备）。

资料来源：联合国商品贸易统计数据库合并与测算结果。

附表25　　2003～2012年中塔竞争力指数和贸易份额（按两位数分）

| 商品代码 | 竞争力指数 | | | | | 贸易额比重（%） | | | | | |
|---|---|---|---|---|---|---|---|---|---|---|---|
| | 2003年 | 2006年 | 2008年 | 2010年 | 2012年 | 2003年 | 2006年 | 2008年 | 2010年 | 2012年 | 平均 |
| 26 | 0.34 | -1.00 | 0.06 | -1.00 | -1.00 | 9.71 | 1.64 | 0.93 | 1.42 | 5.34 | 5.21 |
| 39 | 1.00 | 1.00 | 1.00 | 0.99 | 0.99 | 2.16 | 6.87 | 2.43 | 2.64 | 3.35 | 3.58 |
| 42 | | 1.00 | 1.00 | 1.00 | 1.00 | 0.00 | 0.43 | 2.32 | 1.60 | 1.77 | 1.27 |
| 52 | -1.00 | -1.00 | 0.87 | 0.86 | 1.00 | 31.47 | 2.12 | 0.47 | 2.69 | 2.01 | 4.95 |
| 54 | | 1.00 | 1.00 | 1.00 | 1.00 | | 0.38 | 0.40 | 1.78 | 2.51 | 0.87 |
| 55 | | 1.00 | 1.00 | 1.00 | 1.00 | | 6.51 | 2.70 | 2.01 | 3.00 | 2.18 |
| 59 | | 1.00 | 1.00 | 1.00 | 1.00 | | 0.12 | 0.20 | 2.34 | 3.49 | 0.87 |
| 60 | | | 1.00 | 1.00 | 1.00 | | 0.00 | 0.06 | 1.20 | 1.22 | 0.35 |
| 61 | | 1.00 | 1.00 | 1.00 | 1.00 | 0.00 | 5.63 | 26.24 | 21.83 | 17.96 | 14.62 |
| 62 | 1.00 | 1.00 | 1.00 | 1.00 | 1.00 | 0.36 | 6.99 | 13.91 | 8.76 | 5.03 | 5.75 |
| 63 | 1.00 | 1.00 | 1.00 | 1.00 | 1.00 | 0.02 | 0.55 | 2.76 | 7.84 | 8.80 | 3.81 |
| 64 | | 1.00 | 1.00 | 1.00 | 1.00 | | 3.18 | 11.87 | 9.50 | 12.18 | 6.89 |
| 70 | 1.00 | 1.00 | 1.00 | 1.00 | 1.00 | | 6.68 | 2.67 | 2.85 | 3.56 | 3.53 |
| 72 | -0.27 | 1.00 | 1.00 | 1.00 | 1.00 | 1.02 | 4.81 | 1.46 | 1.24 | 4.07 | 2.30 |
| 76 | -1.00 | -0.28 | 0.41 | -0.62 | 0.42 | 6.85 | 2.30 | 2.11 | 2.29 | 1.31 | 4.10 |
| 85 | 1.00 | 1.00 | 1.00 | 0.99 | 1.00 | 24.28 | 19.23 | 6.92 | 3.86 | 4.39 | 12.32 |
| 87 | 1.00 | 1.00 | 1.00 | 1.00 | 1.00 | 0.83 | 4.72 | 4.14 | 5.72 | 6.87 | 4.24 |

注：第五类 矿产品：26（矿石、矿渣及矿灰）；第七类：塑料、橡胶及其制品：39（塑料及其制品）；第八类 皮革及其制品：42〔皮革制品；鞍具及挽具；旅行用品、手提包及类似容器；动物肠线（蚕胶丝除外）制品〕；第十一类 纺织原料及其制品：52（棉花）、54（化学纤维长丝）、55（化学纤维短纤）、59（浸渍、涂布、包覆或层压的织物；工业用纺织制品）、60（针织物及钩编织物）、61（针织或钩编的服装及衣着附件）、62（非针织或非钩编的服装及衣着附件）、63（其他纺织制成品；成套物品；旧衣着及旧纺织品；碎织物）；第十二类 鞋帽伞等、64（鞋靴、护腿和类似品及其零件）；第十三类 非金属矿物及其制品：70（玻璃及其制品）；第十五类 贱金属及其制品：72（钢铁）、76（铝及其制品）；第十六类 机电产品：85（电机、电气设备及其零件；录音机及放声机、电视图像、声音的录制和重放设备及其零件、附件）；第十七类 运输设备：87（车辆及其零件、附件，但铁道及电车道车辆除外）。

资料来源：联合国商品贸易统计数据库合并与测算结果。

附表 26  2003～2012 年中乌竞争力指数和贸易份额（按行业分）

| 行业 | 竞争力指数 | | | | | 贸易额比重（%） | | | | | |
|---|---|---|---|---|---|---|---|---|---|---|---|
| | 2003年 | 2006年 | 2008年 | 2010年 | 2012年 | 2003年 | 2006年 | 2008年 | 2010年 | 2012年 | 平均 |
| 农业 | 0.50 | 0.04 | 0.41 | 0.24 | 0.50 | 4.0 | 3.3 | 3.6 | 2.1 | 3.0 | 3.20 |
| 矿产业 | − 0.69 | 0.22 | 0.83 | 0.82 | 0.69 | 10.4 | 10.5 | 20.9 | 10.6 | 16.4 | 13.75 |
| 化学工业 | 0.42 | 0.64 | 0.92 | − 0.43 | 0.23 | 5.0 | 7.2 | 10.9 | 26.9 | 16.5 | 13.30 |
| 木材加工业 | 1.00 | 1.00 | 0.95 | 0.97 | 0.98 | 0.9 | 0.9 | 2.1 | 0.8 | 1.0 | 1.14 |
| 皮革纺织工业 | − 0.95 | − 0.91 | − 0.59 | − 0.70 | − 0.80 | 47.4 | 53.6 | 21.6 | 37.0 | 31.4 | 38.21 |
| 装备制造业 | 0.98 | 1.00 | 1.00 | 1.00 | 1.00 | 31.7 | 23.2 | 38.8 | 20.8 | 30.0 | 28.91 |

资料来源：联合国商品贸易统计数据库合并与测算结果。

附表 27  2003～2012 年中乌竞争力指数和贸易份额（按 22 类分）

| 类别 | 竞争力指数 | | | | | 贸易额比重（%） | | | | | |
|---|---|---|---|---|---|---|---|---|---|---|---|
| | 2003年 | 2006年 | 2008年 | 2010年 | 2012年 | 2003年 | 2006年 | 2008年 | 2010年 | 2012年 | 平均 |
| 第二类 | 0.47 | − 0.05 | 0.33 | 0.12 | 0.43 | 3.76 | 2.99 | 3.17 | 1.82 | 2.62 | 2.86 |
| 第五类 | − 0.82 | − 0.93 | − 0.71 | − 0.66 | − 0.80 | 4.19 | 4.22 | 2.09 | 1.15 | 2.82 | 3.35 |
| 第六类 | 0.93 | 0.46 | 0.89 | − 0.75 | − 0.36 | 2.16 | 3.36 | 4.18 | 21.47 | 9.23 | 7.26 |
| 第七类 | 0.03 | 0.79 | 0.94 | 0.84 | 0.99 | 2.88 | 3.87 | 6.68 | 5.46 | 7.24 | 5.35 |
| 第十一类 | − 0.95 | − 0.94 | − 0.63 | − 0.72 | − 0.82 | 47.28 | 52.62 | 21.04 | 36.26 | 30.46 | 37.84 |
| 第十三类 | 1.00 | 1.00 | 1.00 | 1.00 | 1.00 | 0.41 | 2.18 | 2.63 | 1.92 | 1.57 | 1.75 |
| 第十五类 | − 0.71 | 0.99 | 1.00 | 1.00 | 0.99 | 5.75 | 4.10 | 16.17 | 7.49 | 12.03 | 9.73 |
| 第十六类 | 1.00 | 1.00 | 1.00 | 1.00 | 1.00 | 27.69 | 19.18 | 32.82 | 15.14 | 24.88 | 22.72 |
| 第十七类 | 0.50 | 1.00 | 1.00 | 1.00 | 1.00 | 1.41 | 1.65 | 3.71 | 4.20 | 3.48 | 3.32 |
| 第十八类 | 1.00 | 1.00 | 1.00 | 1.00 | 1.00 | 2.63 | 2.42 | 2.23 | 1.41 | 1.69 | 2.28 |

注：第二类（植物产品）、第五类（矿产品）、第六类（化学工业及其相关产品）、第七类（塑料、橡胶及其制品）、第十一类（纺织原料及其制品）、第十三类（非金属矿物及其制品）、第十五类（贱金属及其制品）、第十六类（机电产品）、第十七类（运输设备）、第十八类（仪器仪表）。

资料来源：联合国商品贸易统计数据库合并与测算结果。

附表 28　2003～2012 年中乌竞争力指数和贸易份额（按两位数分）

| 商品代码 | 竞争力指数 | | | | | 贸易额比重（%） | | | | | |
|---|---|---|---|---|---|---|---|---|---|---|---|
| | 2003年 | 2006年 | 2008年 | 2010年 | 2012年 | 2003年 | 2006年 | 2008年 | 2010年 | 2012年 | 平均 |
| 9 | 0.99 | 1.00 | 1.00 | 1.00 | 1.00 | 2.57 | 1.06 | 1.65 | 0.95 | 1.78 | 1.55 |
| 27 | -0.84 | -0.96 | -0.52 | -0.82 | -0.89 | 3.92 | 4.14 | 0.60 | 0.98 | 2.58 | 3.04 |
| 28 | 0.89 | 1.00 | 0.88 | -0.95 | -0.79 | 0.63 | 0.67 | 0.69 | 18.89 | 4.92 | 4.08 |
| 29 | 0.87 | 0.93 | 0.83 | 0.60 | 0.12 | 0.62 | 0.62 | 0.70 | 0.80 | 1.37 | 0.83 |
| 31 | | -0.98 | -0.98 | -1.00 | -1.00 | 0.00 | 0.89 | 0.11 | 0.14 | 1.28 | 0.56 |
| 39 | -0.05 | 0.79 | 0.93 | 0.78 | 0.98 | 2.65 | 3.52 | 5.61 | 3.82 | 4.17 | 4.18 |
| 40 | 1.00 | 0.85 | 1.00 | 1.00 | 1.00 | 0.23 | 0.35 | 1.07 | 1.64 | 3.08 | 1.17 |
| 52 | -0.99 | -1.00 | -1.00 | -0.95 | -1.00 | 45.72 | 50.84 | 17.07 | 31.98 | 27.67 | 34.78 |
| 72 | 1.00 | 1.00 | 1.00 | 1.00 | 1.00 | 0.05 | 0.70 | 3.68 | 2.68 | 3.37 | 1.89 |
| 73 | 1.00 | 1.00 | 1.00 | 1.00 | 1.00 | 0.35 | 0.67 | 10.21 | 3.20 | 7.23 | 5.42 |
| 84 | 1.00 | 1.00 | 1.00 | 1.00 | 1.00 | 21.21 | 9.69 | 20.78 | 8.53 | 16.36 | 13.98 |
| 85 | 1.00 | 1.00 | 1.00 | 1.00 | 1.00 | 6.48 | 9.49 | 12.04 | 6.61 | 8.51 | 8.74 |
| 87 | 1.00 | 1.00 | 1.00 | 1.00 | 1.00 | 0.09 | 1.49 | 3.48 | 2.99 | 3.27 | 2.11 |
| 90 | 1.00 | 1.00 | 1.00 | 1.00 | 1.00 | 2.63 | 2.42 | 2.22 | 1.34 | 1.63 | 2.23 |

注：第二类 植物产品：9（咖啡、茶、马黛茶及调味香料）；第五类 矿产品：27（矿物燃料、矿物油及其蒸馏产品）；第六类 化学工业及其相关产品：28（无机化学品；贵金属、稀土金属、放射性元素及其同位素的有机及无机化合物）、29（有机化学品）、31（肥料）；第七类：塑料、橡胶及其制品：39（塑料及其制品）、40（橡胶及其制品）；第十一类 纺织原料及其制品：52（棉花）；第十五类 贱金属及其制品：72（钢铁）、73（钢铁制品）；第十六类 机电产品：84（核反应堆、锅炉、机器、机械器具及其零件）、85（电机、电气设备及其零件；录音机及放声机、电视图像、声音的录制和重放设备及其零件、附件）；第十七类 运输设备：87（车辆及其零件、附件，但铁道及电车道车辆除外）；第十八类 仪器仪表：90（光学、照相、电影、计量、检验、医疗或外科用仪器及设备、精密仪器及设备；上述物品的零件、附件）。

资料来源：联合国商品贸易统计数据库合并与测算结果。

附表 29　2003～2012 年中国与东北亚各国综合 GL 指数

| 国家 | 2003年 | 2004年 | 2005年 | 2006年 | 2007年 | 2008年 | 2009年 | 2010年 | 2011年 | 2012年 |
|---|---|---|---|---|---|---|---|---|---|---|
| 俄罗斯 | 0.15 | 0.10 | 0.08 | 0.10 | 0.10 | 0.12 | 0.14 | 0.12 | 0.10 | 0.11 |
| 蒙古国 | 0.20 | 0.27 | 0.18 | 0.14 | 0.07 | 0.07 | 0.05 | 0.03 | 0.03 | 0.03 |
| 日　本 | 0.52 | 0.55 | 0.58 | 0.59 | 0.61 | 0.65 | 0.60 | 0.64 | 0.62 | 0.62 |

资料来源：联合国商品贸易统计数据库合并和测算结果。

附表 30　2003~2012 年中日竞争力指数和贸易份额（按 22 类分）

| 类别 | 竞争力指数 | | | | | 贸易额比重（%） | | | | | |
|---|---|---|---|---|---|---|---|---|---|---|---|
| | 2003年 | 2006年 | 2008年 | 2010年 | 2012年 | 2003年 | 2006年 | 2008年 | 2010年 | 2012年 | 平均 |
| 第六类 | -0.46 | -0.39 | -0.31 | -0.37 | -0.37 | 5.57 | 6.94 | 7.57 | 7.27 | 7.39 | 7.04 |
| 第七类 | -0.59 | -0.50 | -0.51 | -0.57 | -0.46 | 4.01 | 4.65 | 4.72 | 5.31 | 5.33 | 4.78 |
| 第十一类 | 0.61 | 0.67 | 0.70 | 0.72 | 0.74 | 13.42 | 10.62 | 9.12 | 8.51 | 9.20 | 10.31 |
| 第五类 | 0.63 | 0.28 | 0.01 | 0.00 | 0.11 | 2.52 | 2.34 | 4.01 | 1.74 | 1.69 | 2.37 |
| 第十三类 | 0.10 | 0.08 | 0.14 | -0.02 | -0.07 | 1.32 | 1.22 | 1.08 | 1.18 | 1.46 | 1.22 |
| 第十五类 | -0.45 | -0.37 | -0.38 | -0.49 | -0.38 | 7.51 | 9.45 | 10.05 | 8.87 | 8.33 | 8.98 |
| 第十六类 | -0.34 | -0.31 | -0.26 | -0.28 | -0.16 | 44.65 | 43.53 | 42.37 | 44.38 | 42.50 | 43.39 |
| 第十七类 | -0.50 | -0.35 | -0.45 | -0.65 | -0.61 | 4.29 | 4.40 | 5.41 | 6.79 | 6.22 | 5.29 |
| 第十八类 | -0.49 | -0.41 | -0.55 | -0.56 | -0.48 | 6.28 | 6.83 | 6.46 | 6.34 | 7.26 | 6.55 |

注：第五类（矿产品）、第六类（化学工业及其相关产品）、第七类（塑料、橡胶及其制品）、第十一类（纺织原料及其制品）、第十三类（非金属矿物及其制品）、第十五类（贱金属及其制品）、第十六类（机电产品）、第十七类（运输设备）、第十八类（仪器仪表）。

资料来源：联合国商品贸易统计数据库合并与测算结果。

附表 31　2003~2012 年中日竞争力指数和贸易份额（按两位数分）

| 商品代码 | 竞争力指数 | | | | | 贸易额比重（%） | | | | | |
|---|---|---|---|---|---|---|---|---|---|---|---|
| | 2003年 | 2006年 | 2008年 | 2010年 | 2012年 | 2003年 | 2006年 | 2008年 | 2010年 | 2012年 | 平均 |
| 16 | 1.00 | 1.00 | 1.00 | 1.00 | 1.00 | 1.25 | 1.34 | 0.88 | 0.88 | 1.06 | 1.12 |
| 29 | -0.70 | -0.62 | -0.48 | -0.50 | -0.47 | 2.78 | 3.19 | 3.15 | 3.08 | 3.34 | 3.23 |
| 38 | -0.63 | -0.48 | -0.41 | -0.51 | -0.49 | 0.72 | 1.18 | 1.15 | 1.30 | 1.27 | 1.12 |
| 39 | -0.59 | -0.51 | -0.52 | -0.56 | -0.46 | 3.44 | 3.97 | 4.05 | 4.54 | 4.51 | 4.09 |
| 61 | 0.99 | 0.99 | 0.99 | 0.99 | 0.99 | 3.87 | 3.44 | 3.25 | 3.15 | 3.40 | 3.47 |
| 62 | 0.95 | 0.97 | 0.98 | 0.98 | 0.98 | 5.33 | 3.94 | 3.18 | 2.84 | 3.14 | 3.72 |
| 27 | 0.68 | 0.27 | 0.00 | -0.07 | 0.08 | 2.19 | 2.08 | 3.58 | 1.46 | 1.39 | 2.07 |
| 72 | -0.77 | -0.67 | -0.50 | -0.71 | -0.66 | 3.60 | 3.57 | 4.24 | 3.98 | 3.34 | 3.87 |
| 73 | -0.06 | -0.01 | -0.08 | -0.10 | 0.09 | 1.52 | 1.92 | 2.01 | 1.61 | 1.83 | 1.78 |
| 74 | -0.91 | -0.84 | -0.87 | -0.88 | -0.85 | 0.70 | 1.60 | 1.79 | 1.40 | 1.38 | 1.36 |
| 84 | -0.30 | -0.23 | -0.17 | -0.31 | -0.16 | 19.36 | 18.82 | 18.51 | 20.37 | 18.73 | 19.17 |
| 85 | -0.38 | -0.32 | -0.34 | -0.26 | -0.17 | 25.29 | 24.72 | 23.86 | 24.01 | 23.77 | 24.22 |
| 87 | -0.59 | -0.44 | -0.53 | -0.58 | -0.61 | 3.74 | 3.55 | 4.66 | 6.15 | 5.82 | 4.63 |
| 90 | -0.50 | -0.42 | -0.57 | -0.58 | -0.50 | 5.92 | 6.59 | 6.18 | 6.07 | 6.92 | 6.26 |

注：第四类 食品饮料等：16（肉、鱼、甲壳动物、软体动物及其他水生无脊椎动物的制品）；第五类 矿产品：27（矿物燃料、矿物油及其蒸馏产品）；第六类 化学工业及其相关产品：29（有机化学品）、38（杂项化学产品）；第七类 塑料、橡胶及其制品：39（塑料及其制品）；第十一类 纺织原料及其制品：61（针织或钩编的服装及衣着附件）、62（非针织或非钩编的服装及衣着附件）；第十五类 贱金属及其制品：72（钢铁）、73（钢铁制品）、74（铜及其制品）；第十六类 机电产品：84（核反应堆、锅炉、机器、机械器具及其零件）、85（电机、电气设备及其零件；录音机及放声机、电视图像、声音的录制和重放设备及其零件、附件）；第十七类 运输设备：87（车辆及其零件、附件，但铁道及电车道车辆除外）；第十八类 仪器仪表：90（光学、照相、电影、计量、检验、医疗或外科用仪器及设备、精密仪器及设备；上述物品的零件、附件）。

资料来源：联合国商品贸易统计数据库合并与测算结果。

附表 32　2003～2012 年中俄竞争力指数和贸易份额（按 22 类分）

| 类别 | 竞争力指数 | | | | | 贸易额比重（%） | | | | | |
|---|---|---|---|---|---|---|---|---|---|---|---|
| | 2003年 | 2006年 | 2008年 | 2010年 | 2012年 | 2003年 | 2006年 | 2008年 | 2010年 | 2012年 | 平均 |
| 第六类 | -0.79 | -0.59 | -0.46 | -0.42 | -0.33 | 7.86 | 6.73 | 5.56 | 6.11 | 4.79 | 6.38 |
| 第七类 | -0.48 | 0.20 | 0.34 | 0.12 | 0.46 | 3.17 | 2.97 | 4.14 | 4.02 | 3.26 | 3.43 |
| 第九类 | -0.98 | -0.93 | -0.85 | -0.86 | -0.77 | 6.77 | 6.71 | 5.65 | 5.33 | 3.68 | 5.91 |
| 第八类 | 0.98 | 0.98 | 0.96 | 0.98 | 0.99 | 8.36 | 3.28 | 1.47 | 2.86 | 2.59 | 4.58 |
| 第十一类 | 0.99 | 1.00 | 1.00 | 1.00 | 1.00 | 10.73 | 12.69 | 12.08 | 9.19 | 7.99 | 11.29 |
| 第十二类 | 1.00 | 1.00 | 1.00 | 1.00 | 1.00 | 3.57 | 4.26 | 3.22 | 4.53 | 3.41 | 3.81 |
| 第五类 | -0.92 | -0.96 | -0.94 | -0.96 | -0.98 | 14.26 | 30.09 | 24.16 | 26.01 | 36.56 | 26.08 |
| 第十五类 | -0.89 | -0.01 | 0.34 | 0.03 | 0.23 | 16.37 | 6.71 | 8.93 | 9.46 | 6.46 | 9.92 |
| 第十六类 | 0.17 | 0.91 | 0.94 | 0.95 | 0.98 | 10.26 | 11.62 | 17.02 | 17.27 | 16.41 | 13.21 |
| 第十七类 | -0.79 | 0.94 | 0.94 | 0.89 | 0.99 | 3.97 | 2.06 | 4.16 | 2.29 | 3.55 | 2.80 |

注：第五类（矿产品）、第六类（化学工业及其相关产品）、第七类（塑料、橡胶及其制品）、第八类（皮革及其制品）、第九类（木及木制品；木炭；软木及软木制品；稻草、秸秆、针茅或其他编结材料制品；篮筐及柳条编结品）、第十一类（纺织原料及其制品）、第十二类（鞋帽伞等成品）、第十五类（贱金属及其制品）、第十六类（机电产品）、第十七类（运输设备）。

资料来源：联合国商品贸易统计数据库合并与测算结果。

附表 33　2003～2012 年中俄竞争力指数和贸易份额（按两位数分）

| 商品代码 | 竞争力指数 | | | | | 贸易额比重(%) | | | | | |
|---|---|---|---|---|---|---|---|---|---|---|---|
| | 2003年 | 2006年 | 2008年 | 2010年 | 2012年 | 2003年 | 2006年 | 2008年 | 2010年 | 2012年 | 平均 |
| 26 | -0.97 | -1.00 | -1.00 | -1.00 | -1.00 | 0.25 | 1.10 | 2.18 | 2.19 | 2.78 | 2.02 |
| 27 | -0.94 | -0.97 | -0.96 | -0.97 | -0.98 | 13.69 | 28.77 | 21.47 | 23.54 | 33.45 | 23.76 |
| 29 | -0.75 | -0.58 | -0.31 | -0.34 | -0.14 | 2.87 | 2.29 | 1.42 | 2.18 | 1.58 | 2.18 |
| 31 | -1.00 | -1.00 | -1.00 | -1.00 | -1.00 | 4.28 | 3.15 | 2.68 | 1.81 | 1.88 | 2.85 |
| 39 | -0.23 | 0.69 | 0.72 | 0.37 | 0.68 | 1.98 | 1.86 | 2.80 | 2.40 | 1.82 | 2.19 |
| 40 | -0.89 | -0.63 | -0.46 | -0.24 | 0.19 | 1.19 | 1.12 | 1.34 | 1.61 | 1.43 | 1.24 |
| 44 | -0.98 | -0.93 | -0.86 | -0.87 | -0.78 | 6.76 | 6.70 | 5.62 | 5.30 | 3.66 | 5.89 |
| 43 | 0.99 | 0.96 | 0.86 | 0.99 | 0.99 | 2.24 | 0.78 | 0.10 | 1.52 | 1.77 | 2.06 |
| 61 | 1.00 | 1.00 | 1.00 | 1.00 | 1.00 | 3.17 | 5.21 | 6.52 | 2.99 | 2.45 | 4.68 |
| 62 | 1.00 | 1.00 | 1.00 | 1.00 | 1.00 | 5.02 | 4.47 | 2.87 | 3.26 | 2.38 | 3.80 |
| 63 | 1.00 | 1.00 | 1.00 | 0.99 | 1.00 | 1.24 | 1.34 | 1.21 | 0.99 | 1.39 | 1.26 |
| 64 | 1.00 | 1.00 | 1.00 | 1.00 | 1.00 | 3.46 | 4.08 | 3.01 | 4.22 | 2.92 | 3.57 |
| 73 | 0.69 | 0.91 | 0.97 | 0.92 | 0.95 | 0.32 | 1.27 | 2.52 | 1.91 | 1.55 | 1.45 |
| 75 | -1.00 | -1.00 | -1.00 | -1.00 | -0.99 | 1.50 | 1.46 | 1.68 | 2.73 | 1.47 | 1.92 |
| 76 | -0.94 | 0.14 | 0.41 | 0.17 | 0.18 | 1.39 | 0.40 | 0.76 | 0.97 | 1.06 | 1.00 |
| 84 | -0.18 | 0.85 | 0.90 | 0.96 | 0.97 | 6.65 | 4.98 | 8.25 | 9.30 | 9.72 | 6.81 |
| 85 | 0.81 | 0.95 | 0.97 | 0.96 | 0.98 | 3.61 | 6.64 | 8.76 | 7.97 | 6.69 | 6.40 |
| 87 | 0.90 | 1.00 | 1.00 | 1.00 | 1.00 | 0.38 | 1.75 | 3.57 | 1.75 | 3.20 | 1.96 |
| 90 | 0.40 | 0.88 | 0.89 | 0.91 | 0.85 | 0.41 | 0.72 | 0.83 | 1.61 | 1.33 | 0.90 |

注：第五类 矿产品：26（矿砂、矿渣及矿灰）、27（矿物燃料、矿物油及其蒸馏产品）；第六类 化学工业及其相关工业的产品：29（有机化学品）、31（肥料）；第七类 塑料、橡胶及其制品：39（塑料及其制品）、40（橡胶及其制品）；第八类 皮革及其制品：43（毛皮、人造毛皮及其制品）；第九类（木及木制品；木炭；软木及软木制品；稻草、秸秆、针茅或其他编结材料制品；篮筐及柳条编织品）：44（木及木制品；木炭）；第十一类 纺织原料及其制品：61（针织或钩编的服装及衣着附件）、62（非针织或非钩编的服装及衣着附件）、63（其他纺织制成品；成套物品；旧衣着及旧纺织品；碎织物）；第十二类 鞋帽伞等成品：64（鞋靴、护腿和类似品及其零件）；第十五类 贱金属及其制品：73（钢铁制品）、75（镍及其制品）76（铝及其制品）；第十六类 机电产品：84（核反应堆、锅炉、机器、机械器具及其零件）、85（电机、电气设备及其零件；录音机及放声机、电视图像、声音的录制和重放设备及其零件、附件）；第十七类 运输设备：87（车辆及其零件、附件，但铁道及电车道车辆除外）；第十八类 仪器仪表：90（光学、照相、电影、计量、检验、医疗或外科用仪器及设备、精密仪器及设备；上述物品的零件、附件）。

资料来源：联合国商品贸易统计数据库合并与测算结果。

附表 34　2003～2012 年中蒙竞争力指数和贸易份额（按 22 类分）

| 类别 | 竞争力指数 | | | | | 贸易额比重（%） | | | | | |
|---|---|---|---|---|---|---|---|---|---|---|---|
| | 2003年 | 2006年 | 2008年 | 2010年 | 2012年 | 2003年 | 2006年 | 2008年 | 2010年 | 2012年 | 平均 |
| 第七类 | 0.96 | 0.96 | 0.79 | 0.91 | 0.94 | 1.91 | 1.71 | 0.37 | 2.10 | 2.49 | 1.92 |
| 第五类 | -0.92 | -0.96 | -0.92 | -0.96 | -0.95 | 53.58 | 69.59 | 62.52 | 62.32 | 59.28 | 59.63 |
| 第十五类 | -0.14 | 0.53 | 0.89 | 0.72 | 0.96 | 3.65 | 4.19 | 15.63 | 4.07 | 5.16 | 6.44 |
| 第十一类 | 0.42 | 0.47 | 0.51 | 0.67 | 0.76 | 21.02 | 7.17 | 4.95 | 9.47 | 12.39 | 11.77 |
| 第十六类 | 0.99 | 1.00 | -0.81 | 1.00 | 1.00 | 4.73 | 6.82 | 0.05 | 6.53 | 9.53 | 6.84 |
| 第十七类 | 1.00 | 1.00 | 1.00 | 1.00 | 1.00 | 1.62 | 2.06 | 1.99 | 8.45 | 4.79 | 3.55 |

注：第五类（矿产品）、第七类（塑料、橡胶及其制品）、第十一类（纺织原料及其制品）、第十五类（贱金属及其制品）、第十六类（机电产品）、第十七类（运输设备）。

资料来源：联合国商品贸易统计数据库合并与测算结果。

附表 35　2003～2012 年中蒙竞争力指数和贸易份额（按两位数分）

| 商品代码 | 竞争力指数 | | | | | 贸易额比重（%） | | | | | |
|---|---|---|---|---|---|---|---|---|---|---|---|
| | 2003年 | 2006年 | 2008年 | 2010年 | 2012年 | 2003年 | 2006年 | 2008年 | 2010年 | 2012年 | 平均 |
| 25 | 0.94 | 0.32 | -1.00 | 0.65 | 0.62 | 0.76 | 0.93 | 0.22 | 0.93 | 1.39 | 0.93 |
| 26 | -1.00 | -1.00 | -0.91 | -1.00 | -1.00 | 49.91 | 63.87 | 47.54 | 31.00 | 25.28 | 43.21 |
| 27 | -0.02 | -0.65 | -0.94 | -0.97 | -0.98 | 2.91 | 4.78 | 14.77 | 30.39 | 32.62 | 15.49 |
| 39 | 0.95 | 0.96 | 0.79 | 0.88 | 0.92 | 1.54 | 1.45 | 0.37 | 1.60 | 1.88 | 1.54 |
| 51 | -0.30 | 0.11 | -0.79 | -0.94 | -0.96 | 5.67 | 3.97 | 1.27 | 1.53 | 1.45 | 2.92 |
| 61 | 0.15 | 0.72 | -0.94 | 0.98 | 0.99 | 2.69 | 0.66 | 0.05 | 3.72 | 7.76 | 3.53 |
| 63 | 0.99 | 1.00 | -0.93 | 1.00 | 1.00 | 0.21 | 0.15 | 0.00 | 1.76 | 2.03 | 0.98 |
| 72 | -0.58 | 0.72 | 0.99 | 1.00 | 1.00 | 1.82 | 1.29 | 0.00 | 0.80 | 1.49 | 1.67 |
| 73 | 1.00 | 0.99 | -0.17 | 1.00 | 1.00 | 0.81 | 1.81 | 0.00 | 1.93 | 2.71 | 2.08 |
| 84 | 0.99 | 1.00 | -0.94 | 1.00 | 1.00 | 3.73 | 3.96 | 0.04 | 4.30 | 6.11 | 4.35 |
| 85 | 1.00 | 1.00 | 0.92 | 1.00 | 1.00 | 1.00 | 2.86 | 0.00 | 2.23 | 3.42 | 2.49 |
| 87 | 1.00 | 1.00 | 1.00 | 1.00 | 1.00 | 1.54 | 2.00 | 1.86 | 5.63 | 4.13 | 2.99 |

注：第五类 矿产品：25（盐；硫黄；泥土及石料；石膏料、石灰及水泥）、26（矿砂、矿渣及矿灰）、27（矿物燃料、矿物油及其蒸馏产品）；第七类 塑料、橡胶及其制品：39（塑料及其制品）；第十一类 纺织原料及其制品：51（羊毛、动物细毛或粗毛；马毛纱线及其机织物）、61（针织或钩编的服装及衣着附件）、63（其他纺织制成品；成套物品；旧衣着及旧纺织品；碎织物）；第十五类 贱金属及其制品：72（钢铁）、73（钢铁制品）；第十六类 机电产品：84（核反应堆、锅炉、机器、机械器具及其零件）、85（电机、电气设备及其零件；录音机及放声机、电视图像、声音的录制和重放设备及其零件、附件）；第十七类 运输设备：87（车辆及其零件、附件，但铁道及电车道车辆除外）。

资料来源：联合国商品贸易统计数据库合并与测算结果。

**图书在版编目（CIP）数据**

中国边疆桥头堡经济：基于空间经济学的分析/
梁双陆著 . —北京：社会科学文献出版社，2015.11
　ISBN 978 - 7 - 5097 - 7942 - 2

　Ⅰ . ①中…　Ⅱ . ①梁…　Ⅲ . ①边疆经济学 - 研究 -
中国　Ⅳ . ①F127

　中国版本图书馆 CIP 数据核字（2015）第 194449 号

## 中国边疆桥头堡经济
### ——基于空间经济学的分析

著　　者 / 梁双陆

出 版 人 / 谢寿光
项目统筹 / 赵慧英
责任编辑 / 赵慧英

出　　版 / 社会科学文献出版社 · 社会政法分社（010）59367156
　　　　　地址：北京市北三环中路甲 29 号院华龙大厦　邮编：100029
　　　　　网址：www. ssap. com. cn
发　　行 / 市场营销中心（010）59367081　59367090
　　　　　读者服务中心（010）59367028
印　　装 / 三河市尚艺印装有限公司

规　　格 / 开　本：787mm × 1092mm　1/16
　　　　　印　张：20　字　数：269 千字
版　　次 / 2015 年 11 月第 1 版　2015 年 11 月第 1 次印刷
书　　号 / ISBN 978 - 7 - 5097 - 7942 - 2
定　　价 / 65.00 元